# 从AIoT到元宇宙

## 元宇宙

### 关键技术、产业图景与未来展望

盘和林　著

ZHEJIANG UNIVERSITY PRESS

浙江大学出版社

·杭州·

图书在版编目（CIP）数据

从AIoT到元宇宙：关键技术、产业图景与未来展望 /
盘和林著. -- 杭州：浙江大学出版社，2022.9
ISBN 978-7-308-22817-6

Ⅰ．①从… Ⅱ．①盘… Ⅲ．①人工智能－物联网－关系
－信息经济－研究 Ⅳ．①F49

中国版本图书馆CIP数据核字(2022)第118334号

**从AIoT到元宇宙：关键技术、产业图景与未来展望**

盘和林　著

| | | |
|---|---|---|
| 策　　划 | 杭州蓝狮子文化创意股份有限公司 | |
| 责任编辑 | 卢　川 | |
| 责任校对 | 张培洁 | |
| 责任印制 | 范洪法 | |
| 封面设计 | 仙　境 | |
| 出版发行 | 浙江大学出版社 | |
| | （杭州市天目山路148号　　邮政编码　310007） | |
| | （网址：http://www.zjupress.com） | |
| 排　　版 | 杭州林智广告有限公司 | |
| 印　　刷 | 杭州钱江彩色印务有限公司 | |
| 开　　本 | 880mm×1230mm　1/32 | |
| 印　　张 | 9.5 | |
| 字　　数 | 212千 | |
| 版 印 次 | 2022年9月第1版　2022年9月第1次印刷 | |
| 书　　号 | ISBN 978-7-308-22817-6 | |
| 定　　价 | 68.00元 | |

从《5G 新产业：商业与社会的创新机遇》到《新基建：中国经济新引擎》再到《从 AIoT 到元宇宙：关键技术、产业图景与未来展望》，盘和林教授一直致力于数字经济的研究。本书以 AIoT 切入元宇宙，角度新颖，发人深思，值得一读。

中国工程院院士　孙玉

本书着眼于"诗和远方"，同时讨论着"米缸"的问题，务实又不失前瞻性。如果说元宇宙是未来人们会沉浸其中的场景，那 AIoT 就是有望助力人们沉浸其中的手段，它会在数据获取、信息通连、算法牵引等方面产生强大的使能效应。

中国工程院院士　方滨兴

本书描述了数据、物联网、人工智能之间的关系以及相互作用，大级别的数据集可以丰富人工智能机器学习的训练集，让人工智能从弱智能成长为强智能，让单一智能转变为多元智能。智能和物结合，可以构建起万物互联的智能物联网，进而产生新的终端，新终端又会创造出更大级别更大规模的数据系统。经过迭代和相互作用，人类将迎来人工智能时代。人工智能时代主要体现在 AIoT 上，这也是本书的主要概念。在 AIoT 的发展过程中，我们需要研发怎样的技术，如何把握关键机遇？作者在书中努力探索了这些问题，从中或许可以看到人类的未来。向大家推荐这本书。

中国工程院院士　李立浧

市面上介绍元宇宙的图书很多，但盘和林教授的《从 AIoT 到元宇宙：关键技术、产业图景与未来展望》一书不仅内容丰富且富有洞见。例如书中提出了：元宇宙不是一项新兴技术，而是一个遥远的标靶；元宇宙不是割裂物质世界的"幻境"，而是应该把回到现实、结合现实作为它的"归宿"；元宇宙是从虚拟世界走向现实世界，AIoT 是从现实世界走向虚拟世界，它们之间具有相向而行的特征；元宇宙的实现方式并非来自虚拟世界，而是来自现实世界的 AIoT，AIoT 才是打开元宇宙的正确方式；主导元宇宙的是互联网平台，主要驱动力是数据，等等。总之，本书以 AIoT 切入元宇宙，角度新颖，发人深思，值得在校大学生、研究生和各界技术与管理人员一读，相信读者能够在阅读本书的过程中，扩开视野，有所启发。

俄罗斯工程院外籍院士、华南理工大学原校长、教授　刘焕彬元宇宙是互联网的升级，在《从 AIoT 到元宇宙：关键技术、产业图景与未来展望》一书中，有元宇宙，有 AIoT，也有互联网，还有经过深入剖析的这些元素之间的关联关系。任何一项未来场景都不能独立存在，都有着自己的存在路径依赖。未来是一种融合、汇流，本书让我们看到了未来科技融合发展的全景。

中国科学院大学教授、博士生导师　吕本富

办法总比问题多。《从 AIoT 到元宇宙：关键技术、产业图景与未来展望》中我最喜欢的一点在于，它既描述了未来科技发展的趋势，也看到了未来科技发展的问题，包括人工智能的伦理和数据信息安全等。只有看见问题，才有可能解决问题，走向科技向善、人类更加健康可持续发展的时代命题。

浙江大学国际联合商学院院长、教授　贲圣林

当前，数字世界与现实世界正在快速融合，引领我们从"在线"走向"在场"的时代。元宇宙是我们对未来数字世界的一种美好憧憬，而 AIoT 则是人类从现实世界走向万物互联的智能时代的必由之路，也是走向元宇宙的基础。《从 AIoT 到元宇宙：关键技术、产业图景与未来展望》一书会让读者对元宇宙与 AIoT 有一个全新的认识。

腾讯集团副总裁、腾讯研究院院长　司晓

在 AIoT[1] 时代，任何终端都有两个趋势：智能化、联网化。通过智能化，人类将更加便利地使用终端，智能终端以人工智能解决实际使用中的困境和难题，优化用户的终端使用体验。通过联网化，人类将数据进行上传。数据包括人与终端交互的数据，也包括终端通过传感器收集的数据。而将这些数据汇聚之后，人工智能通过机器学习算法"吃数据"实现再次成长。

智能物联网时代已经到来，大到航天飞机、小到一包纸巾都将成为互联网中的节点，智能化、联网化的终端无处不在，人工智能通过机器学习实现自我生长，云端服务器扫除算力瓶颈，数据和信息成为新生产要素，人类社会发展进入快车道，而且这种发展往往是科技的自发式发展。

2021 年，元宇宙概念成为资本市场关注的核心，而元宇宙形成的关键点其实在 AIoT。当前，数字经济呈现两头对进局面：一头是虚拟世界，一头是现实世界。一股力量从虚拟世界向现实世界推进，那就是元宇宙的力量。另一股力量从现实世界向虚拟世界推进，那

---

1 AIoT，即人工智能物联网，它融合了人工智能（Artificial Intelligence，AI）技术和物联网（Internet of Things，IoT）技术。

就是智能物联网的力量。元宇宙和智能物联网既是割裂的，也存在相互关联。在元宇宙热潮中，虽然大多数人极力渲染元宇宙美好的未来，但却总是忽视元宇宙所要面临的现实问题。这个问题说来也简单：如果人类都去元宇宙，都去了虚拟世界，那么谁来从事现实生产？谁来提供物质食粮维持人类生命和支撑庞大的元宇宙世界？笔者认为解决元宇宙问题的唯一方法，就是发展智能物联网，通过智能化和联网化，提升全社会的生产力。

也许某一天，人工智能将负责"赚钱养家"，而人类负责"貌美如花"。融合人工智能的全新生产终端将成为未来物质世界生产力发展的核心，智能生产终端将自发生产人类所需要的生活资料。在智能物联网时代，数据成为生产要素，互联网是生产组织方式，人工智能替代人工成为核心驱动力，在数据、网络、人工智能算法的加持下，智能物联网将改变现实世界物质生产方式。

人类要有"诗和远方"，但也要顾及眼前的"米缸"。对于人类，元宇宙是"诗和远方"，而智能物联网才是现实的"米缸"。人类文明是物质文明和精神文明协调发展的产物。物质文明是人类精神文明产生的基础，精神文明又推动人类科学技术的发展，继而，科学技术推动人类社会生产力的发展，而生产力的进步最终又反馈到物质世界当中。

智能物联网时代，存在三个关键要素，分别是：数据、人工智能算法和物联网连接。笔者认为未来科技发展并非完全由人类主导。和生物进化一样，人工智能也在通过数据学习实现自我进化。在智能物联网时代，生产、上传数据的并不局限于人类，也包括人工智能自身。在云端或者终端，人工智能算法收集数据、吃数据（机器学习）、模拟，继而输出新的人工智能，而人工智能和人工智能之间的交互也会产生新的数据。人类当前还在主导人工智能机器学习的评分、调参和输出，并以此主导人工智能发展的方向。但在未来，人工智能将自己生产数据、上传数据，自己通过算法进行数据分析、吃数据，自己通过数据提升智能水平。当下，人工智能以数据为食粮，以物联网为脐带。未来终有一天，人工智能会突破"奇点"，剪断脐带，成为真假难辨的"新人类"，成为人类社会的重要成员。

本书总共七个章节。

第一章谈元宇宙。为什么在一本智能物联网的书里面谈元宇宙？一方面，当然是元宇宙够热，且这种热度还将延续。另一方面，笔者认为大谈元宇宙的人大都忽略了现实世界的瓶颈和局限。2021年元宇宙十分火爆，仿佛喊一嗓子"元宇宙"，人类马上就能进入虚拟世界生活，不再担心"粮食蔬菜，春暖花开"。然而，元宇宙并不是割裂物质世界的"幻境"，元宇宙要回到现实，结合现实。对于元宇宙，笔者更倾向于腾讯公司董事会主席兼首席执行官马化腾所提出的"全真互联网"。和其他元宇宙理念不同，"全真互联网"承认了现实和虚拟世界发展的相对性和可及性，并认为要打开现实和虚拟之间的门。既然是开门，就不应该是单向奔赴，而应该是双向奔赴。

第二章谈的是智能物联网发展的必然性。为什么智能物联网的发展存在必然性？因为人类期盼通过新一轮工业革命来催动新一轮物质世界大爆发，而智能物联网为新一轮工业革命的爆发奠定了基础。当下，企业不约而同地推动自身产业的智能化和联网化，主动适应智能物联网时代的到来。在产业数字化浪潮中，智能物联网发展已经逐渐成为一种共识。

第三、四、五章谈的是智能物联网时代的三大要素：数据、AI 和通信物联网。在 AIoT 时代，三者相辅相成，共同支撑人类走向智能时代。数据和 AI 形成正反馈循环，而物联网通过网络效应强化了这种循环。于是：更多终端接入物联网——产生更庞大的数据——海量数据在云端聚集——AI 通过机器学习算法"吃数据"实现"成长"——AI 和更多终端结合……正所谓"子子孙孙无穷尽也"。

第六、七章谈智能物联网的产业现状。技术的最终落点都在产业链，产业链需求依然是技术的最终归宿，曲高和寡、不接地气的技术是没有办法发展的，所以本书第六章主要谈 AIoT 时代的行业，第七章着重探讨智能物联网将要面临的问题。比如，当 AI 和人类争取同一个岗位的时候人类怎么选？在未来，很多矛盾似乎无法避免，但很多问题可以有一个最优解。

智能物联网时代的到来，不以人的意志为转移，而笔者希望读者克服路径依赖，全身心地投入智能物联网时代。"过河的卒子不回头"，智能物联网的未来日渐清晰，其发展并非人力可以阻挡，任何人只有顺应发展趋势，与时俱进，才能跟上时代的律动，不被时代淘汰。

# 目录

# 第 一 章

# 元宇宙：
# AIoT 的终极形态

2021 年最为火爆的概念，莫过于元宇宙（Metaverse）。从 2021 年 3 月 10 日罗布乐思上市开始，元宇宙就成为互联网巨头在各类公开场合的谈资。到 2021 年 10 月 28 日，马克·扎克伯格宣布，Facebook 将更名为"Meta"。元宇宙被推向新一轮高潮，资本市场掀起了一轮炒作元宇宙的浪潮。

元宇宙是互联网虚拟世界和新消费电子终端现实世界的融合。在元宇宙概念下，虚拟世界通过消费电子终端，比如 VR/AR 提供的沉浸式用户体验，将线下用户体验虚拟化。在元宇宙时代，人类拥有两个身份，即现实世界身份和虚拟世界身份，人类可以在现实和虚拟之间无缝穿梭，既可以将"打怪"得到的物品转向现实世界兑换金钱，也可以将现实世界的商品在虚拟世界展示并达成交易。

与元宇宙概念相对的，是 AIoT。在 AIoT 的概念下，现实世界的物品被接入到互联网当中，通过人工智能赋予物品虚拟化的人格，通过传感器赋予物品感知，通过通信将物品进行连接，并收集人与物、物与物之间连接的数据。

AIoT 是现实世界的虚拟化、网联化。而元宇宙则是虚拟世界的实感化、物化。AIoT 和元宇宙相向而行，融合汇聚，最终将形成真正意义上的元宇宙。在当下，很多人在谈论元宇宙，但是他们习惯于从虚拟世界，从互联网的角度看问题。实际上，元宇宙真正的瓶颈，不在互联网，而在 AIoT 所主导的现实世界。

# 元宇宙产生的背景环境

元宇宙的概念来自 1992 年科幻作家尼尔·斯蒂芬森（Neal Stephenson，美国职业编剧）创作的小说《雪崩》，在之后的影视作品中，元宇宙的概念被广泛借鉴，比如《黑客帝国》《头号玩家》等，近几年崛起的赛博朋克题材作品，也经常将元宇宙的内容植入其中。很多科幻小说作者都幻想人的一种永生方式，就是通过 AI 算法将人类记忆转化为一个 AI 程序，并由这个数字人（AI 程序）替代现实中死去的人永远存活在虚拟世界中。

## 元宇宙起源于华尔街的新"故事"

元宇宙概念起于科幻想象，但现实中元宇宙概念的火爆则充满华尔街资本的味道，元宇宙是一个典型的关于华尔街的资本故事，来源于罗布乐思（Roblox）。罗布乐思是一个游戏平台，但游戏平台上面的游戏并非来自游戏发行商。罗布乐思拥有一个游戏编辑器，用户可以自己在游戏编辑器上面创作游戏。当然为降低游戏创作门槛，创作者创作的游戏图像很粗糙，对计算机硬件的要求很低。创作者通过编辑器制作的游戏可以对外出售，也可以通过游戏玩家内购道具进行收费获取罗宝币，而罗宝币可以通过一定比例兑换成现实世界的货币。随着玩家自创游戏成功案例的增加，罗布乐思的影响力也越来越大。2021 年 3 月罗布乐思实现了上市，其招股说明书将自己的行业定位为"元宇宙"。对于罗布乐思来说，如果将自己简单描述为一个带编辑器的小游戏平台，是无法吸引到华尔街资本的注意的，而抛出一个"元宇宙"的新概念则可以瞬间引爆话题。当然"元宇宙第一股"的罗布乐思也并非仅仅是炒作概念，它至少向资本市场表明了，要成为"元宇宙概念股"，至少要有三样东西：用户参与内容创作、经济系统和社交系统。

除去资本故事，由于新冠肺炎疫情在欧美国家的暴发，居家隔离政策又推动元宇宙有了更多新故事素材。由于欧美国家疫情管控不力，大量线下活动向线上发展，且很多人将网络游戏作为载体，去解决一些居家隔离期间的现实问题。比如特拉维斯·斯科特（Travis Scott，美国说唱歌手）在游戏《堡垒之夜》举办演唱会，1200 万人同时在线观看演唱会；比如美国伯克利大学在游戏《我的世界》中举办毕业典礼；比如 2020 年美国 ACAI 科技大会在游戏《动物森友会》中举办。这些活动的成功举办，给了游戏厂商很大启发，网络游戏世界的外延被打开，很多新思路开始涌现。

有了故事，就有了资本的参与，大量互联网巨头企业涌入元宇宙，比如英伟达在 2020 年发布 Omniverse 平台，这是一个数字孪生和数字协作创作平台；比如腾讯推出了全真互联网概念；比如 2021 年 4 月，《堡垒之夜》开发者、游戏平台公司 EPIC 融资 10 亿美元投入元宇宙。其他互联网巨头也纷纷推出了各自的方案。而在当下元宇宙的推进中，Facebook 可谓不遗余力。2014 年，Facebook 投资了 VR 头部显示设备的 Oculus，从而正式开始着手连接现实和虚拟世界。2019 年，Facebook 发布 VR 社交平台 Horizon，取代 2015 年的第一个 VR 社交应用 Spaces。2021 年 10 月 28 日，Facebook 的 CEO 马克·扎克伯格宣布，Facebook 将更名为 "Meta"，因为元宇宙的英文为 "Metaverse"，Facebook 以此举向全球表明了发展元宇宙的态度。

互联网巨头纷纷入局，并非仅仅基于元宇宙精彩的华尔街故事，还可能基于以下三个方面的原因。

其一，元宇宙的必将到来。一方面，元宇宙概念本身就是从互联网发展趋势中总结出来的，它不是技术突破，也不是创新，它就是对互联网当前形态的惯性预判，所以一切和互联网相关的企业，当前都可以自称含有元宇宙概念。另一方面，元宇宙的核心是虚拟世界和现实世界的融合，而这种融合是大势所趋。当前，农业、工业、传统服务业已经悉数和互联网融合，形成更多新产业、新业态和新商业模式。虚拟世界生成的技术开始推动现实世界的产业和技术发展。而通过 AIoT，现实世界融入虚拟世界，成为虚拟世界的重要支撑。比如现实世界为虚拟世界流量提供变现渠道，现实世界逐步对接虚拟世界的经济系统，现实世界的物流支撑虚拟世界的商贸发展。现实世界和虚拟世界不停地碰撞，最终必然融合。

其二，互联网平台试图主导互联网领域游戏规则。在互联网发展过程中，很多领域体现出 "去中心化" 特征，比如用户参与、共享经济等。但实际上，"去中心化" 的互联网并没有真正地离开中心，这个中心就是互联网平台。传统企业热衷于引导用户喜好以销售商品，而互联网平台热衷于吸引用户参与以吸引流量。互联网平台不干预用户创作，它只是为用户提供软件、运行环境、服务等，这些实际上就是互联网平台运行的规则。掌握越多用户时间和用户数量，互联网平台对互联网整体规则的话语权就越大。对于互联网平台来说，越早介入元宇宙，越早积累用户流量，未来主导元宇宙规则的可能性就越大。

其三，数字资产价值化。虚拟数字物品本身就是一堆代码的组合，不具备意义。但是人类有一个特质，就是能够理解虚拟概念。比如，黄金对于猩猩是没有意义的，但对于人类却意义非凡，人类理解黄金价值的基础在于，人类能够理解黄金构建的经济系统，而猩猩只能认同香蕉的价值。如果纸张可以变为货币，那么为何一串代码不能变为资产？而对于平台来说，其本身往往是数字资产最大的拥有者，它们有大量视频、图片内容，如果能将这些数字资产价值化，平台相当于获得了一个可无穷无尽开采的"金矿"。

## 元宇宙推动生产关系的变革

虽然互联网企业推动元宇宙发展存在"私心"，但现实世界和虚拟世界的融合本身却是一件好事。人类社会的发展是通过拉近人与人之间距离来实现的。以前，人类社会通过城市化来聚集人群，实现专业分工下的协作，缩短了人与人之间的距离，推动了城市化进程，增加了城市可容纳人口，从而实现了产业大规模协作。

互联网进一步拉近了人与人之间的距离，通过联网的方式让城乡差异更小。城市和农村在生活工作上的差距正在逐步缩小，比如在商品层面，人们在农村可以通过电商买到和在城市能买到的一样的商品；比如在信息层面，互联网让农村和城市的人看到同样的信息；比如在就业层面，很多企业在线办公，可以打破地域限制，疫情防控期间，很多企业就是通过居家办公实现了正常运转。

同时，互联网强化了人与人之间的协作关系。当人类推动城市化的时候，人类忽略了城市的承载空间实际上是有限的，而互联网通过网络的方式重组了城市空间。未来互联网将打破城市边界，成为新的社会生产关系组织方式。无论你在地球的哪个角落，都可以参与到合作项目中来，整个地球就是一个城市，一个没有"城墙"的城市。

元宇宙是互联网趋势的延续。元宇宙是虚拟世界和现实世界的连接，通过元宇宙和 AIoT 的融合，互联网可以解决更多人类当下面对的现实问题。比如人类依然受制于物理距离，还远没有到"坐而论道"的发达程度，人类依然需要去农场种植，去工厂劳作，很多人依然不得不将漫长的通勤时间毫无价值地消耗在地铁等交通工具上。而通过元宇宙和 AIoT 的融合，也许某一天，人类可以在家通过 VR 上班；也许某一天，人工智能负责生产，人类只需要负责操控即可。

## 未来元宇宙的八大趋势

元宇宙不是一项新兴技术，而是一个遥远的标靶，如今的人类，正站在 AIoT 时代的墙头瞄准这个标靶。元宇宙在当下的意义并非科技创新，而是给互联网未来发展指出一个方向。从当前互联网发展的趋势出发，我们可以勾勒出未来元宇宙的大概轮廓。以下是未来元宇宙的八大趋势。

## 趋势一：虚拟身份和 Metahuman

在现实世界中，社会赋予你身份。在虚拟世界中，系统赋予你另一个身份，这个额外的身份就是虚拟身份。

虚拟身份是元宇宙最重要的主体。在元宇宙中的虚拟身份并不等同于互联网时代的账号密码。由于数字资产价值化，虚拟身份要绑定很多数字财富，因此虚拟身份需要强调唯一性，否则数字资产产权无法确定，虚拟身份不可复制伪造，所以虚拟身份将用到区块链技术，以便和每一个真实的人类身份一一对应。另外，出于隐私保护的需要，虚拟身份还要有加密技术，实现隐名和假名化。虚拟身份将是一个人穿行于各种元宇宙的通行证。你进入游戏，通过打怪或者创作获取数字资产，这些资产将和你的虚拟身份绑定，继而你穿越到元宇宙的商务展示空间，将装备放在橱窗出售，获得货币，然后你可以用这些货币直接在现实世界购买商品。你在不同元宇宙之间，虚拟世界和现实之间，都可以用虚拟身份和现实身份相互切换，而且虚拟世界的财富和现实世界并无差别，你在虚拟世界里的盈利，可以畅通无阻地通过你的虚拟身份应用于现实世界当中。

除了人类自身的虚拟身份，在元宇宙中，还有另一种身份，即虚拟的数字人。由于游戏平台公司 EPIC 在发布虚幻引擎的时候，提及过一个功能 Metahuman（数字人），就是以虚幻引擎来打造虚幻数字人，所以如今很多人都喜欢将数字人叫作 Metahuman。而实际上

Metahuman 早已进入了我们生活，比如当前比较火爆的虚拟偶像。最早的虚拟偶像是日本的初音未来，初音未来是由克里普敦未来媒体（Crypton Future Media，简称 CRYPTON）开发形成的一个数字人。在 2007 年，初音未来的一首《甩葱歌》成为网红歌曲，而开发初音未来的初衷，其实是根据声优藤田咲的声音数据形成一个语音合成的音源库，而从 2009 年开始，初音未来就被用户以内容参与的方式打造成全息影像，通过语音库来制作歌曲，并开始在全球各地开演唱会。如今，虚拟偶像已经遍地开花，国内的洛天依、泠鸢、柳夜熙等也获得了庞大的粉丝群体。随着 EPIC 公司在 Metahuman 制作方面的推动，未来数字人语音库和建模将同步推进，虚拟的数字人将以工业流水线的方式被打造出来。

Metahuman 当前依然是以用户参与内容创作的模式来推动发展，但是未来，数字人将和人工智能技术融合，而当人工智能达到"强智能"时，拥有强智能的数字人将成为元宇宙社会的重要成员。在元宇宙社会中，元宇宙居民会产生大量交互数据，通过机器学习算法，人工智能从"弱智能"向"强智能"演化的进程会加快，而附带"强智能"的数字人甚至可以在未来获得"人格"，成为新的智慧种群。从当下看，未来智能数字人将以两种方式产生：

其一，自然人数据形成的智能数字人。未来，一个自然人的生活数据被存储在虚拟世界当中，包括这个人一生说过的话、写过的字、拍过的视频，通过人工智能机器学习算法，这些数据最终形成一个附带个性化特征的强智能数字人，这个数字人将在虚拟世界获得永生，永远陪伴他在世的家人、朋友。

其二，NPC（Non-Player Character，非玩家角色）结合人工智能

的虚拟人。未来元宇宙的原住民，一定不仅仅是人类用户，还会有人工智能用户。在元宇宙早期，人工智能将以游戏 NPC 的方式出现。这些 NPC 既可以是商场销售员，也可以是游戏导引员，还可以是社交顾问。随着数据积累和算法学习，这些 NPC 的智能化水平也逐渐成长，甚至在未来，NPC 们结合强人工智能能够获得真正的"人格"，从而成为真正的元宇宙原住民。

## 趋势二：用户参与创造内容的 UGC 时代

互联网时代,内容创造被分为两种形态:一种叫 PGC（Professional Generated Content，专业生产内容），比如中央电视台制作的电视剧和纪录片；另一种叫 UGC（User Generated Content，用户生成内容），比如大量活跃在各类短视频平台的自媒体创作者。元宇宙是一个需要海量内容的世界，无论是社交方面还是游戏方面，庞大的内容库当然不能只用 PGC 的方式来缔造，当前也没有一家互联网巨头能够缔造如此多元和丰富的内容，所以一般认为元宇宙会以 UGC 的方式来打造内容，例如罗布乐思提供编辑器让游戏大神在平台上丰富游戏内容。

最近 10 年，互联网的很多创新模式也集中在 UGC 领域，比如自媒体短视频平台，比如前文提到的虚拟偶像，完全是由用户集体塑造。互联网平台越来越热衷于让用户参与进来。对于平台来说，提供一个运行环境，搭建元宇宙运行的平台规则，占据用户的时间，将是互联网平台的主流运行方式，而内容将完全由用户创作产生。

UGC 的产生有很复杂的社会背景。美国著名的传播和媒介研究学者亨利·詹金斯（Henry Jenkins）在 1992 年写的《文本盗猎者：电视粉丝与参与式文化》中提到参与式文化。参与式文化指的是以 Web2.0 网络为平台，以全体网民为主体，通过某种身份认同，以积极主动地创作媒介文本、传播媒介内容、加强网络交往为主要形式所创造出来的一种自由、平等、公开、包容、共享的新型媒介文化样式。简单说，就是当前的网民越来越具有创造性和批判性，他们除了接受 PGC 文化产品，更希望自我参与二次创作和互动。可塑性高的偶像，可能最让网民喜欢和接受。当然，这个时代的偶像粉丝经济也存在很多问题，比如偶像缺乏演技、五音不全等等。但是在二创和互动的氛围下，这些缺点往往被掩盖。这也从另一个角度解释了虚拟偶像为什么如此成功，原因就在于虚拟偶像相比于人类偶像，不会犯道德、法律层面的错误，而且可以任由粉丝拿来进行二次创作，虚拟偶像就如同一张可以让二创自媒体们任意挥洒的"白纸"。不仅仅是平台，很多制作公司都开始发现 UGC 的潜力。比如迪士尼推出星黛露系列，不用电影做铺垫，做几个卡通形象就能吸引大批粉丝。比如很多游戏都开放游戏编辑器，让游戏素材制作过程更加简化，就是为了让用户在参与时能够更加直观地获取元素，然后鼓励用户通过创作来填充内容，增加游戏曝光度。

当然，值得注意的是，UGC 模式的崛起和流量、金钱也存在关联。用户的参与并不仅仅限于爱好，互联网平台将流量折算成金钱，以此来奖励参与二创的用户，也促进了自媒体的发展，因此，金钱也是 UGC 领域发展的重要驱动力。

## 趋势三：必要的经济系统

要形成一个经济系统，要有两样东西：一样是商品流通中的物品，在元宇宙时代，就是数字资产；另一样是作为商品流通交易媒介的货币。

对于数字资产，未来元宇宙时代需要通过区块链技术来强化数字资产的价值量。比如现实世界的一幅画，虽然有很多赝品，但是我们总有办法找到真迹，例如通过碳年代测定技术方式，从类似仿品中找到那幅真迹。但是这在虚拟世界则无法实现，在虚拟世界产生的一幅画，本质是一串代码，而代码是可以复制的。再比如很多网络游戏都提供游戏道具，但是由于游戏道具的实质也是一串代码，具有可复制性，因此其往往很难维持稳定的市场价值。而在元宇宙中，NFT（Non-Fungible Token，非同质化代币）和 De-Fi（Decentralized Finance，分布式金融）将成为解决方案。NFT 的本质是证明数字资产唯一性的加密令牌，以加密猫游戏（CryptoKitties，区块链虚拟养猫游戏）为例，游戏通过不同的猫咪特征对猫咪进行区分，比如售价、基因（颜色、长相、品种）、出生编号、世代（第几代猫）、繁殖冷却时间等等。通过这些特征的差异，每一只猫都和其他的猫不同。这个游戏实际上很好地表明了 NFT 非同质化的特点——以非同质化的特征图片或者数字来缔造一个区块链网络，为数字资产打上防伪标签，从而使得复制不再有效，数字资产就获得了唯一性。在数字资产确权方面，唯一性是相当重要的。很多游戏平台的虚拟道具之所以很难形成市场价值，原因就在于中心化的游戏平台实际上并不可靠。一方面，平台可能无限发放这些可复制的道具;另一方面，很多游戏公司都曾出现内部人监守自盗的现象，毕竟同质化的数字资产只是一串代码，如果有人通过代码复制高价数字资产，那么数字资产将立马一文不值。

当前，游戏平台提供的数字货币多是代币，但同质化代币无法保证数字资产的正常流通。这个问题和前文提及的数字资产面对的问题大致相似，游戏币是同质化的，是一串代码形成的一个数字，如果我们的数字资产以同质化代币来代表财富，那么只要中心化的游戏平台发行更多的游戏同质化代币，数字资产价值就会被稀释。因此，我们就需要去中心化，通过以高信用的区块链为基础的数字货币来稳定元宇宙内部的价值交易体系。区块链数字货币解决方案有两条路线：一条路线依然基于 NFT 和 De-Fi，利用区块链平台，比如以太坊区块链平台来打造新的数字货币，或者将现有的比特币等虚拟货币纳入元宇宙的交易系统当中。另一条路线则是 CBDC（Central Bank Digital Currency，央行数字货币），既包括我国的数字人民币，也包括未来其他国家通过较强国家信用设立的货币。从当前趋势来看，笔者认为 CBDC 可能会成为未来元宇宙数字货币的主流。因为在第一条路线中，也就是私人铸币中最具代表性的比特币在提供去中心化货币的同时，也造成了很多问题。例如比特币成为犯罪交易的温床、被矿池掌控、不被主流货币体系承认、交易效率不高等。所以未来各国的 CBDC 很可能会成为元宇宙的主要交易媒介。

元宇宙必然需要一个经济系统。用户参与创作并非只是基于爱好。当庞大的元宇宙体系只能依赖 UGC 方式来进行建设时，就需要经济系统对用户进行激励。玩游戏有时候是一种休闲，但是在未来的某个时刻，玩游戏也将是一种创造价值的方式，毕竟，同样是重复劳动，流水线的工人可能会觉得单调，而做任务的玩家却很可能乐此不疲。如果能将娱乐转化为兴趣爱好，甚至是赚钱行当，那么用户或者劳动者将发挥更强大的价值创造力。

## 趋势四：沉浸式体验

罗布乐思的游戏平台不是真正的元宇宙，因为为了让其编辑器能够更加简便易用，平台运行的都是自制小游戏。实际上《我的世界》《侠盗飞车》《上古卷轴》等沙盒类游戏也有编辑器，很多游戏都有 mod（modification，用于修改和增强游戏的游戏模组）。罗布乐思只是增加了经济系统，促成了玩家在平台上自我变现。而在未来元宇宙，这种简单的沙盒游戏（Sandbox Games）并不足以支撑现实世界和虚拟世界的融合，我们需要更加真实的沉浸式体验。

想象这样一个元宇宙场景：你是一个线下品牌店的店主，在元宇宙时代，你将你的店铺通过自制游戏的方式搬到元宇宙当中，用户可以通过 VR 形式来逛你的店铺。顾客拿起商品，感受这件商品的质地，通过 AR 增强现实技术进行试穿，顾客也有可能在你的店里遇到熟人，从而发起一轮社交。

沉浸式体验的意义是什么？一方面，人类一直在互联网上追求这种体验。例如以短视频替代图文，以 3D 建模或 3 渲 2 染技术替代平面动画，以 3D 游戏替代像素风格游戏。人类一直在互联网上追求真实，每一次网络性能的提升，必然伴随着硬件设备性能的提升，而硬件设备性能的提升往往围绕着人类的在线感知体验。这说明人类需要在互联网上找到真实体验。另一方面，将元宇宙延伸到现实世界，需要沉浸式体验。元宇宙是另一场人与人之间的距离革命，例如我们要达成的远程居家办公，对于现实世界的工厂和农场来说，可以通过沉浸式设备来遥控感知工作场所的状态，拉近与工作场所的距离，实现新的协同，从而彻底打破物理距离限制，推动生产力发展。

综上，当前线下的所有体验，都将通过沉浸式的方式融合到元宇宙当中，当然，在此笔者依然要强调三点。其一，当前沉浸式设备并不完美。比如 VR 头显设备不是全感官沉浸式体验设备。人类感官包括嗅觉、味觉、听觉、触觉、视觉等等，而 VR 只是听觉和视觉，且在视觉方面，分辨率还达不到逼真效果，而且使用 VR 头显设备会眩晕。其二，沉浸式设备并非局限于 VR 和 AR。Facebook 强调将 VR/AR 作为沉浸式体验设备，是因为 Facebook 是早期 VR 应用的参与者，其推出了 VR 应用平台。而有人认为，更有科技感的脑机接口技术才是沉浸式体验的最终选择。其三，无论是 VR、AR，还是脑机接口，当前的互联网基础设施都无法承载，关于这一点，在下一个趋势中会详细说明。

## 趋势五：高质量通信和云计算

在沉浸式体验中，前文提及了 VR 头显，为了让 VR 头显画面逼真，我们需要提高 VR 图像的分辨率，而为了提高头显分辨率，我们需要更加高级的显卡和更大的带宽。如果显卡太重，可能会压坏我们的颈椎，而如果我们把 VR 的显卡放在云端，VR 会变轻，但图像的传输压力却会大大增加。

因此，我们必然需要两种基础设施：一种是高质量的通信，尤其是要具备传输高清 3D 素材数据包的能力；另一种是云游戏，我们要将显卡的功能放在云端，从而减轻 VR 的重量。当然，我们还需要高清、体轻的曲面屏。相对来说，高清曲面屏如今已经不成问题，而高质量通信和云游戏当前还很难实现。

当然，虽然还未实现，但如今通信和云计算的发展趋势已经显而易见。比如 5G 通信的发展，带来了低延时、高流量、高可靠性、大容量的通信网络，而 6G 当前也已经在布局当中。云计算更是发展迅速，云游戏方面，当前已经有很多企业在尝试减小游戏文件体积。

## 趋势六：社交系统和游戏系统

对于元宇宙，曾经有人说它是社交，有人说它是游戏。这些早期的认知告诉我们，元宇宙并非基于现实世界来聚集人气，早期元宇宙的发展还依赖游戏和社交这两大虚拟世界的流量入口。

对于游戏系统，早期元宇宙还是以游戏为主，并赋予游戏参与者更多的价值量，比如打怪获得装备，而装备可以通过经济交易换取现实生活中的货币，在这种意义上，游戏装备也可以成为一种生产资料。比如元宇宙的地产领域，2021 年 11 月，有人在虚拟平台 Decentraland[1] 用 243 万美元买下了一块虚拟土地。很显然，这个虚拟平台类似于沙盒游戏，平台会以游戏的方式吸引很多玩家用户。与

---

1　Decentraland 创立于 2017 年 9 月，是一个由区块链驱动的虚拟现实平台，也是第一个完全去中心化、由用户所拥有的虚拟世界。基于 De-Fi 产生的虚拟地产，玩家可以在其买入的地块中设计并建造建筑物，还可以在自己建筑物中出售数字商品并获得游戏货币。

此同时，这个地产系统也给现实世界和虚拟世界的融合提供了可能性。比如有一个实体店想要在虚拟世界展示，店主就可以买下一个虚拟地块。NFT 的存在，使得地块成为独一无二的数字资产。而由于是 UGC 模式，实体店可以自己设计这个虚拟空间的展现方式，例如可以设计得和线下实体店一模一样。很显然，这是一个游戏，但在这个游戏系统中，玩家不仅可以参与并沉浸其中，还能通过游戏实现价值量，比如获得游戏装备，或在地产游戏自己的虚拟空间中出售商品。

在社交系统方面，元宇宙的社交系统将是多维度的，可以打破现实中场馆面积的限制，从而聚集更多用户同步参与，因此其既可以满足头部社交需求，比如举办演唱会和毕业典礼；也可以满足很多长尾需求。比如一些小众的社交爱好，如赛博朋克、蒸汽朋克、非主流亚文化、宅文化等等，这些文化元素并非主流，但是容易在一些小众人群中形成共鸣，元宇宙就可以撮合这些小众社交需求用户找到彼此。

游戏和社交是基于人类精神层面的需求而产生的。在互联网时代，人类的一部分游戏和社交行为集中于互联网的虚拟世界当中，它们对现实世界的物质生产贡献较少。而在元宇宙时代，人类的游戏和社交行为将从虚拟世界突围，成为一种新的生产组织方式，人类将在元宇宙中实现物质生产。比如通过虚拟现实、游戏操纵杆、5G 通信网络等，人类可以在家远程操控工厂设备实现物质生产，而通过优化细节设计，甚至可以将物质生产过程转变为一款网络游戏。再比如，人类现在采用公司、工厂等方式来组织生产，而元宇宙社交系统将以"自发组建"的方式聚拢一批相同爱好的生产者进行生产。在元宇宙时代，生产过程和游戏参与过程在体验上能够实现同步，像玩游戏一样生产产品将成为现实，从组织生产人员、实施生产到报酬支付等一切流程都将由元宇宙中的社交、游戏、经济系统来实现。

## 趋势七：积木式创新和碰撞式宇宙

网络游戏早期是线性游戏，游戏具备主线剧情，玩家会顺着游戏指引去做各种游戏任务。后来游戏公司打破线性，开始谋求开放世界游戏，比如很多飙车类游戏；或者在线性游戏中给予玩家更多的自由度，可以让其自由地在地图上游荡，进行钓鱼、打猎、炼金、采药等活动。但这种模式依然不能满足 UGC 用户的热情。于是，游戏运营商进一步推出了很多 mod 游戏模组，给玩家编辑游戏的权力。玩家既可以修改游戏中角色的样子，还可以通过换角色来制作一些搞笑视频。可以说很多游戏本身内容非常老套，但是加上了这些修改器、编辑器，突然就变得火爆。由此，游戏厂商开始了解到用户参与的重要性，开放世界游戏中的一个分支——沙盒游戏借此趋势异军突起。

沙盒游戏由沙盘游戏演变而来，往往由一个或多个地图区域构成，包含多种游戏要素，例如角色扮演、动作、射击、驾驶等等。能够改变甚至创造世界是沙盒游戏的特点，玩家可利用游戏中提供的物件制造出自己的东西。比如《我的世界》《动物森友会》等都是沙盒游戏。

罗布乐思在沙盒游戏的基础上，进一步开放游戏编辑器，并开通经济系统，从而使得生态更加开放，自由度更高。Facebook 则是要在元宇宙的基础上，再添加上沉浸式体验，利用其 Horizon 平台，将 VR/AR 添加进来。Decentraland 则可以推进虚拟地产项目，其在平台上赋予用户一个虚拟空间，从而给用户参与提供基础。

综上，元宇宙在发展过程中不断添加元素。互联网企业不断地创新玩法，丰富内容，这是一种小积累式的创新，积少成多，聚沙成塔。这种创新就好像搭积木，一点一点地丰富元宇宙的内容。在创新的过程中，不同要素之间如"积木"般的方式组合，笔者称之为积木式创新。

元宇宙的发展，将以多平台的模式推进。当前没有任何一个平台能够统领全局，因为单一平台整合所有元宇宙元素的难度很大。元宇宙将是多元宇宙，有大宇宙、小宇宙，有游戏宇宙、社交宇宙，也有虚拟空间、数字孪生、办公协作等应用型宇宙。当然，通过大宇宙和小宇宙碰撞合并的方式，在遥远的未来也可能会出现超级大宇宙。

粗略估计元宇宙未来的发展路径，最开始的 10 年，大约依然以社交、游戏、内容这三大宇宙为核心；到 2030 年以后，元宇宙将向生活领域渗透，沉浸体验下的虚拟消费将成为新的元素被添加到元宇宙当中；到 2050 年，元宇宙雏形才会逐渐形成。当然，这一切的预判都依赖于技术发展，例如 VR 终端是否具备和智能手机一样的用户渗透力，芯片的摩尔定律是否突破了晶体管体积的物理极限等等。

## 趋势八：平台主导的元宇宙生态

有人认为内容推动元宇宙，也有人认为技术推动元宇宙。前者往往认为，UGC 是元宇宙的核心，用户才是元宇宙时代的主角；而后者则是看到了元宇宙沉浸式体验的难点，也就是硬件无法实现更高级的用户体验。但是，笔者认为主导元宇宙的，应该是互联网平台。这也是 Facebook 要积极改名"Meta"，主动切换到元宇宙赛道的原因所在。而其他企业，无论是内容制作公司，还是游戏制作公司，它们都在向平台化转化。

为什么不会是内容主导平台？因为用户参与的前提是平台赋予对应功能，比如对于游戏，用户需要游戏编辑器才能参与游戏制作；比如对于内容创作，用户需要遵守平台发布的内容规则。和前几年自媒体爆发时代不同，平台在鼓励用户参与的同时平台规则也在逐渐增多。这并非扼杀内容创作。一方面，平台本身有责任制定规则，以维护优良的平台运行环境，减少用户不良行为的负外部性。比如，PGC 制作一部电影是需要分级播放的，部分内容不能给孩子看，那么 UGC 制作一个短视频同样要遵循类似的规则，对未成年用户收看短视频制定规则。另一方面，最近几年，互联网平台面临越来越普遍的全球监管制度。欧盟有《通用数据保护条例》（General Data Protection Regulation，GDPR），中国有《个人信息保护法》《数据安全法》《网络安全法》。所以，平台配合各国法律制定规则，将是元宇宙未来发展的必由之路。

为什么不是技术主导？元宇宙的终极形态依然很遥远，虽然罗布乐思被定义为"元宇宙第一股"，但其平台上游戏的画面依然是像素风格，难以和沉浸式体验画等号。技术演进本来就存在一定的随机性，我们能够预判技术发展的大方向，但无法预测技术细节。比如，关于 AI 是否能够超越人类，我们知道大方向是 AI 终有一天超越人类，但我们不知道具体是哪一天，也不知道 AI 会以哪种形式超越人类。而元宇宙的技术，存在以下三点特征：其一，元宇宙细分技术是在独立元宇宙中存在，而独立元宇宙建立在不同的平台之上。其二，元宇宙技术生态的整合将以平台整合的方式实现，即大小元宇宙碰撞合并。其三，在元宇宙时代，平台会对未实现技术进行留白，通过开放性平台和用户 UGC 创作来实现发展。综上三点可知，未来元宇宙底层技术应该是由平台主导技术大方向，适当留白，由用户参与，填补技术细节，而并非技术主导元宇宙的发展。

# 从 AIoT 到元宇宙

虽然市场上有很多关于元宇宙的概念，但当下没有任何一家企业能够实现它。对此我们要做些什么准备？

## AIoT 是元宇宙正确的打开方式

资本市场是浮躁的，2021 年，元宇宙的火爆显而易见。若把元宇宙当成一个 IP（Intellectual Property，以知识产权的概念引申为文创作品），那么整个社会都是围绕元宇宙这个大 IP 而展开 UGC 的创作。1992 年，科幻作品《雪崩》提及元宇宙的时候，实际上内涵有限，当元宇宙之风吹起时，各方拼命地在元宇宙概念中做填充。互联网巨头、自媒体、金融分析师、投资人、制造企业等等，纷纷宣传他们自己理解的元宇宙概念。瞬间，元宇宙似乎经历了一场"宇宙大爆炸"。Facebook 说 VR 头显是元宇宙，罗布乐思说游戏平台是元宇宙，英伟达说数字孪生是元宇宙，Decentraland 说虚拟地产是元宇宙，EPIC 说虚幻引擎是元宇宙，投资人说区块链是元宇宙，券商说凡是上涨的股票都是元宇宙，自媒体们纷纷表示"没有人比我更懂元宇宙"。元宇宙概念的火爆，虽然缺乏焦点，存在很大的功利性，但也丰富了元宇宙的内涵，方便我们从更多角度去看元宇宙，去预测元宇宙未来的发展方向。

说得好不如做得好，当前元宇宙概念虽多，但实现元宇宙依然存在很多难题，总结来看，笔者认为以下几个方面将成为元宇宙发展的关键瓶颈。

其一，网络性能不足。如果要实现沉浸式体验，那么就要增加 VR 的重量，而这样会不适合佩戴，而如果要将显卡算力放到云端服务器，那么就需要超强视觉模块的传输能力。此外，网络的性能局限还不仅仅存在于传输能力，实时性和网络容量也存在很多问题。

其二，智能水平不足。人工智能最终能够让人摆脱生产，而在这之前，人类依然要担忧柴米油盐和全球变暖。现实物质世界如果不足以支撑精神世界，生产力瓶颈就会成为元宇宙发展的障碍。纵观历史，我们会发现，很多创新起源于经济繁荣期，而很多创新的停滞和失败往往发生在经济萧条期。有人认为游戏能够主导产生新一轮工业革命，他们把游戏类比为棉花，在《棉花帝国》一书中，作者认为棉花推动了资本主义发展，并主导了工业革命，所以很多人在谈论元宇宙的时候，就提出游戏是新兴的棉花产业，将推动新一轮工业革命。笔者并不认同这个看法。固然，游戏产业链条长，带动产业众多，颇具活力。但和棉花还是有很大不同，因为玩游戏并不能带来保暖的功效。工业革命的关键是物质世界极其丰富，从而构筑起精神世界运作的基础。所以在未来，如果智能化、自动化、无人化的工厂还没有实现，那么游戏产业就不会缔造新的工业奇迹。换句话说，物质世界是精神世界的基础，现实世界是精神世界的前提。现实世界的生产力提升，依赖于智能水平的提升。也许有一天，AI负责"赚钱养家"，人类负责"貌美如花"，元宇宙的发展才会畅通无阻。

换一个维度，前文在讨论元宇宙趋势的时候提及了 UGC。我们默认 UGC 是人类用户创造内容，但实际上，在 UGC 之外还有一个AIGC，也就是人工智能参与创造内容。当前，很多新闻稿的书写，就有人工智能的参与，也就是说，丰富元宇宙的，并不只有人类，还有人工智能，而当人工智能突破某个奇点，元宇宙的膨胀速度可能会超出人类想象。而当前人工智能的水平还有很大的开拓空间。

其三，能源供给不足。2021 年 3 月，美国超微电脑股份有限公司（Supermicro）在其发布的《数据中心与环境 2021 绿色数据中心现状分析报告》中指出，现代数据中心耗电量十分惊人，已占全球发电总量近 3%。随着数字化转型步伐的加快，数据中心能耗将突破 8%。互联网体验越是极致，运行互联网所需要的能源就越多。

其四，数据要素流动不足。数据是互联网时代新兴的生产要素，尤其是大数据和人工智能算法兴起之后，数据开始成为推动智能化水平提升的关键要素。然而，数据在推动人工智能成长方面面临很多问题。比如，在数据要素流动过程中存在垄断和不足。垄断是因为数据掌握在少数互联网平台手中，数据成为这些平台缔造竞争力的关键所在；而不足是因为单个数据没有价值，只有积累到一定量的数据才有意义，所以，数据领域容易出现二八现象，部分企业数据高度集中，但缺乏数据挖掘能力；部分企业有优质的算法，但是无法获得足够的数据。再比如，越是复杂、越是融合的互联网模式，数据的非结构性特征越是明显，虽然数据很多，但人们并不知道如何使用这些数据，有可能是因为用不到这些数据，也有可能是因为缺乏必要的技术算法。而元宇宙是平台层面推动的，元宇宙的数据自然集中在平台手中，平台手中数据要素过度集中，既不安全，也不利于发挥数据要素的价值。

其五，信息茧房。元宇宙一开始是大宇宙和小宇宙交错，但最终，大宇宙会融合小宇宙，从元宇宙的愿景出发，平台会趋向于建设融合程度较高、功能较为全面的元宇宙，这一方面的确便利了用户，也延伸了元宇宙的经济系统覆盖范围，但另一方面，也容易滋生"信息茧房"，也就是人们关注的信息领域会习惯性地被自己的兴趣引导，从而出现自己的生活被困于像蚕茧一般的"茧房"中的现象。

综上，元宇宙存在很多困境和问题，致使我们很难到达元宇宙"虚幻的彼岸"。但我们可以通过 AIoT，从现实世界渗入到元宇宙当中。比如针对网络性能不足的问题，AIoT 可以提供智能网络解决方案，当两点通信的时候，智能通信网络用最短的通信物理距离实现双向同步；比如针对智能水平不足的问题，可以通过物与物、人与人、人与物之间的交流，产出数据，并以这些数据进行机器学习，从而推动 AI 的进步；比如电网生产的电力总量是够用的，但出现电力不足的问题一方面是因为电力在时间和空间上分配不平衡，另一方面是因为电网损耗，多余的电力被消耗在电力传输设备上，而通过虚拟电厂的优化，可以大大提高电网效率；比如针对数据要素流动不足的问题，AIoT 是小企业的机会，因为万物互联会造就很多终端爆款机遇，而终端和人的互动可以造就更多的数据来源，从而防止数据集中在少数平台手中；比如针对信息茧房问题，未来 AIoT 将通过终端嵌入用户生活，增加用户信息的获取渠道，例如家庭中的电冰箱可以和电视机采用不同的信息渠道和信息维度，电视机采用的是你的娱乐偏好，而电冰箱则根据你的健康偏好。

所以 AIoT 是针对现阶段元宇宙痛点的解决方式，也是未来元宇宙实现的前提条件，在当下关于元宇宙的讨论中，大量讨论都集中在虚拟世界，但实际上虚拟世界元宇宙的发展一直受制于现实世界。

## AIoT 和元宇宙相向而行

元宇宙是从虚拟世界走向现实世界，AIoT 是从现实世界走向虚拟世界，它们相向而行的特征，体现在以下几个方面。

其一，元宇宙是互联网企业发起的，而 AIoT 是硬件企业发起的。发起元宇宙的企业，比如罗布乐思、Facebook、腾讯、字节跳动等，它们的方向都属于虚拟世界，试图通过沉浸式体验、经济系统等方式，在虚拟世界嵌入更多现实世界的元素，让虚拟世界的数字资产和现实世界的商品具备同等价值。而硬件企业，尤其是手机巨头和通信网络巨头，比如小米、苹果、华为等企业的业务更关注现实世界，它们试图通过给物品添加智能设备和联网的方式，让现实物品成为互联网的一个节点，在现实世界嵌入更多虚拟世界的元素，形成更多终端入口。

其二,元宇宙强调感受,AIoT 强调感知。元宇宙强调沉浸式体验,强调用户感受，希望用户能够在虚拟世界中获得现实世界的真实感受。而 AIoT 强调物品感知，广布传感器，希望能够在现实世界中收集更多环境参数来优化虚拟世界。举个例子，未来元宇宙下的虚拟世界可以通过同步现实世界气候的方式来打造虚拟环境，而 AIoT 则通过传感器将气候数据同步到虚拟世界。未来元宇宙的沉浸式体验建立在对 AIoT 现实世界感知同步的基础之上。

其三，元宇宙奔向物质世界，AIoT 奔向流量节点。UGC 的核心推动力是物质，当 UGC 可交易，可以转换成现实世界的金钱，可以支撑人们现实世界物质需求的时候，元宇宙自然就有了生长的动力。而 AIoT 的核心推动力是流量，旨在将各类终端、商品纳入虚拟世界。一方面，新的智能终端增加了互联网的节点数量，互联网的边界将不断扩大；另一方面，智能终端从虚拟世界获取了流量，既包括人与物、物与物、人与人之间交流所产生的庞大的数据流量，也包括互联网中网络效应所产生的用户流量。因此，元宇宙是将流量变现，AIoT 则是提供更多的流量，彼此循环。

其四，AIoT 是元宇宙的物质基础。不管是在互联网时代、移动互联网时代，还是在元宇宙时代，新技术时代的产生一般基于两点：一是基础设施性能的提升。比如通信网络、IDC（Internet Data Center，互联网数据库）、智能终端等等，移动互联网相对于互联网时代，主要是 3G 通信网络和智能手机的发展。同样道理，元宇宙时代也将依赖于通信网络和 VR/AR 智能终端的发展。二是互联网节点数的增加。互联网存在显著的网络效应，当一个网络系统中只有 10 人的时候，这 10 人要承担高昂的维护费用，并且所承载的信息和数据量也十分有限。而当一个网络系统中有 10 亿人时，网络价值将呈几何级上升，单个人承担的网络维护成本极低，并且承载的信息和数据量十分庞大。AIoT 正是通过无限增加元宇宙的节点数量，从而提升元宇宙整体的价值量。

综上，解剖元宇宙，你会发现，绚烂故事下，元宇宙的实现方式并非来自互联网的虚拟世界，而是来自现实世界的 AIoT，当 AIoT 发展到一定阶段，具备足够的物质基础时，互联网虚拟世界才会实现"奇点"突破，进入真正的元宇宙时代。

第 二 章

万物智联：
敲响科技融合的钟声

这是一个极速变化的时代，来看一道简单的数学题。

一个人每小时赚 200 元，如果他在一家严格执行 8 小时工作制的企业工作，一周需要工作 40 小时，一年大约是 52 周，除去一些节假日，他每年可工作 50 周，一年的工作时长为 2000 小时，一年收入 40 万元，如果这个人从 25 岁工作到 60 岁，总共 35 年，他一共可以赚 1400 万元。

而据统计，1995 年成立亚马逊的贝索斯，2021 年 1 月 1 日他的资产总值为 1897 亿美元。

财富分配的巨大差异，说明了我们正处于一个快速变革的时代，财富分配的方式正发生着翻天覆地的变化。而推动财富分配方式改变的力量之一，正是科技的发展。美国、日本等国的首富名单，正从传统的地产商、自然资源垄断者（比如石油巨头），逐渐转变为互联网从业者。往昔不可追，我们不可能穿越回那个"起风"的时间点，只能向前看，看向下一个风口，寻找下一个机遇。

# 未来的生活

AIoT 中 AI 是研究、开发用于模拟、延伸和扩展人类智能的理论、方法、技术及应用系统的一门技术科学。IoT 是通过信息传感器、射频识别技术、全球定位系统、红外感应器、激光扫描器等各种装置与技术，实时采集任何需要监控、连接、互动的物品或过程的相关信息，例如，声、光、热、电、力学、化学、生物、位置等方面的信息，通过各类网络接入，实现物与物、物与人的泛在连接，并对物品和过程进行智能化感知、识别和管理的一种技术[1]。

简单来说，人工智能是让物具备人的智能，物联网的作用则是让物和物、物和人连接。狭义的 AIoT 是指结合 AI 和 IoT 技术，通过物联网产生、收集海量的数据，并将这些数据存储于云端、边缘端，再通过大数据技术和人工智能技术，实现万物数据化、万物智联化。简单说，AIoT 的终极目标，就是让物和人拥有同等的智能。

AIoT 时代即将到来，这个时代要实现的是一种智能化的生态体系，AIoT 概念的提出是必然的。但是，这一概念是如何出现的？业界普遍认为，对 AIoT 的第一次集中讨论出现在 2017 年年底的"万物智能·新纪元 AIoT 未来峰会"上，这场讨论聚集了大量商界和投资界的精英人士。在会议上，参会者讨论的核心点在于"AI 的下半场——应用如何落地"，最终，与会者得出一致结论，认为 AI 必须和物联网结合才能实现应用迅速落地，并将这种观点融合成一个统

---

1　刘陈，景兴红，董钢.浅谈物联网的技术特点及其广泛应用 [J]. 科学咨询（科技·管理），2011（09）：86.

一名词"AIoT"。在 2018 年年初，百度、阿里巴巴、腾讯、小米、华为、京东、旷视科技等相继喊出了 AIoT 的口号。AIoT 这一名词及其背后所代表的产业发展趋势引发了一轮又一轮的行业热议。需要指出的是，AIoT 早期的参与者大部分是智能手机厂商和电商，原因是这些参与者希望通过智能化和网联化来改造自己的产品。

总体上看，AIoT 代表了一种技术融合的趋势，它结合了人工智能、大数据服务、云计算、边缘计算、物联网、通信技术等技术，并且在未来它可能纳入脑机接口、区块链等，甚至还可能结合数字孪生技术形成机器仿生。所以，当我们提到 AIoT 的时候，更倾向于讨论 AI 和物联网之间的融合，广义的 AIoT 几乎涵盖了当下所有围绕"物"而展开的热门科技概念。

在 AIoT 时代，神经网络算法的普及产生了一个结果：即使是人工智能算法工程师，有时候也并不清楚人工智能的结果是如何输出的，算法本身成了一个黑箱。未来，技术黑箱可能会越来越普遍，有的人可能将会习惯于技术在黑箱中运行。所以，当你需要向他人解释技术时，要重点讲清应用场景。下面将分析 AIoT 时代的应用场景，探索未来 AIoT 将如何深入我们的生活。

## 林先生的"智能 2077"

清晨，林先生被智能音箱唤醒，这是 2077 年寻常的一天。天花板的虚拟星光散去，窗帘慢慢展开，阳光从窗外倾泻而入。林先生伸着懒腰进入了洗漱间，在林先生洗漱的同时，智能音箱问了林先生作为一个人一辈子都在思考的问题："主人，早餐吃什么？"音箱提醒林先生："根据 AI 冰箱出货记录，大饼、油条、豆浆是您的最爱。根据 AI 健康顾问记录，建议您考虑鸡蛋和燕麦搭配的早餐以控制热量摄入。"

无论处于什么时代，无论科技有多么发达，热量和健康之间的矛盾一直是人类无法摆脱的难题。林先生想要一点儿不一样的："点外卖，焦圈和豆汁，日式一汁三菜，路上吃。"智能音箱自动下单，此时洗手间玻璃上显示出几条新闻："脑机接口普及率已经达到 30%，智能手机销量持续下滑。""柔性智慧屏出货量再创新高。""量子云计算商用覆盖提升。"……

此时，卧室一侧的 3D 打印机发出"叮咚"声，林先生昨晚预订的一件外套已经制作完毕，家用多功能机器人折叠好外套，将其送到林先生面前……

洗漱完毕，林先生出门上班，在这个时代，工作不仅仅是生存的前提，也是一种需要，它让人类保持社交，让人类和真实社会保持连接。在关门的一刹那，林先生下意识地摸了摸口袋，不禁有些自嘲。在智能手机连接一切的时代，假若你无意中将智能手机落在公司，回家你也许会发现，家是黑的，菜是生的，浴缸里的水是冷的，这种经历，林先生已经不想再体验了。为了缓解手机焦虑，林先生成为第一批"吃螃蟹的人"——装上了脑机接口，植入的脑机取代手机，成为林先生人生新的核心之一。脑机接口能够将林先生的位置实时同步给智能家居系统，虽然林先生是单身，但他每一次回家都不会感到孤单，每当他回到家，家中的智能电器都会送上热情的问候，并且为他准备好一切，家里灯火通明，热菜热饭。

一辆车已经打开车门在楼下恭候林先生，车内没有驾驶设施，只有一张桌子，上面摆放着林先生预订的早餐。这是一辆可折叠的无人驾驶车辆。在空闲时，它会来到就近的无人驾驶车辆场，将自己折叠成一块平板，整齐地堆叠在折叠车车堆的顶端，并通过无线充电系统，获得持续的电能。当用户林先生的系统发出请求信号时，充满电的折叠车会自动组装变形成一辆四四方方的小车驶向林先生的家，途中还替林先生在餐馆领取了早餐。整个网络都是连接的，餐馆早已出餐，这辆车只要等待机械臂将早餐摆放在车中间的桌子上即可。

如果乘客数量较多，几辆折叠车可以拼接成一辆大容量客车，以增加载客量。

林先生上车后，车辆平稳行驶。"打开娱乐模式"，在林先生发出指令后，折叠车从全景模式切换为"娱乐模式"，挡风玻璃由透明转换为屏幕，虚拟现实展开，林先生一边享用早餐，一边观看电视剧，四面环绕屏让林先生有身临其境的感觉。他不需要用手去触碰，就可以通过脑机接口联网实现信息的输入输出。

车辆行驶过三个街区后，车内语音提示："林先生，前方有个留言板站点，今天是否有兴趣去看看？"

"好吧。"离上班还有点时间，林先生选择在路上用餐，就是为了能够在留言板站点停留一会。留言板并不是一块真实的"板"，而是一盏路灯，进入路灯光圈，车辆的屏幕面板就会接收到语音、图片和文字信息。这是一个被可见光通信覆盖的场域，只有在这盏路灯下，才能接收到这些留言。留言板完全是匿名的，其中有很多提问，也有很多回答，提问的人们可以在再次路过这里时获取别人提供的答案，并选择阅后即焚或保留在留言板上。留言板上的问题很多：

"有谁要领养机器宠物？需要请留言。"

……

最后一个问题是："谁装过脑机接口？建议安装吗？安装时疼吗？"

林先生在最后一个问题上留言："安装脑机接口的影响有好有坏，它可以有效避免手机焦虑，虽然屏幕随处可见可得，但部分屏幕响应速度不足，所以，是否安装脑机取决于你对手机的焦虑程度，如果焦虑程度过深还是建议保留手机。至于疼痛感，脑机很小，但的确需要植入脑壳。植入时可以选择无痛的方式。"

随后，林先生到达公司，进入公司安检通道时，安检机器记录并发送给林先生一条信息："血压，正常，心律，正常，你很健康，微胖，请注意营养结构，是否为您预定一个下班后可用的健身位？"

在林先生的世界，每一个物品都是一个终端，而每一个终端，都加载了两个基本功能：一个是网络功能，可以将数据上传云端，也可以利用云端算力来补偿终端算力不足的问题；另一个是人工智能，通过云端数据，给予精准、定制、适当的生活工作建议。

## 未来的场景，只是物物连接吗

在 AIoT 时代，仅仅是物与物的连接远远不够，科技的融合性更为重要。AIoT 不仅仅是人和物的连接，更代表着人类生存系统整体的变迁，它所涉及的也不只有 AI 和 IoT，还有语义网、自动化、3D 打印、工业设计等。关于 AIoT，我们需要关注以下几个问题。

其一，人工智能和人工智能之间是否可以交流。如果数据训练的深度学习算法出现了两套及以上的独立子系统，比如 AI 冰箱根据你的食物偏好给你推荐食物，而你的 AI 健康顾问，则像是《超能特战队》中的机器人大白，基于你的健康数据给予你建议，两套系统之间是否会出现冲突？在未来，也许真能看到两台机器争执的画面。而那时，最重要的依然是：人类掌握最终的决定权。

其二，多个子系统间的互联，在从订餐，到无人驾驶车辆自动取餐，实现客户用餐的整体便利化的这一过程中，如何实现无人驾驶系统和餐馆配送系统间的互联？我们将定义一个语义网络，未来互联网会了解我们说什么，并从语义出发，完成一连串的动作，我们不再需要搜索、决策、手动下单。

其三，封闭式网络。AIoT 时代还会有其他的变革，如路灯留言板，即路灯通过可见光通信形成的光域连接组建成局域网系统，这是一个不受互联网干扰的独立区域。在万物互联的时代，人类依然有用隐藏身份来倾诉的需求，随着未来互联网透明度的增加，小区域私密空间反而会大受欢迎。我们需要一个小小的信息孤岛，来造就一个相对封闭的社交环境。

其四，脑机接口。通常，人和人连接是互联网，物和物连接是物联网，而在人和物的连接中，我们需要通过声音、行为等进行信息传递，也就是说，我们控制物还需要媒介。当下，手机是 AIoT 的核心媒介，没有手机我们寸步难行。我们也尝试过用手环、手表、智能音箱作为入口，但现阶段，智能手机依然是难以替代的入口。而未来，帮助我们摆脱智能手机的会不会是体积更小的脑机接口呢？手机是什么？是有着输入输出设备、一块屏幕和连接互联网功能的载体（至于芯片和存储，未来可以通过云服务解决），触摸屏是输入设备，声卡、屏幕是输出设备。那么，是否能让输入更快、更便捷、更直接呢？这就是脑机接口在未来 AIoT 时代得以应用的主要原因。

现阶段的脑机接口只用于帮助残疾人解决如视力障碍、听觉障碍等问题，而未来的脑机接口将代替我们的嘴巴和双手，我们不用开口说，不用动手写，只要脑子想到想输入的信息即可。当然，脑机接口也可以只是一个弱功能性的识别码，让我们在有屏读和互联网的地方都能顺利地通过脑机接口输入和识别，而网络输出将依赖于随处可见的屏幕。凯文·凯利（Kevin Kelly）说，未来是屏读[1]的未来，每一块玻璃，都可以是一块屏。未来屏幕将更广泛地普及，随着柔性屏的发展，未来我们可以在衣服上安装屏幕，可以把车窗、厕所反光镜、办公室玻璃窗都改造成屏幕，甚至可以通过 3D 打印机直接输出一块屏幕，随时随地使用。

当然，更高级的脑机接口有更重要的任务，如和人工智能抗衡，防止人工智能超越人类。我们担心人工智能占据科技主导权，人类逐渐被边缘化，甚至是退化，机器的副作用可能在未来出现，让世界变得像科幻片一样，满大街都是失控的机器人。所以脑机接口也可以用来提升人类记忆力和视觉、听觉、嗅觉等感知，以及逻辑能力和技术技巧。如果可以通过将一个多功能接口外接入人类的大脑，促使人类的学习进程大大缩短，那么人类可能会成为"新人类"，人类的智慧、格局和认知水平都会得到提升，人工智能超越人类的难度将进一步加大。这样不仅可以利用 AI 提高生产率，同时也可以规避"智能灾难"。

---

1 屏读：美国《连线》杂志主编凯文·凯利在其《必然》一书中提出了 Screening 将是未来趋势，中文翻译为一个特定词语"屏读"，以表述未来人们越来越依赖屏幕的科技发展趋势。

## 从咖啡壶到智能仓库

1991 年，英国剑桥大学特洛伊计算机实验室的科学家想要在工作时喝咖啡，但工作间在三楼，咖啡机在一楼，为了随时了解咖啡是否煮好，他们在咖啡壶旁架设了一部摄像机，以每秒 180 帧的速率将捕捉到的图像传输回实验室，这样就可以在咖啡煮好时下楼取咖啡，而不用来回几次确定咖啡是否煮好并因此浪费时间。1993 年，这个咖啡壶故事被发送到了互联网，尽管当时计算机尚未普及，但全世界有 240 万人点击了这个咖啡壶网站。数万封邮件涌入剑桥大学旅游办公室，大家都想来参观这个咖啡壶。这就是物联网的起点——"咖啡壶事件"[1]。

时间到了 1999 年，依然是英国伦敦。宝洁的伦敦分公司有一个品牌经理叫凯文·艾什顿（Kevin Ashton），他从 1995 年开始进入宝洁公司工作。在调查一款口红在乐购超市（TESCO）的销售情况时，他发现了一个问题，货架上空了，口红供不应求，而仓库里还有很多存货。也就是说，畅销产品实际上没有卖光，消费者的需求并没有被满足。于是他开始研究解决方案。直到 1999 年，他从会员卡中获得灵感，尝试用 RFID 芯片代替条形码贴在每一支口红上，然后在货架上安装一个天线，以此连接供应链仓储系统。产品的位置信息得到追踪，一旦缺货，供应链端将迅速补货。艾什顿也因此获得了"物联网之父"的称号。他把宝洁的所有产品，甚至纸巾都安装了 RFID 芯片。并且提出了一个定义物联网的口号：把所有物品通过射频识

---

1　郎为民，朱元诚，张昆．物联网的前世今生 [J]．电信快报，2011（03）：3–7，14。

别等信息传感设备与互联网连接,实现智能识别和管理[1]。让物品信息通过无线网络直接传输,可以有效避免人工错误,提高实时性。

　　时间到了 2018 年,还是英国,金融时报(*Financial Times*)、福布斯(*Forbes*)集中报道了英国的奥凯多(Ocado)智能仓库。Ocado 是一家电商企业,和国内很多电商一样,在电商需求爆发的今天,它一直面临庞大的物流分拣压力。Ocado 只服务于英国本土,2017 年财报显示,Ocado 的活跃用户数为 64.5 万,SKU(库存量单位,Stock Keeping Unit)的种类为 4.9 万种,客单价为 107.2 英镑(约 954 元)。Ocado 平均每周的订单量为 27.3 万单,每天 4 万单左右。但实际上这家公司在英国只有 3 个仓库。其智能仓库于 2016 年开始建设,仓库名字为 Andover。智能仓库最大的特点是立体智能分拣,仓库采用蜂巢模式,货物被分区码放,1100 个小型机器人在仓库顶端的轨道上运行。当小型机器人来到目标产品上方时,其机柜的底部打开,伸出抓手抓取货物,然后通过轨道将货物运送到包装员的手中。当目标商品在其他货物下方时,机器人也可以将上方非目标商品临时堆放到别的地方,再抓取目标货物。这个系统让分拣耗时从以前的 5 小时缩短到了 20 分钟。

　　技术成熟后,Ocado 并没有无限制扩张零售业务,而是和法国零售巨头卡西诺超市(Casino)、加拿大零售商 Sobey's 等传统的超市合作,改造传统超市的物流系统。

---

1　郎为民、马卫国、张寅、王连峰、闪德胜:《大话物联网(第 2 版)》[M]. 北京:人民邮电出版社,2020:17.

## AIoT 时代科技的自我生长

实际上自 2019 年年中，中国的很多物流企业已经有了完善的智能仓库系统，笔者在后续章节也会介绍。之所以将 Ocado 作为案例，是因为事件的地域连续性。咖啡壶事件是公认的物联网的开始，而宝洁伦敦分公司的凯文·艾什顿被看作"物联网之父"，事件都发生在英国，于是就顺理成章地找到了 Ocado 的智能仓库案例。从一个连续性的技术变革中，我们可以看到科技是如何变迁的，也就是万物互联如何从一个点（咖啡壶），扩散到一个面（乐购的货架），再扩展为一个立体化的系统（Ocado 的智能仓库）。

越是眼前的事件，确定性越高，越是长远的事件，确定性越低。在 2010 年至 2020 年的 10 年里，人类经历了很多新兴科技的潮起潮落，一些技术热点如流星划过，人类对于科技的乐观和悲观，往往和某些事件紧密相连。例如，在 1967 年采访一个美国人对未来技术的看法，他也许会说 2000 年人类就已经在火星上聚餐了；而在 2001 年互联网泡沫达到高点时，不少美国人预期互联网的大厦已经倒下，再也起不来了。再比如 2014 年，德国的汉诺威工业展在提及工业 4.0 时讲到了石墨烯技术，而在 2021 年，石墨烯技术又被一些人质疑其实用性。

从咖啡壶到智能仓库，物联网技术是如何发展的？在 AIoT 时代什么是必然，什么又是巧合？

AIoT 时代，科技融合造就了科技未来。1991 年，大家只能看到咖啡壶，没有 RFID 芯片，没有机器学习算法，计算机算力不济，互联网速度缓慢。3G 技术的发展，推动了智能手机的飞速发展；4G 技术的普及，促使智能物流成为可能；而 5G 时代，我们必将在过往的大厦上添砖加瓦。单项技术已不再是关键，融合、耦合，更高级的组合形态展现的技术是科技发展的必然，也是 AIoT 时代真正的核心。从互联网到移动互联网的发展可以归纳为两个趋势：手机智能化，手机联网化。移动互联网是 AIoT 时代技术融合的一次变革。了解科技融合对于创新的重要性，可以帮助我们了解 AIoT 时代。在技术融合下，应用场景学会了自我成长。未来，也许无需主导者，技术将自成体系，自然进阶。

# 第四次工业革命：科技融合革命

工业革命是一种科技革命，但和其他科技革命内容不同，工业革命面向的是工业科技的提升。工业革命提升了生产率，让商品得以大规模产生。而一些科技革命产生的新技术如游戏产业，满足了人类的新需求，但这不能填饱肚子，这种类型的技术创新对生产率的提升十分有限，所以我们说游戏产业是科技革命的产物，而非工业革命的产物。人类期盼工业革命，因为工业革命丰富了人类的物质世界。

## 能源驱动和工业革命

国外某论坛有人提问：埃隆·马斯克（Elon Musk）会不会变得像史蒂夫·乔布斯（Steve Jobs）那样伟大？

热门答案是：马斯克不是乔布斯，他是亨利·福特（Henry Ford）。

第二次工业革命中有三位代表性人物，分别是发明了电灯的托马斯·阿尔瓦·爱迪生（Thomas Alva Edison）、推进内燃机汽车诞生的福特，以及推进石油能源普及的约翰·戴维森·洛克菲勒（John Davison Rochefeller）。将马斯克比作福特有两层含义：一层是说，马斯克不是创新者，而是资本家；另一层是说，当下工业革命正在进行，特斯拉推进的是工业革命，而非科技进步。

对于工业革命，我们比较确定前三次的分类，第一次工业革命的标志产品是蒸汽机，能源驱动力是煤炭；第二次工业革命的标志产品是电灯和内燃机，能源驱动力是石油和电力；第三次工业革命的标志产品是计算机，能源驱动力多元化，包括化石电力、风电、光伏、水电和核电。如今，我们正在逐步进入第四次工业革命[1]，根据共识，第四次工业革命是以人工智能、新材料技术、分子工程、石墨烯、虚拟现实、量子信息技术、可控核聚变、清洁能源以及生物技术为技术突破口的工业革命。

对第三次工业革命和第四次工业革命界限的划分，其实是有争议的。至今，仍有人坚持认为第三次工业革命根本没有结束，而第

---

1　引用自德国联邦，教研部与联邦经济技术部在 2013 年汉诺威工业博览会上提出的概念。

四次工业革命是 2013 年德国人在汉诺威工业博览会凭空制造的词，德国工业 4.0 的很多技术还没有实现。所以，这些观点认为工业 4.0 只是一句口号。

之所以有这样的观点，是因为第三次工业革命犹有遗憾。前两次工业革命除了新产业爆发，还有一个显著标志，即能源动力方面产生了实质性的提升。虽然第三次工业革命的变革力量比前两次工业革命更加强劲，产品更丰富，生产效率提高更多。但是第三次工业革命缺少能源驱动力方面质的飞跃。这并不是说第三次工业革命没有新的能源技术，事实上，在此过程中可再生能源迅速发展，如产生了核能、光伏、风电和水电等。但是，第三次工业革命能源主流依然是石油、天然气、煤炭和电力。

在第三次工业革命中，技术创新集中于互联网，在提升物质世界生产率方面的发展较为缓慢，并且由于能源驱动没有发生质的飞跃，所以很多新应用、新产品无法产生，也无法普及。

例如，2020 年 12 月，在东京都议会例行会议上，日本东京都知事小池百合子宣布：计划到 2030 年，日本东京将不再销售汽油车。2021 年 1 月，日本在例行国会上明确提出，到 2035 年，日本销售的新车将 100% 为电动车。日本的化石能源对外依存度很高，这一举措也表明日本想要凭借发展新能源汽车的方式摆脱对于化石能源的依赖。但是日本丰田公司的丰田章男（Akio Toyoda）提出了一个问题：日本有相应的电力输出配套设备吗？如果日本将燃油车快速换成电动车，那么电力将迅速耗光，而日本将需要为电动车配套 14 万亿～ 37 万亿日元（0.83 万亿～ 2.19 万亿人民币）的基础设施。丰田章男对电力能源消耗的焦虑由此可见一斑。

2020 年下半年到 2021 年，新能源汽车市场火爆，光伏组件开始涨价，电力供应面临挑战，而此时，我国的新能源汽车还不算普及。而另一方面，互联网产业发展也使得通信设备、数据中心、电子消费品大幅度增加电力需求。数据显示，截至 2021 年年底，中国的 5G 基站为 142.5 万个。根据工业和信息化部《"十四五"信息通信行业发展规划》，到 2025 年我国每万人 5G 基站数为 26 个，如果按照 14 亿人口计算，大约到 2025 年需要 364 万个基站，2022—2025 年每年新增 55.375 万个基站。而这些基站在未来将支撑无数电子产品的联网需求，这些电子产品产生的数据又将存储在持续耗能的数据中心，而电子产品、基站和数据中心都需要电力供应。

## 第三次工业革命存在能源驱动因素吗？

有的人之所以会对第三次工业革命的能源创新产生怀疑，是因为对创新的本质产生了很大的误解。在理解第三次工业革命包含的能源创新革命之前，我们要先了解一点"技术的本质"。

在技术创新的社会认知方面，有一部经典的作品——《技术的本质》。作者布莱恩·阿瑟（Brian Arthur）认为技术是可以自己创生的，他的思想与达尔文的进化论观点类似，认为技术创新的本质和生物进化的本质一样，是变异和选择。而现有的创新技术归根结底来自两个方面：一是对过去技术的组合，如 AI+IoT=AIoT；二是"捕捉现象"，如核裂变技术就是捕捉了物理现象，这个现象多为自然现象。对此有句经典的总结："技术的本质就是对现象有目的的编程。"

当新技术通过"对过去技术的组合"或"捕捉现象"产生后，

会推动社会发生改变，技术对经济社会变革产生的影响也表现为两种：一种是重新域定，也就是颠覆性改变；另一种是标准工程，也就是由微小进步的聚集带来的缓慢创新。

第三次工业革命的能源发展与第一次和第二次工业革命最大的不同在于，在技术创新中，"捕捉现象"方面的创新在趋缓，而"过去技术的组合"方面的创新在加速。"过去技术的组合"依然在改善人类的能源结构，人类并没有陷入能源困境。当今的能源革命有以下几种。

一是页岩油革命。石油能源作为"捕捉现象"技术开发被视为第二次技术革命的核心，原油价格在 2020 年上半年曾出现了短暂的负值，这打破了一些人的固有思维，抛开周期下行和新冠肺炎疫情因素，原油过剩本身就是技术突破带来的标志性现象。2020 年上半年，新能源汽车虽然火爆，但实际尚未普及。传统能源需求结构并未改变，石油需求依然存在。而欧佩克（石油输出国组织，Organization of the Petroleum Exporting Countries，OPEC）和非欧佩克的产油国开会时，讨论了减产相关的内容。很显然，页岩油技术是典型的"过去技术的组合"，它和第二次工业革命中石油开采技术是不同的，但它的确让经济社会出现了"重新域定"，让有的国家或地区的石油从短缺变为过剩，如美国。

二是光伏组件能效提高。光伏组件包括光伏玻璃、单晶硅等。同样抛开周期性因素，光伏组件的涨价源于其能效提升，这是典型的通过"过去技术组合"实现"标准工程"式创新。简单来说，同样一块太阳能板，在占地面积、寿命不变的情况下，现在的发电量比 10 年前几乎高了一倍。中华人民共和国国务院新闻办公室 2020

年 12 月 21 日发表《新时代的中国能源发展》白皮书并举行新闻发布会，会上相关部门表态："今后，新能源的发展基本上不需要国家补贴，主要由市场决定。现在最大的问题就是消纳，就是把新能源电力消纳好。"新能源是典型的"过去技术的组合"，它最终让经济社会出现了"标准工程"模式的创新结果。这种标准工程在逐渐积累后最终也会产生质变，正是由于这种质变，光伏产业才摆脱了 10 年前的过剩局面，也正因为光伏能效的提高，光伏发电的收益才逐渐覆盖了成本，成为有效率的发电模式之一，让包括马斯克在内的全球投资人，开始考虑更广泛地布局分布式太阳能发电产业。

可以列举的例子还有很多，不只是再生能源，储能方式、能源管理方式和节能等方面也是如此。你会发现，技术可以自己生长，"过去技术的组合"方面的创新越来越普遍，人类对"捕捉现象"方面的技术发掘能力却在减弱，其原因在于科学发展并不呈线性，人类的认知有一定的局限性。到如今，人类发现自然规律所要投入的成本越来越高。人类的科学受制于认知，而科技受益于过去技术的组合。当下，新技术的方向有很多，但多数是在已知现象基础上实现的，而发现新的科学规律更加困难。遏制基础科学发展的，是人类的认知局限。

渐进的能源进步支撑了第三次工业革命，人类对于石油的需求一直没有减弱，但油价下跌了。2008 年，光伏产业过剩，而在 2020 年，光伏价格重新上涨。这促使通用电气这样的老牌电气化的企业，将重点业务方向也转向太阳能电站；也让特斯拉这样的新兴企业，开始开发分布式光伏电站。

所以，第三次技术革命的标志物是计算机，驱动力是科技融合下的能源应用。人类在诸多"捕捉现象"的基础上，进行"过去技术的组合"，从而突破了过去的技术瓶颈。

## 寻找第四次工业革命的标志物和驱动力

很多专家认为，我们的确进入了第四次工业革命时期。维基百科对于第四次工业革命的解释是："第四次工业革命是指 18 世纪工业革命开始后进入的第四个阶段，它被描述成各种科技的融合，而因融合的过程使物理、数字和生物等领域科技之间界限模糊，故统称为网宇实体系统（Cyber-Physical System，CPS）。"网宇实体系统又被称为信息物理融合系统。这个定义的重点在于科技的融合，即信息（可以理解为数据）和物理（也可以理解为物和终端）的融合。

也就是说，第四次工业革命发展至今还没有明确的单一标志物，和前文提到的第三次工业革命的能源应用种类并没有什么不同。人类科学对于更深奥的自然现象的探索正在进入瓶颈，我们越来越难以从所见的自然现象中获取新的技术，但我们依然在进步。例如，同属于第四次工业革命的石墨烯和可控核聚变（"小太阳"）依然是属于"捕捉现象"的技术，只是它们的技术探索难度很大，需要在基础科学上进行长期的技术积累，技术应用的落地尚需时日。也就是说，在第四次工业革命中，我们暂时没有确定性的单一标志物，只有还未实现商用的科学技术。

当下的科技革命名词太多了，包括移动互联网技术革命、物联网革命、区块链革命、云计算革命、人工智能革命等，我们需要在其中寻找一个标志物串联起所有的革命。笔者认为，第四次革命的

标志物，就是 AIoT 技术，万物智能化、数据化、联网化，而第四次
工业革命的能源驱动力，就是数据。

　　为什么说 AIoT 技术是第四次工业革命的标志物？移动互联网时
代的本质是传统电子产品手机的智能化、联网化，它本身就是 AIoT
的一部分，是互联网对物的拓展。而智能手机企业几乎一起走向了
AIoT 时代，电子消费品向横向智能化、联网化的拓展顺理成章，水
到渠成。对于苹果、小米或华为来说，在手机上实现的技术，不仅
在汽车上可以复制，在家电上也可以复制。AIoT 技术使现实世界的
物品量大大增加。工业革命的本质就是物品量的增加，所以，AIoT
技术可以被看作第四次工业革命的标志物。

　　为什么说数据是第四次技术革命的能源驱动力？数据作为能源
驱动力有两方面的理由。一方面，AIoT 技术会派生出更多的物品，
这些派生过程基于数据采集，通过人工智能尤其是深度神经网络算
法，将数据转化为创造新物品的动力。在新物品产生后，数据挖掘
者又像开采石油一样，从新物品之间的交互中继续开采数据这种驱
动能源。另一方面，数据也对能源行业本身产生了影响。数据反馈
带来了精准化生产，精准化降低了能耗指标，能够让能源更加合理
地被使用，通过节省能源的方式支撑更加庞大的物联网设备群落。
而且数据又能通过产生新的 AI 技术优化能源生产，比如通过预测气
候安排风电和光伏电站覆盖的区域。但仅仅是这些，并不足以让数
据成为能源驱动力。未来，数据作为能源驱动力，可能会颠覆能源
行业本身。

## 核心驱动：物联网下共享免费的能源

杰里米·里夫金（Jeremy Rifkin）在 2014 年写了一本书，名为《零边际成本社会》（*The Zero Marginal Cost Society*），结合过去这位经济学家发表的作品，包括《工作的终结：后市场时代的来临》（*The End of Work*）等，我们会发现这位经济学家一直在描绘一个未来的理想社会，即零边际成本社会。边际成本就是每多生产一件产品所带来的总成本的增量，而零边际成本是指去除早期投入的基础设施成本后，生产一件新产品的成本几乎为零，当人类进入零边际成本社会时，我们几乎不用为商品付出任何代价，所有的物品都是免费的，那么如何才能进入这个社会呢？

杰里米·里夫金提出了四个先决条件：一是利用近乎免费的能源，在源头上把控成本；二是通过传感器连接万物，提高生产效率；三是利用 3D 打印技术，打破技术和工艺壁垒；四是通过高度发达的物流网络，在全球范围内实现便捷的产品交付。一个所有物品免费送的时代，听上去有点天方夜谭，虽然我们还不能够很快看到这样的未来，但是我们可以试图了解这个未来场景。

2021 年年初有一款叫作《戴森球计划》（*Dyson Sphere Program*）的热门游戏。在游戏中，玩家会随身携带一个机械装甲，配备若干个智能建造无人机来到一个星球。玩家需要在荒芜的星球上采掘资源，利用机甲合成系统以简单的资源直接生产零部件，并用这些零部件建立工厂、传送带和分拣机器。在这个星球上，玩家需要跟随科技树布局生产物流系统。玩家携带的智能建造无人机能帮玩家建造所有设施，包括获取能源的设施，玩家可以选择使用煤炭、石油、太阳能光伏、氢燃料电池、核裂变等来获取电力。玩家的工厂随之生产原料，原料将通过传送带运送到下一个工厂或储存仓库。

其实《零边际成本社会》和游戏《戴森球计划》核心的理念相同，我们继续探究能源来源的原因在于，有时我们只要调整能源的取得方式，就可以更轻易地获取能源。比如光伏，太阳对地球的照射功率（约 1.73E17 瓦）是人类文明现在能源总功率（约 2E13 瓦）的约 8650 倍，也就是说，太阳照射一天的能量足够人类用大概 8650 天。而太阳 24 小时照射到地球的能量约有 1.49*1022 焦耳，相当于 5085 亿吨标准煤完全燃烧释放的能量。化石能源是光合作用产生的太阳能量的余烬，所以我们不必担忧能源获取种类来源，我们已经知道如何获取能源，只要以更高的生产率来生产太阳能板，让其成本压缩，损耗减少，制造难度降低，便足够了。如果家家户户的屋顶都能装上太阳能板，我们就能够更好地利用太阳能源。而现实中，可获取的能源远远不只有阳光，还有风能、潮汐、水电、核能。

现实中人类的能源收集过程很复杂，但是 3D 打印可以让我们更简单地将资源转变为商品，简化材料后，我们可以通过智能机器人建造设备和建筑，建造设备和建筑本身可以组成基础设施。电力可以在 3D 打印的太阳能板和风能中获取。有了能源，所有物联网中的工厂和传送带都活跃了起来。然后，进行开采—精炼—制造—成品—回收材料的循环过程，而人类仅需规划好传送带和制造厂的布局，也就是安排好连接即可。连接物，连接信息，就是未来 AIoT 时代网络承载的主要任务。

综上，拥有免费能源的前提是低成本获取生产能源的设备，以及一套基于物联网与物流网的材料（物）和数据（信息）输送体系。

通过物联网连接的数据提供物品制造蓝图，通过物品输送的物流网提供材料，结合 3D 打印，最终生产出需要的能源生产装置。同时通过电网接入 AIoT，零散的用户可以向邻居销售电力，也可以向邻居购买电力，在此基础上，随着介入电力网络的供应者越来越多，电力价格将会降低。这也是互联网思维、共享思维在能源领域应用的一种体现。

## 新能源：数据

万物互联下，所有的设备都可能在未来智能化，并替代人类生产商品。从能源开采，到产成品，一切都可以实现，但贯穿核心的，不是能源，而是数据。实际上人类已经了解了数据的重要性，第四次工业革命中的大部分技术创新都围绕着数据展开，比如以下几种工业革命的主导技术。

一是人工智能，神经网络依赖反向获取数据来训练机器，AI 的三大基石分别是算法、算力和数据，其中，数据是人工智能的核心。

二是云计算，云计算就是虚拟化，云计算服务商在提供算力、存储空间的同时，也为掌控数据的权益不遗余力。云计算服务的目的包括几个方面。首先是拥有数据，通过提供云服务的方式，让用户将一些数据留给云计算平台；其次是通过数据绑定用户，比如用户把数据存在某个云盘，这些数据对用户很重要，为了保留这些数据，用户会支付费用；最后是帮助他人处理数据，比如通过提供算力的方式，帮助用户借助云计算平台解决电脑处理不了的数据。

三是物联网，万物互联本质是将人和物互动的数据接入互联网，以前的数据产生于人与人之间，而未来的数据产生于人与物之间，甚至还会出现物与物之间交流而自然形成的数据。

四是生物技术，当下的一些生物技术是以基因技术为导向的，而基因技术则以基因编码的基因图谱为基础。基因图谱是由31亿个"字母"标识的DNA碱基对组成的数据链条，而基因技术可以通过蛋白特性、蛋白质和基因图谱中特定碱基对互相对应的方式将人类的遗传物质转化为数据库。所以生物技术本身就是一门和数据相关的技术。

五是量子技术，量子技术解决了两类问题，一类是数据传输的安全问题，另一类是数据挖掘的算力问题。数据传输是利用量子纠缠，即量子态不能被拦截的特性，通过量子计算保证数据传输安全。算力是利用量子叠加态的并行演化来提高算力，从而提高数据处理能力，包括电子比特和光子比特，提高的算力将进一步提升人工智能、深度学习、神经网络等算法吸收数据的能力。所以量子技术亦是一种数据技术。

六是区块链，区块链技术是典型的"过去技术的组合"。区块链就是分布式记账，也就是记录交易数据，然后以账本本身作为货币进行交易，由于账本的连续性特点，过去已经发生的交易记录变得难以篡改，因为一旦篡改，被篡改的交易记录之后所有已经发行的区块，也就是账本，都需要被改变。区块链其实不算真正的新技术，而是一种思维方式。区块链技术的推进，本质还是围绕数据展开的。区块链技术本身要解决数据可信度的问题，它也是为了降低数据被篡改的概率而创新的。

数据还能串联很多的技术。在第四次工业革命中，技术的本质大多围绕数据展开，尤其是人工智能和数据的结合。一方面，通过数据组建的知识图谱提升人类认知；另一方面，通过数据开发的新型人工智能提高人类生产率，从而不断推进社会向前发展，推进物质世界的发展。

综上，笔者认为，我们正处在第四次工业革命的起点，这次工业革命的主基调是多技术融合，主要标志物是以互联化、智能化为方向的融合技术，主要驱动力是数据。

除了技术社会的自然演化，我们看到还有三个因素是驱动人类社会向 AIoT 时代发展的主要动力，让 AIoT 时代的全面到来成为必然。其一，数据和技术的正反馈生态。其二，政策支持 AIoT 的长期健康发展。其三，主动或被动受市场驱动的企业，都推动着人类社会向 AIoT 时代发展。

# 数据和科技的生态循环

在机器学习、神经网络和大数据加持下，数据产生的新的知识和技术丰富了我们的科技应用，而科技应用收集到的人和物交互所产生的数据，又可以循环往复地产生新的知识和技术。

数据和技术相互推动形成的共生循环，可以称为"数据—技术正反馈循环"。这包含两个层面：一个层面是由于看好数据的未来价值趋势，更多企业为技术赋能；另一个层面是技术在数据加持下实现自我生长。

## 数据资产化趋势为技术赋能

当趋势出现时，人们可能会蜂拥而至。

趋势是一种惯性，经济学中有理性人和感性人的概念，虽然大量的经济学理论基于理性人假设模型进行搭建，但现代经济学也承认，人类社会中感性因素占据非常重要的地位。每一轮的经济周期，往往就是感性人的非理性认知偏差导致的。一只南美洲热带雨林中的蝴蝶，偶尔扇动几下翅膀，可以在两周后引起美国得克萨斯州的一场龙卷风[1]。这是一种对趋势的混沌解释。

在资本市场，反身性亦可以解释趋势。反身性又被称为事物的相互决定性，比如，对于一只股票，也许其理性股价是 10 元，但是大多数投资人因为大盘行情乐观而给予其 20 元的非理性估价，投资人的乐观基于认知偏差，因为站在理性角度看大盘行情似乎和个股并无关联，但投资人的认知偏差推动了个股价值均衡点上移。正因为大多数投资人情绪乐观，所以这家企业想获得融资更方便，投资人的正面宣传使消费者和供应商也受到乐观情绪感染，消费者更多地选择这家企业的产品，供应商继而给这家企业更宽松的信用期。于是，公司的估值均衡点从 10 元上涨到了 15 元甚至更高，公司更值钱了。

公司股票更值钱的原因是投资人的看好，这和经济学理性人假设不符，但事实上，看好公司股票的人增多本身促进了公司股票的上涨。因此资本市场往往风助火势，火借风势，在上升趋势下，火

---

1　蝴蝶效应：美国气象学家爱德华·洛伦兹（Edward N.Lorenz）于 1963 年提出。

越烧越旺，直到导致非理性的估值，反之亦然。

流量创造数据，数据创造奇迹。人工智能是数据缔造的奇迹，区块链同样是数据缔造的奇迹。当奇迹在数据身上反复发生，企业便不会再错过任何一个数据入口。过去 10 年，互联网数据库（Internet Data Center，IDC）蓬勃发展，2019 年，全球超大型数据中心有 447 个，全球数据中心部署的机架数量约为 495.4 万架。数据显示，2020 年前三季度，中国数据中心 IT 基础架构市场规模达到 196.7 亿美元，同比增长 16.9%。这是其在过去数年呈几何级增长的基础上的持续性增长。作为互联网的基础设施，IDC 最大的功用就是存储数据。随着云计算的发展，处理数据的算力和其他数据基础服务如今也在蓬勃发展。

如今，中国的风险投资更看重的不再是初创企业的利润，而是初创企业有没有获得流量入口，流量入口的好处在于可以持续不断地生产数据。即使当下没有完善的模型可以利用这些数据，但是互联网巨头、投资者已经清楚地了解到数据的价值，并且这种共识已经凝聚成一种趋势。这种趋势甚至在某种程度上淘汰了传统财务分析在投资领域的应用。

所以，数据和技术在相互促进中一步步推进技术的发展。数据缔造奇迹被更多的人知道，越来越多的人参与到数据收集和处理中，从数据中挖掘价值，而当新技术产生时，人们首先会想到，这个技术会不会产生新的数据，帮助人们挖掘新的价值。如此循环往复。

## 数据推动技术自我生长

在 AIoT 时代，数据推动下的技术可以自我生长。技术的自我生长一方面是水到渠成的，比如智能手机的语音识别技术，可以移植到智能音箱、智能电视、智能汽车中。另一方面，技术亦可以通过交互产生数据实现生长，比如人工智能算法中的生成式对抗网络（Generative Adversarial Networks，GAN）[1]，两类人工智能模块互相竞争。

甚至，数据推动技术自我生长的趋势如果突破了某个临界点，比如人工智能实现了认知突破，那么技术可能会以超过人类预期的速度发展，那时候技术发展给人类带来的可能不是惊喜，而是惊吓，惊吓于我们跟不上技术自我生长的速度。

# 政策助推，火力全开

## 政策是推进技术高速发展的基石

首先，我们要探讨一个问题，政策推动对科技发展有用吗？有的经济学家在分析这个问题时偶尔会堕入教条式思维。例如有一种源自奥地利学派的思维认为，创新来自市场竞争，只有市场竞争才能主导创新，政策只能充当营商环境维护者，比如治安官或守夜人的角色，而创新应完全交由企业家。但实际情况真是如此吗？ 2020年新能源纯电动汽车行业爆发，但氢燃料电池的新能源车辆却几乎

---

1 生成式对抗网络是一种深度学习模型，是近年来复杂分布上无监督学习最具前景的方法之一。模型通过框架中（至少）两个模块：生成模型和判别模型的互相博弈学习产生相当好的输出。

从中国市场上消失，销量败走麦城。高工产业研究院发布的《燃料电池汽车月度数据库》统计显示，2020 年我国氢燃料电池汽车销量为 1497 辆，同比下降 53%[1]。其中，氢燃料电池客车销量为 1351 辆，同比增长 15%；氢燃料电池专用车销量为 146 辆，同比下降 93%。

为什么？答案很简单：假定你买了一辆氢燃料电池的车辆，那么，你去哪里加氢呢？虽然在 2020 年，氢燃料电池的技术体验比锂电池好，其优势在于续航能力长和充能时间短，且氢来源广泛，但因为新能源汽车中锂电池汽车体系已经相对成熟，并且政府推进了相关的基础设施建设，配套了大量充电桩，同时在纯电动车相关政策方面给予了大量的扶持。因此人们普遍都在考虑如何解决锂电池的充电时间和续航能力问题，而很少有人尝试氢燃料电池。

政策在培育产业时发挥了重要的推动作用，尤其是未来 AIoT 时代的很多场景，比如智慧城市、车联网的无人驾驶，都依赖于基础设施。杰里米·里夫金提出，生产产品是免费的，但是，生产这些产品的基础设施呢？如果能源是免费的，那么光伏电站和风电电站分布式的电力连接谁来完成？这些往往来自政府。所以政策对于科技的推进是非常重要的，是技术高速发展的基石。

## 与时俱进的政策支持

物联网虽然当下发展很快，但在之前却受制于移动通信技术的发展。在我国，自 2008 年年底 3G 推出之后，互联网中连接的设备

---

1　中国能源网：2020 氢燃料电池汽车销量 TOP10 城市，https：//www.china5e.com/news/news%2D1108645%2D1.html.

开始突破移动互联网时代的边界，从原来的 PC 端 [1] 和智能手机端延展到了更多可穿戴产品。2009 年 11 月，物联网第一次明确作为国家战略性新兴产业被提及。2010 年，物联网首次被写入《政府工作报告》。继而，政策面从 2010 年展开了全方位的跟进支持。2010 年至 2020 年，物联网十年磨一剑，很多物联网企业诞生、发展，产生了巨大发展动能。

政策一直在跟进科技发展，比如关于工业互联网的政策、大数据云计算的政策、数据安全的政策等。在中国进入 3G 时代的 2009 年和 2010 年，政策就已经将物联网发展纳入《国务院关于加快培育和发展战略性新兴产业的决定》，在 2016 年阿尔法狗（AlphaGo）挑战李世石的当月，人工智能被纳入《"互联网 +" 人工智能 3 年行动实施方案》。当 2017 年和 2018 年业界开始关注 AI 和 IoT 的融合，提出了 AIoT 之后，国务院在《2019 年国务院政府工作报告》提出了"智能 +"，开启了 AIoT 时代的序幕。而当 2020 年上半年新冠肺炎疫情使经济面临挑战时，新基建政策及时出台。结合技术融合的理念，AIoT 时代的基础设施建设如火如荼。到 2020 年年底，政策开始聚焦信息安全问题，AIoT 行业向标准化和正规化发展、演进。

我国的政策在跟随科技前沿方面的效率少有国家能及，这一方面源于我们有一个负责任的政府，另一方面也源于我国急需优化产业结构。任何国家都会遭遇产业瓶颈期，即"中等收入陷阱"。一个国家经济进入瓶颈的原因有两个方面。其一，由于财富集中，贫富差距拉大，普通人消费不足。所以要实施削峰填谷的政策，提振

---

1 包括台式机、笔记本和工作站。

底层人民的消费能力，从需求方面提振经济。其二，过去的发展模式不能持续。例如人均 GDP 在 5000 美元左右时，轻纺业对 GDP 的贡献率较高，但如果想要实现人均 GDP 超过 1 万美元，就需要更多高附加值的劳动，也就需要优化产业结构，提供更高的劳动附加值，以此提振人均 GDP。近些年来，部分发达国家在科技方面谋求一席之地，提倡知识产权保护，这么做的理由很简单，那就是科技行业能提供高附加值的就业。

中国最近几年的政策围绕以下两个方面分别落实：一方面完善社会保障体系，对底层人民实施政策性托底，大力扶贫，提高底层人民的消费能力；另一方面提倡发展新动能，尤其在互联网行业，笔者认为在未来，新动能将转变为对 AIoT 的支持。

为什么说政策会向 AIoT 行业倾斜呢？因为政策对于产业结构的优化主要集中于两个方面：一方面是推动传统产业转型，也就是产业数智化；另一方面是推动新动能产生，也就是打造数字产业的新产品、新业态、新商业模式。比如 AIoT 和工业结合形成的工业互联网就是传统产业的转型升级，这样做是谋求制造业生产率的提升。比如智能消费品的丰富则是在创造新的产业链条，从而缔造全新的行业领域，也就是新动能。所以目前在围绕转型和新动能方面，政策聚焦于 AIoT 领域，将人工智能和物联网作为未来发展的重要突破方向。

# AIoT 时代的企业

AIoT 时代的企业通过供应链关联，但生态企业多居于行业下游，比如小米、华为、百度、阿里巴巴、腾讯、OPPO 和 vivo 等。笔者将企业划分为上游供应商和下游品牌商，但这并不绝对，有的下游品牌商通过后向一体化，或多或少地参与到上游供应链中，但简单地划分为供应商和品牌商可以让我们更加直观地了解身处产业链不同位置的企业各自的关注点分别是什么。

在传统产业时代，下游品牌商制定规则，上游供应商接受规则。上游供应商，包括软件服务、物联网云平台服务、代工厂和配件商。由于产业链稳定，供应商企业在行业中多是通过规模经济占领市场，强调生产效率，即通过规模化生产降低成本。高度一致性的传统供应链体系很少要求供应商企业提供个性化产品，供应商只能被动接受行业标准。比如美国的洋葱标准大小为 3.5 英寸[1]，多一点或少一点，都不符合标准。

在 AIoT 时代，供应商企业迎来新的机遇，供应商将跳出规模竞争，步入全面技术竞争的阶段，并通过技术积累强化供应链话语权。从单个产业链条纵向来看，供应商可以通过提升技术实力，打入产业链的关键节点，并通过节点主导整条产业链，成为推动产品迭代的关键。从多个产业链条横向来看，供应商可以通过用同一个配件适配不同的产品，增加产品的市场份额，而不是局限于一个产业链

---

1　约为 8.89 厘米。

的市场规模。如果上游供应商可以突破行业天花板，就能够向更广阔的市场进发。

## 上游供应商谋变而动

在 AIoT 时代的供应链中，供应商不再被动接受下游品牌商制订的规则，而是可以主动通过技术能力的提升主导产业链规则。供应商的改变源自市场竞争威胁给供应商带来的自身生存压力，若不主动谋求技术转型，供应商将可能成为供应链弃子。

AIoT 时代的供应商至少在三个方面遭受威胁，并被迫走上技术转型之路。

一是产品迭代对供应商的威胁。AIoT 时代产品迭代加速，供应商只有及时跟进迭代才能求存。因为一旦产品被迭代，旧电脑和旧手机几乎无法产生任何功能性价值。在 AIoT 时代产业链是动态的，而这种动态起源于产业链上的关键节点的迭代，比如芯片和操作系统的迭代。供应商如果跟不上这种迭代，就将迅速被淘汰。

二是下游品牌商和供应商的定价权博弈。掌握销售渠道的下游品牌商可以利用自身优势进入没有技术壁垒的产业链上游，或通过增加供应源的方式增强议价能力，进而控制整个产业链。产业链上游供应商只能谋求以技术筑高壁垒。技术转型成功的供应链企业，进可以引领产业链，退可以主导技术方向。

三是竞争对手的威胁。这促使供应商为保护自身专利生态，必须增加技术投入，进行"军备"竞赛。以专利矩阵建高墙，通过专利墙模式赛跑。供应商之间发生的技术竞赛，被戏称为"排队枪毙的阵地战"，也就是说，这种竞争多为没有捷径的专利技术堆积，谁掌握了最多的关键专利，提前竖起了专利墙，谁就掌握了生态话语权和产业链规则制定权。

另外，技术转型还给供应链的供应商带来了新的好处：供应商可以通过同一个配件适配不同的产品，增加产品市场份额，而不局限于单一产业链的市场规模，供应商行业天花板将可以被完美突破。例如，OLED 屏幕可以用在手机上，也可以用在手表上，也可以用在家电上。而无论是手机、智能穿戴、智能家居都有联网的需求，都有屏读交互和智能化的需求。在 AIoT 时代，它们都需要结合射频天线实现屏幕读取、AI 交互等功能。供应商可以通过对产品进行微调适配不同的商品，从而扩展产品需求。

在过去，传统企业面对的是静态的市场，行业容量有限，当市场开发到一定程度时，市场的需求会被锁定，从而触及行业天花板，或者产生需求周期。而在 AIoT 时代，供应商面对的是弹性市场，供应商只要在市场技术竞争中处于领先地位，其需求就没有天花板的限制。

综上，上游供应商将越来越多地向技术型企业转变，它们谋求的并不仅仅是单个专利的技术壁垒，而是建立一个专利矩阵或一面专利墙，它们要做整个产业链或多个产业链的技术主导者，为此它们需要保持技术领先，持续地研发输出。在 AIoT 时代，供应商企业进行的是一场科技阵地战，这场战争以专利技术的关键程度和关键专利的持有比重为重点。比如高通和华为的竞争，当华为在手机终端的专利数量和专利质量超越高通，高通需要向华为支付大量专利费时，华为可能有机会取代高通成为新一代的供应链主导者。

供应商进入技术专利阵地战的同时，下游品牌商则正在进入生态争夺战。在 AIoT 时代，产品的种类将越来越丰富，下游品牌商的努力方向与上游供应链厂商略有不同。因为下游品牌商是销售渠道，面对的是消费者，它们想要的，是一个品类齐全的产品生态。

## 下游品牌商谋求产品生态

上游供应商想向下游延伸存在天然的障碍，这是因为，一方面，当供应商前向一体化进入行业下游时，有可能和客户变为竞争对手。假如高通自己发布了一款智能手机进行销售，三星、OPPO、vivo 和小米就将变成高通的竞争对手。另一方面，上游企业和下游企业采用的是不同的经营思维。上游企业是产品思维，下游企业占据渠道，其在产品思维的基础上叠加了一定的流量思维。下游品牌商是资源整合者，关于产品的品质责任甚至社会责任都可以转嫁于上游供应商。

在 AIoT 时代，品牌商的目标是平台和生态。随着供应商技术实力的提升，品牌商借助强大的技术型供应链壮大自身生态。介入新产品领域的门槛将大大降低。国内造车新势力的崛起，就是表现之一。造车新势力多为代工生产车辆，这和特斯拉早期所走过的路径一模一样。而在特斯拉崛起的早期，一些经济学家认为特斯拉很难获得成功，他们认为造一辆车是非常庞大的工程，技术和工艺的积累旷日持久，投入资本的量级以千亿为单位。但事实上，当下介入新能源汽车领域的企业非常多，汽车业正在向智能化、电动化和联网化发展。而智能车联网正在经历当年智能手机所经历的过程。对于品牌商来说，如果进入门槛越来越低，那么其自身产品壁垒就很难建立，所以品牌商要谋求生态转型，而在 AIoT 时代，有时候用户并不特别关注电子产品是否经久耐用，他们往往基于使用产品的生态进行选购。

什么是平台？对于这一个概念并没有确切的概念性总结，我们可以参考《平台革命：改变世界的商业模式》一书中对平台的定义：一种基于外部供应商和顾客之间的价值创造互动的商业模式。

平台模式之所以成功，有两个原因。

其一，平台的生产和销售有良好的边际经济效益。边际效益就是每增加一个单位产品的生产和销售时所增加的成本。平台经济降低了边际成本，供应商不需要安排商铺，不需要考虑仓库物流，网店将自动运行，供应商可以尽量少地雇佣销售人员。通过规模效应，平台很好地降低了线上店铺的成本。

其二，网络效应进一步提升了平台扩大规模的能力。简单来说，网络效应是指用的人越多，就越好用，网络并不仅仅指互联网，还指产品自身形成的产品网络。比如，如果只有一个人拥有电话，那么电话就没有意义，当所有人都拥有电话时，电话就有了意义，因为你可以用电话联系到其他人。互联网时代，网络效应往往体现在指数级数量需求的递增。比如，电商平台上如果只有一家店是没有意义的，但如果有无数家店，那么可以认为电商的货架是无限的，这与超市相比，电商平台的业态更好，因为你在超市可能买不到某样商品，而在互联网上买到的可能性将大大增加。通过网络效应，平台很好地提升了产品价值。

平台经济是互联网过去 20 年的主流，传统企业和互联网企业之间的一个明显区别在于，互联网企业多是平台型，传统企业多是产业链模式。但是平台经济发展到一定程度也会出现一些问题。

其一，平台是中心化的，也因此面临管理半径的问题。平台上每天都在产生交易，出现欺诈等问题怎么办？平台的决策中心要应对的问题过于集中，这难免会导致用户体验下滑。

其二，平台连接的供需双方基本恒定，比如电商平台对接买货和卖货的双方，而在服务、售后等方面，平台缺少外延应用场景，这也会限制平台业务拓展的想象力。

于是，平台可能会进一步转型为生态系统。生态也没有标准定义，但有一种很好理解的方式。如果将传统产品当作一个点，那么平台就是一条线，将供需链接起来，而生态就是一个面，它在不同的供需之间建立了联系。不仅仅是商品，还有服务、娱乐等更多领域。

比如，如今在电商平台购买家居产品时，你可以选择加钱安装，安装服务多为本地服务，电商平台从产品销售延伸到了售后服务。再比如，有些电商如今开展了汽车整体服务，以前，更换汽车的零部件是修车厂的专项业务，如今，电商也介入了这个领域。再比如，在物联网领域，小米公司通过开放接口和提供物联网云服务关联了很多终端厂商，有电视机、窗帘、灯具、开关等等。而通过整合这些硬件销售，小米可以展开一项新的业务——整体智能家居解决方案。从产品销售升级为定制化服务，包括设置局域网连接方式、安装、物流，都可以成为生态的一部分。

生态和平台的不同在于，平台是中心化的，生态是自发运行的。平台关联单一业态，比如零售业；生态关联复杂业态，比如零售业、安装维修、物流运输等。

生态亦是平台发展的必然。网络效应提升了平台规模，但在单一领域，比如零售领域，电商平台的发展总是有极限的。当平台到达行业尽头，用户见顶，平台会谋求突破瓶颈。

此时平台企业有两个选择。

一是向上游发展，进行纵向一体化发展，比如电商平台为谋求产品自营，进入智造领域，采取批量定制的方式为平台上的商户提供服务。但笔者在前文说过，上游供应商是有技术壁垒的，且产业链条往往很长。所以平台企业很少谋求全产业链，而是进入一些相对容易进入的上游供应链节点，或者干脆为上游供应商提供支持性服务。比如平台为供应商提供云计算服务或者提供销售渠道。

二是多元化。互联网可以纳入万物，不仅有商品还有服务，生态就此产生。平台到生态是一个演进过程。生态往往从平台演变而来，但生态的形成并不局限于平台。生态由主导生态的企业用一根"线"串接起来，这根线可能是平台，也可能是操作系统，或者可能是一个产品。

比如苹果公司的产品生态，串接起苹果生态的是苹果的 iOS 操作系统。苹果的所有设备，从 iPhone、iMac、AirPods 等到 App Store，都建立在 iOS 系统之上。

## 企业扩展 AIoT 边界的动力

上文中，我们将企业分为两类：一是追求技术壁垒，拥有产品思维的供应链企业；二是追求生态壁垒，拥有流量思维的品牌商企业。此外，还存在着大量急需转型的传统企业，传统企业受到的市场竞争压力更大，故而传统企业发展为以上两类企业将会是很好的选择。

对于产品思维的供应商企业，它们推进 AIoT 时代发展进程的原因有三个。一是迭代带来了需求；二是多元产品带来更多配件、代工、云服务的需求；三是只有推进技术进步，同时将新技术推进到下游，它们才能和竞争对手拉开距离。

对于流量思维的品牌商企业，它们的动机更加单纯，那就是要从平台成长为生态，它们必须扩展互联网的边界，让互联网延伸，覆盖更多的人和物。前几年有个说法：做生意占有的不是用户的金钱，而是用户的时间。在互联网时代，企业成长迅速，成为参天大树，但同时这些企业也占用了用户大量的时间。在 AIoT 时代，智能物联网企业纳入更多的物，形成新的物联网。在此基础上收集数据，嵌入智能，将人和物交互的时间利用起来。未来不仅仅有人和人交互的时间、人和物交互的时间，还会有物与物交互的时间。比如，人工智能中的生成对抗网络算法，就是让两类人工智能模块左右手互搏。未来技术将嵌入很多物中，企业也可以从嵌入物形成的生态中获益。

一切都将水到渠成。企业为了自身生态和持续发展开拓新的赛道，并有希望缔造一个又一个指数级增长的业界神话。移动互联网缔造了大量的财富神话，无论是国外的苹果、三星，还是国内的 OPPO、vivo、小米、华为，智能手机的品牌商在移动互联网时代都赚得盆满钵满，而如今它们都不约而同地走向多元化产品时代，推进 AIoT 时代的发展进程，因为 AIoT 转型对于它们而言是实现多元化生态的捷径。

人类社会从互联网走到了移动互联网，也将再走到 AIoT。我们有理由相信，未来企业将主动扩展 AIoT 的边界。随着接入互联网的终端种类的不断增加，未来赛道将越来越丰富、越来越细分，生态模式也将百花齐放。

第 三 章

数据：
AIoT 的基石

在 AIoT 时代，数据是驱动能源，算法从数据中挖掘信息和知识帮助我们开发人工智能功能，继而智能功能加持的物联网终端成为新的赛道，每个赛道对于 AIoT 企业都是一场机遇盛宴。这些新加入互联网的应用，同时在云端、边端和终端侧积累与存储了海量的数据，且这些数据随着时间的推移还在不断积累。海量的数据为数据分析、数据挖掘和人工智能提供了大量素材，成为和石油、煤炭一样属性的资源。随着应用的普及而实现指数级别的增长，数据甚至能够加速再生。人类的难题不再是信息不足，而是数据爆发带来的信息冗余、信息过载，以及非结构化数据弱相关性导致的无关数据。简单地说，在 AIoT 时代，人类的难题是如何处理这些信息以分辨有用与无用的信息、得出有效结论、开发出新功能。

## 信息是人类认知革命的基础

在距今约 100 万年前，虽然智人会用石器，会用火，但是火还没有发展成动力，智人生产力止步不前。直到大约 5 万年前，人类社会的发展突然开始加速。人类进入晚期智人时代，这是一个全新的原始公社时代。各种工具先后出现，语言也逐步形成，生产力渐渐提高，人类社会开始有余力支撑非生产力单位，逐渐有了军队，有了官员，有了神话故事。尼安德特人曾在 15 万～ 20 万年前和智人展开过竞争，在 4 万年前，尼安德特人走向灭绝，而人类的祖先智人却最终留了下来。人类如何获得了"进化论"的胜利？除了对环境的选择，人类还在认知上拥有以下几点优势，正是通过这些优势，人类社会才发展出了较高的生产力。

其一，人类能够表达信息，描绘复杂的事物，并进行计划。对于山川湖泊、蛇虫鼠蚁、虎豹豺狼，都能够用语言来表述清楚。

其二，人类能够组建信息网络，并通过建立社会关系的方式，获得庞大的社会力量。亚当·斯密（Adam Smith）在《国民财富的性质和原因的研究》（*An Inquiry into the Nature and Causes of the Wealth of Nations*），即《国富论》中提出了市场经济重要的特点：分工协作。而分工协作的首要前提就是建立协同的社会化信息网络。通过社会化网络，人们组建了物流网和信息网。物流网拉近物与人之间的距离，信息网拉近了人与人之间的距离，增强了信息的流通性，开放了思想，并最终推进了人类城市化的进程。

其三，人类能够虚构信息。人类会在所见所闻的基础上，想象出自己未曾见过的东西，比如对于量子的认知，在观察量子缠绕时，人类并不是所见即所得，而是进行了延伸思考，认为观察行为本身干扰了量子运动。虚构信息的行为虽是空想，但亦有其合理之处，而其他生物并不能做到这一点。

正因为人类有想象力，所以从万物中脱颖而出，同时人类组建了社会网络,促使信息反向推动了人类社会的加速发展。人类的信息，尤其是有用的信息，不仅可以传递，还可以传承和保留。当信息（如知识）被传承下来，后人就可以站在前人的基础上，习得更多技能。例如考古发现，猎人部落里会有一些残障老人的骸骨，这在生产力低下、孝道还没有被普及的原始社会并不常见。考古学家认为，这些老人之所以能在部落中被优待，是因为狩猎社会需要狩猎的技巧与经验，包括猎物出没的时间、地点以及如何避免与猛兽的对抗等。虽然老猎人在部落没有生产能力，但是他们就像"数据存储器"，可以帮助部落中的猎人提高狩猎技巧。

人类记录信息、传承信息，甚至篡改信息的行为一直在延续。中国历史上就有为前朝写史立说的做法。虽然这些历史记载有一定的王朝意志，信息可能有虚构成分，但是士大夫强调"以史为鉴"，所以在信息真实性方面，这些记录总体上还是相对客观公正的。不过可惜的是，当时知识信息的传承集中于士大夫阶层，普通人的信息获取量不足。

现代社会起源于欧洲，工业革命起于文艺复兴，科学理论在文艺复兴时期萌芽，并最终推动了历史车轮向前。然而，文艺复兴的兴起却受到了一种中国的发明——印刷术的影响。历史公认古登堡印刷机是欧洲文艺复兴的起点。信息从过去一代代凭借记忆的口耳相传，从士大夫手中的文书案牍，终于脱胎变成纸质书本。通过印刷术的改进，信息被插上了翅膀，随着报纸传媒业兴起，人们可以知晓这个国家，甚至这个世界在发生什么。知识和信息不再那么高不可攀。于是，信息流和物流都活跃起来。

纵观人类历史，科技发展加速的过程，同时也是信息传播加速的过程。人类社会从原始的家族血缘部落逐步聚集，由部落变为村落，村落变为小镇，小镇变为城市，到当下城市化进程如火如荼。人和人之间信息传播的距离逐步缩小，信息传播的速度也变得越来越快。信息既可以是知识，也可以是一项技能经验，还可以是思想的交换。在信息快速传播的过程中，人们更加容易获取知识和技能，人与人之间也更容易通过思想碰撞产生火花，而这些知识、技能、思想火花便是产生新科技和新思潮的重要基础。在工厂作坊里，工人绞尽脑汁地想运用自身知识推动生产流程的发展，为的是让自己逐步摆脱繁重而单调的劳动，但聚居的方式使工人之间相互交流经验和分享知识，自动化制造技术才得以突飞猛进。信息的传播进入了一个循环，人类的聚集让信息传播更快，信息的快速传播则让知识更加易得，思想碰撞更加激烈，而知识的学习、思想碰撞则让科技和现代新思潮不断涌现，这些涌现的知识和思潮则会再次形成新的知识，产生新的信息流。不仅如此，科技和现代思潮的涌现，除了增加人类知识库的内容，也在加快和提升信息传播的速度和效率，比如古登堡印刷机的普及就让信息传播成本大幅度降低，在古登堡印刷机出现之前，书籍是贵族才可以购买的商品，而在古登堡印刷机出现之后，任何人都可以买到廉价书籍和报刊，从而进一步加速了信息的传播。在互联网时代之前，我们不断强化聚居程度，推动城市化发展，城市人口越来越多，信息越来越密集，科技创新在高密度的信息传播下呈现爆发状态，而科技创新成果又反过来提高了信息传播效率，增加了信息量，最终，人类认知由于信息量的积累，从量变转向质变，工业革命、科技革命新的空间最终被打开。

互联网时代到来后，信息的获取门槛进一步降低，当前，碎片化知识可以通过自行搜索获取，系统知识则可以通过在线自学获取。人类进入互联网时代后，整体认知的提升比以往任何时代都要迅速，科技的进步也开始加速。这也带来了生产力的同步提升。

不过，需要强调的是：互联网时代，信息不仅仅易得，而且易冗余，冗余的信息叠加人类的想象力，其结果往往会让人无所适从。于是，如何在海量数据中找到你需要的信息，成为一门"技术活"，无论是大数据算法、人工智能算法、搜索算法，还是 BP（Back Propagation）神经网络，这些方法都是为了在冗余数据中挖掘有用的信息。就如同开采石油一样，你并不知道石油在哪里，所以你需要专业的勘探，如果你可以发现油井，也许就可以通过持续地开采获得巨大的财富。

# 从数据中挖掘信息

## 从古至今，人类一直在数据中挖掘信息

数据和信息是容易混同的概念，它们之间最主要的区别在于两点。其一，数据是人造的，信息是自然形成、客观存在的，信息更抽象，数据更具体。相较信息，数据的可见度更高、更具象。其二，数据未必包含信息，数据有可能是冗余、无序的，也有可能是伪造的，这几年数据行业越来越多的人强调数据的相关性，并在收集数据时就刻意回避冗余而无用的数据。不相关的数据，需要损耗存储空间

和算力等大量资源。

从数据中挖掘信息并不是到了互联网时代才出现的事，人类从古至今就掌握了从数据中总结信息的技能。例如古埃及人发现每隔1461 天，天狼星和太阳一起升起，于是从记录的数据分析中得出结论，一年不是 365 天，而应该是 365.25 天，因此每隔四年便会出现一个闰年的 2 月 29 日。先从现象中获取数据，比如记录太阳的位置，然后再对数据进行分析，进而找到数据解读的路径，最后输出结论，这和我们当下互联网时代的认知提升过程并无不同。

当然，由于古代数据和信息的匮乏，数据的获取不仅仅是对现象的总结，也可能是人们自己创造的。人类对复杂的信息进行描述并加以想象，而想象力亦可以推进人类文明进步。这一点可以参照中国古代最伟大的数学发现——祖冲之圆周率。魏晋时期的刘徽发现了割圆术，而后南北朝的祖冲之通过增加"边"来计算圆周率。割圆术就是将圆看成一个多边形，如果多边形的边极限多，边的总周长除以半径后就可以得出一个无限接近真实的常数 π。π 一直困扰数学界，因为这个数值并不是精准的，而是一个毫无规律的常数。祖冲之最终摆出了 24576 边形，并通过计算里面正多边形的边长的算法计算出圆周率。在这个过程中，刘徽割圆术就是算法，祖冲之就是算力，只不过这时算力由人力主导。

在数据挖掘信息的过程中，古代人和现代人都遵从同样的流程，即获取数据、分析数据、解读数据、输出结论。但两者在数据分析上存在区别，其中最大的区别在于，古代使用纯数据，即先记录数据，以便中央机构做出决策，其要求精准，需要几乎毫无偏差地记录所有的数据。如果祖冲之摆多边形时手抖了一下，就可能"差之毫厘，失之千里"。如果没有经年累月的细致观察，假如天狼星和太阳升起时刚好观测者玩忽职守，那么很多结论都无法精确。直到 20 世纪 30 年代，统计学还在纯数据阶段，人们认为统计学就是纯粹的数学运算，同样的，面对纯数据，精准而全面的数据需要更高水平的算力，很显然，古代的算力是不足的，祖冲之父子所著的《缀术》在《隋书》中被评为"学官莫能究其深奥，故废而不理"。这是在人工算力有限的情况下的无奈选择。纯数据收集的做法要求数据精准，而算力不足的话则要求人力充足。两项叠加导致了古代的数据分析停滞不前。

现代统计学最重要的突破，是引入了概率之后的一系列数理思想。并且，概率并不要求数据精确。

1935 年，罗纳德·艾尔默·费希尔（Ronald Aylmer Fisher）在其《实验设计》（*The Design of Experiments*）一书中讨论了这么一个没有结论的故事：女士品茶。这个故事也许从未发生过，但它的确关乎科学进步。

在英国剑桥的一场茶会上，一位女士声称，制作奶茶时，将奶倒入茶中和将茶倒入奶中有不同的口味，剑桥学者们虽然觉得这很荒谬，但还是想出了一个办法来证实这一结论：在不让这位女士看到制作过程的前提下制作几杯奶茶，然后让这位女士品尝，并请她做出判断。实验以此观察这位女士能不能猜准在制作过程中是将奶倒入茶中，还是将茶倒入奶中。

书中没有告诉读者故事的结论，但是说了很多种可能性。比如，应该为那位女士奉上多少杯茶？这些茶应该按什么样的顺序奉上？

对于所奉的各杯茶的顺序，应该告诉那位女士多少相关信息[1]？依据那位女士判断的对错，费希尔计算出了各种不同的结果的概率。比如，如果只给女士一杯茶，那么即使女士没有区分能力，她也有 50% 的正确率。如果两杯，她也有可能猜对，如果两杯茶本身就是不同的，比如分别是奶加茶和茶加奶，女士有可能全对或全错，而这又能否说明女士有辨别两杯奶茶的能力？假如给女士 10 杯茶，女士猜对了 9 杯，剩下 1 杯没猜对，能不能说明女士可以辨别奶加茶和茶加奶？

一些教授推进了统计学的研究进程。比如弗朗西斯·高尔顿（Frarcis Galton）发现了"回归现象"，在下一章人工智能算法中笔者会谈一谈回归和当下算法的关联性，谈谈回归函数和损失函数。

而卡尔·皮尔逊（Karl Pearson）提及了随机性，提出数据测不准问题，指出科学的目的就是找到几个指标来描述"随机现象"的规律。基于"随机现象发生概率"的统计思维逐渐发展，统计抽样开始逐渐普及，当今统计学中的抽样分析、区间估计和点估计的基础就是随机性和数据测不准，这些统计方法也很快运用于不同的学科。比如，审计学中的抽样就经常强调要依据样本发生的错报率并通过统计原理推测总体错报率。这也预示着，如果随机抽样数据趋近于无限大，误差则会趋近于无限小。

罗纳德·艾尔默·费希尔在此基础上建立了方差分析法、回归分析法和实验设计法等方法，毫不夸张地说，在费希尔之前，我们还不知道如何应付大量的随机性的实验数据。

这些统计抽样的方法在各大学科中被很快推进，第二次世界大

---

1　戴维·萨尔斯伯格：女士品茶：统计学如何变革了科学和生活 [M]. 南昌：江西人民出版社，2016。

战期间，大量数学家在美国避难，他们通过各种概率统计预测某种战略的可能性。比如在二战末期在决定是否对日本投下原子弹时，统计学家通过统计理论推算如果直接登陆日本，海岸上的地雷会对美军造成多少损失。在权衡之后，美国选择了投放原子弹。

统计学是基于问题，收集数据、分析数据、解读数据的学科。对统计学的普及接受，使人们抛弃了因果论，选择带着问题去找寻数据。而在数据分析时代，借助计算机技术的数据分析本身是对于统计学的重复，统计学并非静态的，它会随着数据分析的演进逐步进化。

在大数据技术发展的早期，有一本书叫作《大数据时代：生活、工作与思维的大变革》（*Big Data：A Revolution That Will Transform How We Live，Work，and Think*），作者维克托·迈尔·舍恩伯格（Viktor Mayer-Schönberger）在书中提出了大数据时代的三个特点：不是随机样本，而是全体数据；不是精确性，而是混杂性；不是因果关系，而是相关关系。

你会惊讶地发现，虽然舍恩伯格在极力否定随机样本，但本质上他只是回到了统计学的本源：在数据充分的条件下，我们不再需要抽样。过去因为算力不足，完整数据无法通过足够算力来计算和挖掘，于是就有了抽样统计。而在互联网时代，随着计算机算力的快速发展，我们又采用了全体数据的方式。即使不是全体数据，我们为了达到目的而收集的数据在 AIoT 时代也是足够大的数量级。当数据是万亿级别的，我们完全可以通过数据的量级弥补抽样误差带来的不足。

算力和算法双向限制了数据分析在历史上的表现。如果算力继续大发展，比如量子计算机真正发挥作用，算力指数级膨胀，我们完全可以用穷举法来解决当下的很多数据问题。

那么，数据时代，抛弃随机抽样的统计学是不是就被丢到了墙角了？其实不是，统计学在数据行业依然举足轻重，统计学的原理被广泛使用，统计学的应用也变得更加广泛。统计学的发展是数据分析挖掘技术的发展，也是大数据技术的发展。

## 结构性数据与非结构性数据

数据库是存放数据的地方，有了数据库我们就可以查找数据。数据库可以是一张表格，也可以由很多张表格共同构成。

关系数据库由多张数据库表格和表间关系共同构建而成。比如一张学生登记名册和一张成绩单，两张表格里都存在"学号"这一信息，也正是"学号"将两张表格中的数据联系了起来，这就是关系型数据库。关系数据库管理系统（Relational Database Management System，RDBMS）包括相互联系的逻辑组织和存取这些数据的一套程序。你可以将其看作建立关系数据库的一个"设计图"，用来实现关系数据库。比如 MySQL、Oracle、SQL Server 等都是实现关系数据库的编程语言。

关系数据库在数据库处理事务中具备 ACID 特性。ACID 分别指的是原子性（Atomicity）、一致性（Consistency）、隔离性（Isolation）、持久性（Durability）。下面将展开说明 ACID 特性。

原子性即数据库在处理事务时，要么全部成功，要么全部失败然后回滚，比如 A 向 B 汇款 100 元，如果汇款成功则 A 少 100 元，

B 多 100 元。如果汇款失败则回滚到初始状态，A 和 B 的余额都没有变化。

一致性即在事务处理前后数据系统都是一致的。A 给 B 汇款 100元，汇款前 A 有 100 元，B 有 0 元。汇款后 A 有 0 元，B 有 100 元。这个数据在事务处理前后是一致的。

隔离性即多个事务要更新数据库时会出现一些问题。比如脏读（对未提交数据进行读取）、不可重复读（两次读取之间数据被修改）、幻读（重复读取时发现新数据）。

持久性即事务提交后，数据的改变将是永久性的。如果 A 成功汇款 100 元给 B，那么 A 永远失去 100 元，B 永远获得 100 元。

对应结构性数据的是关系型数据库。SQL（Structured Query Language）即结构化查询语言，在 SQL 的数据库中，数据结构性存在，当下很多数据库都采用这种方式。结构性数据本身的特点是便于检索，专门针对高度组织和整齐格式化的数据。关系数据库管理系统是数据管理的重要系统模式，当下一些数据基础服务，以及应用程序接口（Application Programming Interface，API）服务，依然提供基于关系数据库的数据查询服务。

不过现实是复杂的，关系数据库并不是数据存在的常态，它有很严格的输入格式要求，并以此保持数据结构的一致性。在互联网快速发展的当下，大规模数据集合多重数据种类给数据库管理带来了诸多难题，特别是在超大规模和高并发[1]的社交网络服务（Social Networking Services，SNS）类型的 web2.0 纯动态网站。因此，针

---

1　高并发：指的是通过设计保证系统能够同时处理很多请求。比如网站因为点击量过高而响应速度变慢。

对非结构性数据存储的数据库管理，即非关系型数据库（Not Only SQL，NoSQL）开始兴起。要注意，NoSQL 并非相对于 SQL 语言，而是一种泛化的概念，它所针对的是由数据无序化产生的非结构性数据库的数据存储和读取方式问题。

非结构性数据是数据结构不规则或不完整、没有预定义的数据模型或不方便用数据库二维逻辑表来表现的数据。比如社交媒体产生的平台数据、移动数据、短信、位置，比如通信数据、电话语音、协作软件或生产力软件产生的数据。除了人为生成的数据，未来更多的数据从终端产生，AIoT 时代机器终端将生成更多的非结构性数据，比如传感器数据、视频监控数据、卫星图数据等。国际数据公司（International Data Corporation，IDC）的一项调查报告中指出：企业中 80% 的数据都是非结构性数据，这些数据每年都呈指数级增长。此外，平均只有 1% ～ 5% 的新增数据属于结构性数据。

NoSQL 在 SQL 基础上，牺牲了一部分严密性，从而提升了速度和可用性。而严密性可以通过数据量级来弥补。

NoSQL 有如下优点。

第一，易扩展。NoSQL 数据库种类繁多，各类数据库有一个共同的特点就是没有关系数据库中的关系型特性。数据之间无关联，因此非常容易扩展，并且在架构层面带来了可扩展的能力。

第二，具有庞大的数据量与高性能。NoSQL 数据库具有非常高的读写性能，即使面对庞大的数据量，NoSQL 数据库同样表现优秀。这得益于它的无关系性，以及数据结构简单的特征。

NoSQL 主要包括键值数据库、列存储数据库、文档型数据库（实际上以半结构化数据为主）、图形数据库几种结构。

NoSQL 是一种解决问题的思路，我们举例其中的键值数据库说明这一点。想要了解键值数据库的方式，可以从哈希表开始。哈希表又称散列表，是根据关键码值（Key–Value）而直接进行访问的数据结构。

哈希函数也称散列函数，它是哈希表的映射函数，可以把任意长度的输入变换成固定长度的输出，该输出就是哈希值。

我们把信息，比如一张图片，一个网页，或是网页中的一个评论页，通过映射对应出一组哈希值，然后将这组哈希值作为指针，通过和键值对应的方式，即实际上是通过一个哈希指针（hash pointer）来指出数据所在位置。这样就不再需要建立数据之间的关系，而是可以用最简单的方法，通过一个键值，也就是 Key，或者通过哈希指针映射数据的方式找到数据。举个例子，我们要找到某个人的名字，比如张三，那么我们可以先映射一个首字母 Z，然后发现数据库有很多人名的首字母是 Z，再加一个 S，可能还是发现很多重名的人，那么再加上一串电话号码。将特征映射到键值，键值映射到一串哈希数，这个哈希数的数字和信息本身没有关系，但是我们可以通过固定长度的哈希值找到要找的东西。

## 数据分析和人工智能的区别

一个有趣的事实是，2016 年，也就是人工智能崛起之前，人们讨论的是大数据技术，而在之后，人们开始更多地讨论数据分析和人工智能，这使得很多人混淆了数据分析和人工智能的概念，甚至一度有人认为大数据技术只是人工智能早期的数据处理技术。要厘清数据分析和人工智能的区别，我们首先要知道一点：数据分析和人工智能都是用来解决问题的，这是两条处理现实问题的不同路径。

大数据技术包括对数据的存储、管理和分析。比如数据库就是对数据的存储和管理。大数据分析是大数据技术的延伸，而大数据分析又可以细分为数据分析和数据挖掘。数据分析多为人力所为，一群数据分析师通过对获取的实时数据进行分析，进而处理一些问题。比如某 App 上新添加了某个功能，这个功能的效果好不好？使 App 增加了用户还是减少了用户？点击量上升了还是下降了？针对上述这些问题，如果数据分析师得出了结论，那么数据分析的任务就到此结束。

数据挖掘，则是在数据分析的基础上添加了机器学习。在开始这一部分内容的讲述前，我们需要厘清几个相关概念。首先，机器学习是人工智能算法的一种，通过数据来训练人工智能，是人工智能的养成方式之一。其次，神经网络则是机器学习的一种，也就是通过模仿神经元的方式来进行机器学习。最后，深度学习是神经网络的一种，更多层的神经元，就是深度学习神经网络。数据挖掘就是通过机器学习的方式进行辅助，诸如刻画用户画像或对用户进行侧写。例如，根据你在网站留下的浏览、搜索数据，网站通过算法分析后向你精准推荐产品或者内容。这个过程不是通过人力，而是通过机器学习完成的。机器学习实现了数据分析，人工智能替代了人工数据分析，变为数据挖掘。

除了通过机器学习算法来实现数据挖掘和通过人力实现数据分析，实际上在人工智能领域，机器学习算法在输入数据集之前也要对数据进行预分析，我们将这种数据预分析称为数据标注。人工智能机器学习算法中有两种算法不用数据标注，一是无监督学习[1]，二是强化学习[2]。人工智能模仿了人类的学习过程，数据拿来可以直接使用。由于数据是异构的，此时需要更加优化的人工智能算法。但是更多时候，我们进行的是监督式学习[3]，这种学习需要标注数据，数据不能直接使用，我们要像石化提炼一样，深度加工数据。此时，人工智能使用的数据要先经过数据分析，数据分析包括数据清洗、数据处理和数据标注。这个时候，数据分析是人工智能实现机器学习的前提（见图 3-1）。

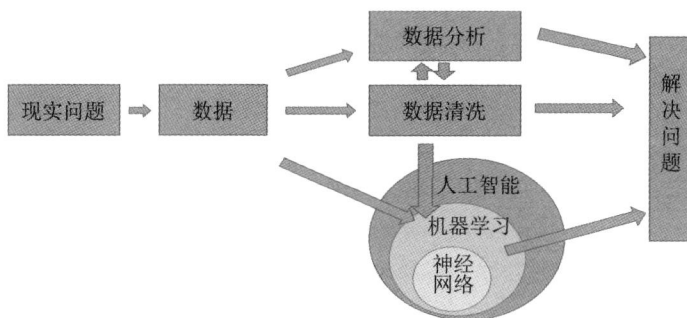

图 3-1　数据分析、人工智能和机器学习之间的关系

大数据分析和人工智能相辅相成，本质上是 AIoT 时代的技术融合，两者你中有我，我中有你。未来，数据行业很可能和人工智能行业在人员上形成汇流，大数据分析从业者需要学习 R 语言和 SQL

---

1　根据类别未知(没有被标记)的训练样本解决模式识别中的各种问题，被称为无监督学习。
2　强化学习（reinforcement learning），又称再励学习、评价学习或增强学习，是机器学习的范式和方法论之一，用于描述和解决智能体（agent）在与环境的交互过程中通过学习策略以达成回报最大化或实现特定目标的问题。
3　监督式学习（supervised learning），是一个机器学习中的方法，可以由训练资料中学到或建立一个模式（learning model），并依此模式推测新的实例。

语言。随着人工智能在数据分析中的普及，Python 语言也将逐步成为大数据分析和人工智能两方面都需要学习的语言。R 语言往往更加倾向于数据分析，而 Python 语言更加倾向于开发业务。

除了数据库的存储和管理，大数据领域还提供数据基础设施服务（API 接口服务、数据转售、云计算服务）。随着数据产业的发展，数据要素流通逐步成为市场关注焦点。在数据要素流通领域，数据基础设施服务商、数据交易所、数据贸易商将成为数据行业新兴的市场主体。

## 一般企业中的数据分析流程

在数据行业，一般会设置以下职位：数据分析师（Data Analyst，DA），商业分析师（Business Analyst，BA），数据科学家（Data Scientist，DS），商业智能（Business Intelligence，BI），数据工程师（Data Engineer，DE）。这些职位称谓在各个公司并不绝对相同，有的公司可能由数据分析师包办所有流程，但未来发展的大方向将是细分的。随着大型互联网公司的发展，未来上述流程中有可能进一步地拓展出更多细分领域，从而增强每一个细分领域的专业度。其中，商业智能即人工智能在大数据上的应用，其在现实中多为企业设立整套数据分析的解决方案，目标是输出 BI 报表或进行数据可视化操作。

数据分析需要基于一定的流程才能实现，这些流程类似于人类的认知过程，包括提出问题、分析问题、收集信息、解决问题等流程。而数据行业一般需要几个步骤来分析数据。一是明确问题，如用户需求是什么；二是抓取数据，了解哪些数据具备必要相关性；三是对数据进行清洗和处理，包括统一数据口径、删除冗余、字段去重、填补缺失值等；四是数学建模，也就是寻找分析相关数据的路径；五是执行算法。

具体来说，首先要明确用户需求，一般由数据分析师、商业分析师或商业智能从用户那里获取用户的需求，比如电商"双十一"的广告投放效果。数据分析师需要对目标企业产品和业务进行了解，并罗列出所要分析的数据种类与来源等。

其次是抓取数据，这部分工作一般由数据分析师和数据工程师承担，要抓取的数据既可以是内部数据，也可以是利用"爬虫"[1]获取互联网数据。实际上，数据分析工作大部分依然是在企业内部的数据库里查询数据，如若要去网上"爬"数据，则需要一定的 Python 语言和 JAVA 语言等编程基础。

再次是对数据进行清洗和处理。数据的非结构性是当下大数据的主要问题，很多数据在获取之后才发现是脏数据，这里的"脏"，指的是源系统中的数据不在给定的范围内或对于实际业务毫无意义，或者数据格式不符合使用和存储规范，以及在源系统中存在不规范的编码和含糊的业务逻辑。比如一张表格中存在多个冗余空格和错开列的情况。有一句谚语是："垃圾进，垃圾出（Garbage in，garbage out）。"其实也并非需要完全地将数据打造成严格的结构化数据，但数据清理至少在一定程度上增强数据的相关性，让数据变得有序，适合未来算法的处理。在这个过程中，需要进行数据及数据库清理，

---

1　"爬虫"是一种按照一定的规则，自动地抓取了维网信息的程序或脚本。简单来说，就是在互联网中，利用一个程序，搜索和下载目标网页，从而获得相应数据，即通过技术手段建立自己的可用数据库。"爬虫"行为可能违法，严重的甚至构成犯罪。此处仅做学术讨论，不建议进行"爬虫"行为。

需要 SQL、R 语言和 Python 语言等编程，需要运用 NumPy 数据包、Pandas 数据包等。

之后就是数学建模。这部分工作属于数据行业的核心，主要由数据分析师和数据科学家来负责，这也是整个数据行业核心生产力的输出。这个阶段体现了数据分析和数据挖掘的区别，数据分析是在描述数据，数据挖掘则需要通过数学建模，对未来做出一定的预测。

最后是执行输出。这个过程中商业分析师对结论进行输出描述，比如通过 Power BI[1] 输出 BI 数据报表，进行可视化描述；也可以用表格进行简单的数据可视化实现，并展现给用户。

数据行业依然在与时俱进中，上述职位具体的工作和描述有一定差别，但是如果想让行业外的人了解行业，描述工作流程是个不错的方法。数据行业的现实状况可能表现出数据挖掘与生产力两极分化的情况。一方面，大多数数据分析师比较依赖于数据平台生成的 BI 报表，当然 BI 无法满足多样化的用户需求，而网络"爬虫"虽然可以获得大量数据，但很多数据分析师依然倾向于对公司自身已经掌握的数据库进行挖掘。原因是网络爬虫"爬来"的数据较难处理，因为从互联网中获取的数据往往过于无序。此外，现实中面对的客户问题也是五花八门，比如电商类，有人会让数据分析师寻找销售额下降的原因，有人会让数据分析师输出广告投放的实际效果描述，很多数据分析师都埋没在 SQL 和表格中。而另一方面，一些大公司在数据科学方面逐步加大投入，这种加大投入似乎成了一种竞赛，比如量化交易的金融机构，从公开平台获取的数据已经不

---

1　一款商业智能软件。

能满足它们的需求，这时它们就需要用"爬虫"来获取数据，也需要在金融交易中引入 AI，通过实时的数据分析，拥有比竞争对手更快的响应速度，这里的响应速度，一方面表现于预测短期价格波动，比如日本某家金融企业可以预测五秒内的交易；另一方面，也需要量化交易系统在提高网络速度和设备响应速度后，能抢在买方和卖方之前迅速地落成交易。以前，量化交易系统是一种缔造财富的工具，而现在，很多量化交易场景实际是算力的比拼，现在的量化交易的成本收益率基本恒定，规模效应十分明显。

# 数据行业的应用场景

在过去，数据行业的核心在于人与互联网的交互，而在未来，数据行业的核心将围绕应用场景为人类服务。在 AIoT 时代，更多的对象和终端接入互联网，产生了海量的数据，数据挖掘和数据分析的需求将进一步提高，当然，任何技术最终都需要落地于场景，这才是现实所需要的。数据行业在各个领域已经发挥了巨大的作用，而如下几个应用将逐渐成为当下，乃至未来一段时间内数据行业核心的需求类型。

## 用户侧写画像

关于用户侧写有两种表述方式：用户画像（Personas）和用户侧

写（User Profile）。

用户画像是设计领域的概念，人物是真实用户的虚拟代表，是建立在一系列真实数据（如市场数据、可用性数据）之上的目标用户模型。通过用户调研了解用户，根据他们的目标、行为和观点的差异，将他们区分为不同的类型，在每种类型中抽取出典型特征样本，赋予样本名字、照片、一些人口统计学要素、场景等描述，这样就形成了一个人物原型[1]。

用户侧写即在用户（User）和物品（Item）之间建立连接，一般通过对用户和物品的匹配程度进行评分，来预测用户评分或者偏好。这一过程就是将用户和物品向量化，后续用于计算。向量化后的结果就是用户侧写，所以用户画像并非构建推荐系统的目的，而是在构建推荐系统的过程中产生的一个关键环节的副产品。

用户画像和用户侧写两者的区别在于，用户画像是人工智能根据数据算法，描绘出这个人的高矮胖瘦、年龄与喜好，并输出人物原型，注意，其结果是一个具体的人的形象。而用户侧写虽然也是人工智能根据数据来"了解"人，但是其所做的不是具象化，而是给人"贴标签"，这些标签通过智能系统，向此人推荐符合他标签的产品。比如一个人经常在网站购买游戏商品、动漫周边，智能系统也许会给这个人打上"游戏控""二次元"这样的标签，当此人浏览网上商品时，智能系统就会为其推送如速食、碳酸饮料等产品。

我们所说的大数据用户侧写，是自动推荐系统的子系统之一，它对人物的信息进行了三个层面的总结。

---

1　王莎，赵兰亭.数据肖像："大数据"对高校学生思想的精准描绘[J].大学教育科学，2017（05）：102-107.

第一个层面是基础信息。这部分信息来自注册时用户输入，一般具备人工统计学上的意义。基础信息一般是静态的，从用户画像的角度看，基础信息价值最低，但是在某些网站的冷启动场景中，基础信息具有十分重要的意义。也就是说，一个网站在建设初期并没有导入足量的用户数据，无法形成数据应用反馈，网站只有用户注册时输入的基础信息，此时可以利用此类信息建立网站功能，例如根据基础信息中年龄、性别等信息实现商品推送，让用户对网站形成初步概念，先入为主地对网站功能有所了解。

第二个层面是行为信息。比如用户点击和付费形成的数据，以及这些数据延伸出的其他数据，比如频次。

第三个层面是模型标签。一个好的用户侧写——产品推荐系统，最终需要以标签的形式对每个用户进行需求定位。使用可观测数据，算法系统会将所有的用户分层、分群。通过机器学习和深度学习，算法系统会向每个用户发标签，并根据标签推荐商品或内容。

如今我们在浏览网页时也许已经对个性化推荐感到司空见惯，同时也有很多用户担忧技术过于强大，会从根源上控制每一个用户。但笔者认为，现阶段这种担忧是多余的，因为实际上用户侧写并不需要隐私信息，隐私信息作为基础信息对用户侧写帮助不大，侧写一般需要知道用户的爱好而不是电话号码。此外，现阶段人工智能算法和数据算法依然处在弱智能阶段。

所以，用户侧写不是具体刻画一个用户的形象，而是给用户贴上各种标签，这样做是出于对数据挖掘成本的考虑。精确刻画单个用户需要强大的算力和庞大的数据，这对于推荐系统来说有点得不偿失。相对来说，用标签定义用户简单直观，成本更低。

如果投入足够多的数据挖掘成本，用户侧写最终能做到哪种程度呢？网络理论方面的物理学家艾伯特—拉斯洛·巴拉巴西（Albert-László Barabási）在《爆发：大数据时代预见未来的新思维》（*Bursts：The Hidden Pattern Behind Everything We Do*）一书中提到：所有人的平均可预测程度都在 93%，这也意味着人们可能只有 7% 左右的行踪难以确定，对于一些熵值很低的用户来说，因为他们的生活非常规律，因此他们的可预测程度甚至接近 100%。

具体来说，熵是一个概念，即混乱程度。熵值低的人，可能是一个生活规律的人，每天按部就班。这类人的行为可预测性非常高，比如，他什么时候在公司，什么时候在家，大多数时候都是可以预测到的。相反，如果一个人行为的随机性很高，那么他的熵值无限大，行为就难以预测。由于人类的很多行为往往是日复一日、年复一年地重复，比如每天都是公司、家两点一线，所以预测大部分人的行为其实并不是难事。

数据技术在用户侧写与用户画像方面已经相当普及，这也是大多数企业对数据技术最基本的需求。除了用户侧写与用户画像，数据技术还能给用户推送各种精准的内容和广告，如今这类技术使用的算法已经越来越普遍。了解用户的需求最普遍地存在于电商领域，商家的需求在于，通过数据反馈了解产品宣传的效果，或者通过用户使用反馈调整产品和营销策略。2020 年出现了一个全新的名词——"大数据杀熟"，其本质是商家通过用户侧写对用户进行分类，从而给予不同的产品报价。"大数据杀熟"是不道德行为，但通过用户侧写了解用户是电商企业非常本质的诉求。在数据技术介入之前，有的企业利用复杂的调研对自家产品进行审视，而如今数据行业用低成本实现了更有价值的用户侧写，以贴标签的方式了解用户，再为其进行产品推荐。

当然，用户侧写和算法推荐存在信息隐私方面的焦虑。无论是我国的《个人信息保护法》还是欧盟的《通用数据保护条例》，都对于算法推荐给予了关注。在算法安全方面，笔者认为主要做好三点：其一是算法推荐的授权，要用户掌握算法推荐的主导权；其二是数据脱敏使用，比如通过隐名和假名的方式让数据和个人信息脱钩；其三是数据可删除，让数据沉积在用户的终端不上传到互联网平台的服务器，又或者让用户有权利随时删除 Cookie（储存在用户本地终端上的数据）。

## 实时大数据的量化交易

自动量化交易，亦可指代高频交易（High Frequency Trading，HFT），其并不需要了解企业的基本面，当普通投资人需要买入和卖出时，存在成交时间差，而高频交易商会作为做市商在第一时间"吃"下你的买卖挂单，然后转手给你的下家，作为中间商赚取差价。有时高频交易是强行介入的，也就是说，即使没有高频交易也能够达成交易。所以高频交易想要赚差价，计算机的运行速度、对数据的抓取分析速度，甚至是网络速度都要足够快。所以部分高频交易服务器需要放到交易所数据中心附近，以减少物理距离导致的延迟。同时，大型量化交易机构通过和交易所服务器直连减少网络延迟。一些欧美国家支持量化交易，因为量化交易提供了流动性，欧美交易所会对量化交易进行返佣，交易所在规则中明确表示：交易额达到一定交易数量级时可以返还一定的佣金点数。所以量化交易的收益一部分来自抢单交易的差价，另一部分来自交易所交易费用的返还。当然，如果从数据角度来看，跟进实时数据，可以让量化交易在高频交易之上再添加一层技术壁垒。比如预判数分钟内交易价格的大致方向。

2018 年，TABB 集团（一家金融咨询公司）的数据显示，定量对冲基金占据了美股 28.7% 的成交量。而在 2019 年 6 月，《麻省理工技术评论》中提到，高盛纽约总部现金股票交易从 2000 年的 600 个交易员，缩减为 2 个。而这 2 个交易员背后有约 200 个技术人员在为金融交易提供支持。

数据在金融行业主要有两种应用：一是解决信息不对称的问题。普通投资人想投资需要收集信息，比如浏览新闻网站，而机构投资人则通过万得（Wind）和彭博（Bloomberg）等数据、资讯网站获取市场信息。大数据既解决了在已知网站搜寻信息的问题，亦可以利用网络"爬虫"[1]，从互联网"爬取"所关注行业的数据，建立数据库，进行即时数据分析，找出有用的信息，并率先做出反应。

二是短期预测交易方向。通过应用大数据，不仅可以找出符合交易原则的交易，同时匹配交易的速度也很快，甚至可以做到一分钟匹配千笔交易。此外，还可以通过将交易数据实时传回人工智能算法，进行神经网络训练。这个训练是实时的，因为太久远的交易数据没有参考意义。通过交易数据的深度学习，现阶段量化交易模型大约可以预测 5 分钟的行情。这个预测可以辅助高频交易做出预判，

---

1　再次强调，网络"爬虫"爬取隐私信息是违法行为，此处仅举例合法爬取行业公开数据的行为。

从而提升获取差价的成功率。

　　所以，短线投资的投资人在成熟市场很难战胜机构，而资本市场也体现出一种助涨助跌的状况。1987 年时的算力还不高，但是市场普遍认为 1987 年美股的崩盘起源于当时算力还很落后的自动化交易。如今，这些自动化交易速度更快，当多个算法对市场的预判一致时，计算机会集中进行抛售。2020 年，在新冠肺炎疫情等多重因素的影响下，美股发生多次熔断，高频交易在其中也产生了助推作用。不过对于资本市场，提供流动性的高频交易是其市场需求，在美国股市 T+0 和无涨跌幅限制的情况下，资本市场最大的威胁不是股票下跌，而是资金流动性不足，而高频交易给予了一定的市场流动性。

## 大数据在供应链上的应用

　　笔者分别从农业、工业和物流服务这几个角度来谈数据在供应链方面的应用。

　　在农业领域，精准农业是以信息技术为支撑，根据空间变异，定位、定时、定量地实施一整套现代化农事操作与管理的系统，是全面结合了信息技术与农业生产的一种新型农业，也就是农业的综合自动化、信息化和智能化的体现[1]。农业大数据企业在田间布置视频传感器和温度、湿度等传感器，通过对土壤、植被、气候等数据进行算法分析，形成多维度的农业植保解决方案，比如通过检测土壤获得数据，对土壤肥力、水分进行精准把控，农业科技企业再依

1　孟未来，杨大全，周建英 . zigbee 网络在我国精准农业上的应用展望 [J]. 辽宁农业科学，2007（3）：67—68.

据数据分析配置适合土壤状况的混合肥料方案。农户可以通过移动设备上传农作物的图像和视频，得到专业机构综合土壤数据分析后给出的化肥、农药等解决方案。比如可以通过对湿度、温度的分析，并结合气象预测，找到作物生长的最佳环境参数，并通过控制温室温控、滴灌等设备，调节和优化作物生长的环境参数。

在工业领域，大数据也正在逐步推进，但是工业数据中存在比较多的特异性数据，这使在某些特异性数据领域中，数据系统的实时监控分析能力大打折扣。工业大数据以传感器和传感器网络、RFID、工业大数据的应用为切入点，主要应用于生产过程控制、生产环境检测、制造供应链跟踪、远程诊断管理等过程，促进了经济效益的提升、安全生产和节能减排。工业大数据数据量大、实时性要求高、种类多，非结构性、容错性低的特征明显。工业大数据更关心数据和特征的关联性逻辑，而互联网大数据更注重于挖掘其中的相关性。工业大数据容错性较低的特点，使无监督的神经网络算法在反向学习过程中并不适用工业大数据的某些方面。对于工业互联网来说，其自身排斥技术黑箱，技术黑箱需要一定的容错，但工业大数据高精度的特性往往不允许错误的存在。

在物流服务方面，除了自动化、人工智能下的无人物流系统，物流服务还会用传感器和大数据联合的保质期算法对产品各个环节进行实时管控，防止商品过期，实现先进先出。

大数据在供应链中更多利用传感器、RFID 射频技术，或者二维码等内置部件对设备和产品进行监控。未来人们可能会在很多领域引入视觉 AI，比如，在安全方面，视频图像抓取有时候比分布式的传感器更加直观；在农业方面，农民可以用视频系统观测农作物的状况，AI 系统直接根据农作物的状况做出判断，农作物所需要的农药和化肥会被大数据确定后打包配送；在工业方面，工人通过视频监控结合人工智能视觉技术对产品进行质检，相比于肉眼，人工智能在质检中发现瑕疵的能力更加突出。

## 健康医疗领域

2018 年，人工智能领域的吴恩达团队发布了全球最大的医学影像数据集 MURA，他们还用这个数据集开发了一个 169 层的深度卷积神经网络模型。吴恩达在社交媒体声称："放射科医生可能面临失业的危险。""医生失业论"虽不被人们认可，但人工智能在医疗影像领域已经开始在一定程度上取代人力，也是不争的事实。

医疗影像人工智能读取 CT 等影像数据，通过数据分析得出初步诊断结论。医疗影像人工智能是 AI 在医疗系统最直观的使用，数据和智能在这些领域的运用，可能导致传统医院病理科逐渐没落，一些医院的病理科甚至已经被数据平台完全替代。医生诊疗更多基于经验主义和知识体系，而 AI 对于影像数据细节的捕捉往往强于人类。

另外，医疗云下，一些病人的数据在被允许的前提下流入药物临床研究方向，也为药物筛选、药物临床试验提供数据支持。

## 数字孪生

数字孪生是一种超越现实的概念，它可以被视为一个或多个重要的、彼此依赖的装备系统的数字映射系统[1]。其充分利用物理模型、传感器更新、运行历史等数据，集成多学科、多物理量、多尺度、多概率的仿真过程，数据在虚拟空间中完成映射，从而反映相对应的实体装备的全生命周期过程，数字孪生包含三个比较重要的技术关键词：生命周期、实时或准实时、双向。

生命周期是指贯穿产品包括设计、开发、制造、服务、维护乃至报废回收的整个周期。它并不仅限于帮助企业更好地制造产品，还包括帮助用户更好地使用产品。

实时或准实时是指本体和孪生体之间，可以建立全面的、实时或准实时的联系。两者并不是完全独立的，映射关系也具备一定的实时性。

双向是指本体和孪生体之间的数据流动可以是双向的，并不是只有本体能向孪生体输出数据，孪生体也可以向本体反馈信息。企业可以根据孪生体反馈的信息，对本体采取进一步的行动和干预。

简单地说，数字孪生就是在计算机中，根据数据制造一个克隆体，通过克隆体完成产品设计实验，从而降低产品失败的风险。

元宇宙拓展了数字孪生的边界，但元宇宙和数字孪生存在很大区别。数字孪生是现实世界物品的 1 : 1 投影，并遵循现实世界的物理规律，形成同步于现实世界的克隆宇宙。而元宇宙是通过参考现实世界，在虚拟世界通过假想逻辑重构的、平行于现实世界的虚拟宇宙。所以数字孪生宇宙和元宇宙并非同一个概念，但元宇宙在产生过程中的确需要很多数字孪生的元素。比如同步现实世界的气

---

1 于勇，范胜廷，彭关伟，戴晟，赵罡 . 数字孪生模型在产品构型管理中应用探讨 [J]. 航空制造技术，2017（07）：41—45.

候，打造一个数字孪生的元宇宙天气系统。

# 数据相关产业的现状

现如今，我们已经不再处于数据应用的启蒙阶段，正在进入一个大数据应用落地的时代。行业开始变得像大树的枝蔓，一根树枝上面可以长出很多小树枝，一个技术可能会催生很多的新兴产业，这些产业可能原先只是一个应用，比如大数据中的数据可视化和 BI 报告，本来它们只是数据分析、数据挖掘中不可分割的环节，不能被称为是行业。但逐步出现的专业数据可视化公司，对数据进行渲染，或者利用 BI 报告为企业搭建智能数据分析系统。而在和数据相关的行业当中，下面一些行业起到了举足轻重的作用。

## 云计算

云计算的概念本身是电子设备的"虚拟化"，这种虚拟化包括算力和数据。理想状态是客户只要有键盘、鼠标和屏幕，就可以完成工作。甚至未来可能不需要键盘鼠标，用户面前只需要一块触摸屏，触摸屏需要内置一个网卡，其他包括 CPU 的算力、GPU 的算力、人工智能芯片的算力、数据的存储、内存、硬盘闪存等等，都可以虚拟化到云端。而在云计算下也不用安装软件，用户可以在云服务器上面玩游戏，安装到用户端的数据包会非常非常小，比如很多热门的网页游戏、手机游戏，就是将安装文件放置在云端，从而减小手机和 PC 浏览器本身的存储负荷。

云计算的服务在当下依然强调四种服务概念。

一是云计算中的基础设施服务（Infrastructure as a Service，IaaS），其本质就是互联网数据中心（IDC）行业，IaaS 解决了 AIoT 时代的两个问题，一是算力的问题，二是数据的物理存放问题。IaaS 是云计算服务最基本的类别。使用 IaaS 时，以即用即付的方式从云提供商处租用 IT 基础结构，例如服务器、虚拟机、存储空间、网络和操作系统[1]。也就是云计算公司搭建基础环境，用户从云计算服务商手中租赁服务器或者虚拟机。早期的 IDC 业务，其实不包括服务器和虚拟机，而仅仅是租赁机柜，机柜中的服务器是用户的，IDC 机柜租赁业务只提供网络、场地和电力。随着云计算行业的发展，机柜业务即数据中心业务服务商已经基本上成长为 IaaS 云计算服务提供商。当然，租机柜的行为未来还是会长期存在，因为出于保护数据安全、自主运算的需要，云计算公司一般倾向于自行研发适合自身需求的服务器。而 IDC 机柜租赁业务对于从事这一行业的某些企业来说门槛较低。

二是平台即服务（Platform as a Service，PaaS），即把服务器平台或者开发环境作为一种服务提供的商业模式。平台可以按需提供开发、测试、交付和管理软件应用程序所需的环境。PaaS 旨在让开发人员能够更轻松地快速创建网页或移动应用，而无须考虑开发所必需的服务器、存储空间、网络和数据库基础结构。平台软件层包括

---

1　王雄 . 云计算的历史和优势 [J]. 计算机与网络，2019，45（2）：44.

操作系统、数据库、中间件和运行库，用户使用平台软件并调用平台的基础设施和服务。

三是软件即服务（Software as a Service，SaaS），即在使用 SaaS 时，云计算服务提供商托管与管理软件应用程序和基础结构，并负责软件升级和安全修补等维护工作。用户在使用智能手机、平板电脑或 PC 上的网页浏览器时，通常通过互联网连接到应用程序。对比 PaaS，SaaS 应用软件是由云端公司来安装、运维的，租户使用软件，需要管理的是这些软件产生的数据信息。比如一些企业使用的企业管理系统（Enterprise Resource Planning，ERP），在云化后，数据库的拥有方依然是企业自身，但软件都在云上运行。

四是数据即服务（Date as a Service，DaaS），这是一种完全信任服务商的服务，所有环境都由云计算服务商搭建。服务商收集用户数据，分析数据，生成 BI 报告或者将数据可视化，以服务用户。

除了四种云服务概念，还有三种云模式：公有云、私有云和混合云。公有云是最常见的云计算部署类型。如服务器和存储空间等公有云资源由第三方云服务提供商拥有、运营，云服务商通过互联网提供资源。在公有云中，所有硬件、软件和其他支持性基础结构均为云提供商所拥有和管理。比如阿里云、亚马逊的 AWS 云服务、微软的 Azure 云服务等都属于这类云。

私有云由专供一个企业或组织使用的云计算资源构成。私有云可以是企业和组织自建数据中心，也可由第三方服务提供商托管服务器。但是在私有云中，服务和基础结构始终在私有网络上进行维护，硬件和软件专供特定企业或组织使用。

如果说公有云的优势是成本低、无须维护、按需匹配资源、可靠性高；私有云的优势是灵活、安全（数据自我控制的需要）；混合云则取长补短，两者兼顾，使用混合云可以实现数据主权、有效利用本地化技术资源、解决低延迟的问题。企业更愿意将数据存放在私有云中，但是同时又希望可以获得公有云的计算资源，混合云就解决了这一矛盾。

云计算虽然通过网络解决了终端设备算力不足、储存空间不足的问题，但是云计算不能解决距离的问题，如果云计算提供的算力需要很长时间才能到达目标点，就会影响用户体验。于是就有了边缘计算，即将数据留存在靠近终端的位置，并建立一个边缘服务器进行计算。未来，边缘计算结合人工智能，会让每个终端都变为人工智能世界大环境中的神经元，感知到行为的人工智能无须再将数据传输至云端，数据直接通过边缘服务器进行处理，从而大大提高了人工智能的响应速度。这和我们人类的脊椎神经元传感原理大致相同。如果将人类的大脑看作一个云计算中心，把人类的脊椎反射弧看作边缘计算，当我们的手触碰到火或其他让人感到危险的事物时，我们会迅速缩回手，这一过程被称为条件反射，反射弧可以不经过我们的大脑就做出反应。比边缘计算更加深入终端的，就是雾计算，雾计算并非由性能强大的服务器组成，而是由性能较弱、更为分散的各类功能计算机组成，其渗入到工厂、汽车、电器、街灯及人们物质生活中的各类用品中。

AIoT 时代，边缘计算将进一步落地为基础设施，边缘计算服务器将承载多任务模式。

# AI 数据基础行业

对数据的需求包括数据处理、数据挖掘和数据存储。这里主要探讨以数据处理和采集为主的 AI 数据基础服务行业，数据处理包括数据采集、数据清洗、数据提取，并且随着人工智能的崛起，还出现了庞大的数据标注的需求。而 AI 数据基础行业当下主要负责数据采集和数据标注。

数据采集比较容易理解，那么什么是数据标注？人工智能学习的算法包括监督式学习、半监督式学习、无监督学习和强化学习。现阶段人工智能在语音和图形方面多为监督式学习，在无人驾驶领域则存在大量的无监督学习和半监督学习。数据标注就是给数据贴上标签，图片中是一个香蕉还是一个菠萝，人工智能是不认识的，但如果你给这张图片打上标签，人工智能在下次遇到打上标签的图片时就认识了。

一般数据采集和标注的流程分为四个阶段。首先是验证方案，也就是确认原始需求，设计方案。其次是正式采集和标注，在数据采集方面，进行人机去重和隐私授权；在数据标注方面，进行 AI 预标注和人机标注。再次是数据质检，也就是技术审核，监测数据质量。最后是数据交付，即完成数据整理后进行交付。

根据艾瑞咨询发布的报告，2019 年 AI 基础数据服务市场规模约 30.9 亿元，图像类、语音类和自然语言处理（Natural Language Processing，NLP）类数据需求分别为 49.7%、39.1% 和 11.2%。AI 基础数据服务市场仍以 21.8% 的增速继续扩张。而在行业集中度方面，品牌数据服务商、中小数据供应商和需求方自建的占比为 30.4%、

47.0% 和 22.6%。行业依然由中小数据供应商主导，但未来，品牌数据服务商和需求方自建可能将成为主要的行业发展走向。在国内数据服务商中，提供图像采集和标注（以下简称采标）服务的公司居多，其服务内容涉及人像数据、光学字符识别（Optical Character Recognition，OCR）数据、自动驾驶数据等。图像采标行业当前态势比较分散，但语音采标行业已经开始趋于集中。

采标也有如下几种典型的类型。

一是分类标注，这是数据技术在互联网中最广泛的应用之一。指在数据算法推荐过程中需要对用户贴标签，比如用户侧写中标明用户的高矮、胖瘦，是"宅"还是好动等，也包括对语言进行分类，包括主语、谓语、宾语结构等。如今在语言表述上，人工智能已经获得了较好的表达能力，尽管有时候词不达意，但它说的话已经很完整，听上去不会很别扭。

二是边框识别。人工智能在识别图像时，首先要了解图像的边界，所以需要"打边框"。一张图片中包含了多个元素，需要通过打边框切割成不同区域，供机器学习。这就好像在进行人脸识别时，必须先框选出人脸的范围。在很多人脸识别装置中，你对着摄像头时，屏幕上会跳出一个边框。这就是这类标注数据训练出来的机器智能。

三是边缘识别。比如汽车的自动驾驶动能，视觉智能开启后，车辆会沿着交通标线行驶，比如双黄线、白线。这就是边缘识别的数据标注。

# 平台化的 SDK 或 API 接口行业

应用程序接口（Application Programming Interface，API）是指一些预先定义的接口（如函数、HTTP 接口），或指软件系统不同组成部分衔接的约定[1]。它用来提供应用程序与开发人员基于某软件或硬件得以访问的一组例程[2]，让人们无须访问源码，或者理解内部工作机制的细节就可以访问。

软件开发工具包（Software Development Kit，SDK）是一些软件工程师为特定的软件包、软件框架、硬件平台、操作系统等建立应用软件时所用的开发工具的集合。

简单地说，A 软件在开发时想要调用 B 软件的部分功能，这就要求 B 软件的开发者将 B 软件的功能打包成一个函数，这样 A 软件在开发的时候只要调用这个函数即可，这个函数就是 API 接口。比如平时我们的手机和 PC 可以通过 USB 连接，此时 USB 也是一个 API 接口。而 SDK 则是一个软件功能包，A 软件开发需要 B 的部分功能，B 将功能封装成一个 SDK，开发人员直接调用 SDK 即可。二者的区别在于，API 是一个接口，可以调用外部数据、应用程序功能，它需要应用程序与应用程序之间通信。而 SDK 是一个软件包，开发人员可将其嵌入自己的软件工具。

如今的物联网云服务，即 PaaS 服务的本质就是提供基于 SDK 或 API 接口的服务。比如小米的硬件并不需要全都来自其自身设计的硬件产品，也可以来自其参 / 控股的公司，小米可以通过开放 SDK 或

---

1 沙晓晨.应用程序接口版权保护及限制研究 [D].南京师范大学，2017.
2 例程是某个系统对外提供的功能接口或服务的集合。

API 接口的方式，一方面让小米旗下公司的产品接入自己的产品网络，比如小爱音箱可以驱动打开小米电视机、小米窗帘、电灯等；另一方面，小米产品产生的数据信息也可以反馈到小米的云平台。

API 是标准化的，常用格式协议有：简单对象访问协议（Simple Object Access Protocol，SOAP）、GraphQL（一种图状数据查询语言）和表述性状态传递（Representational State Transfer，REST）。早期阶段 API 主要用于企业内部资源调用，进行系统集成，其使用的是单体架构，后来随着跨平台的对接，出现了 UDDI（Univesal Description Discovery and Integration）技术规范和 SOAP 协议，系统集成扩散到企业外部。最近 5 年，"云服务 +API"模式开始普及，核心资源开始向合作伙伴、客户甚至大众开放。特别需要强调的是，RESTful API 接口规范的应用，加速了非集成系统的 API 行业发展。

RESTful API 是一种接口的设计理念，它不是框架，而是一种规范。早期的 API 接口使用企业服务总线模式（Enterprise Service Bus，ESB），SOAP 协议调用在响应速度和安全性上有优势，但部署成本昂贵，维护较为困难。2000 年，罗伊·托马斯·菲尔丁（Roy Thomas Fielding，HTTP/1.1 协议专家组负责人）在其博士学位论文中提出了 RESTful API。历经 10 多年的发展，出现了微服务模式下的基于 RESTful API 接口规范的架构体系，RESTful API 更适配 HTTP 协议，它可以灵活适配终端、桌面、移动应用及云端服务等多种运行环境。RESTful API 使用名词来定义资源，这种方法更加简洁，效率更高。当然，在系统集成方面，RESTful API 表现不佳。

如果你觉得上述技术内容十分晦涩难懂，你也可以这么理解：早先的 API 采用 SOAP 结构，在一个企业中，如果用户需要调用不同的支持系统或组件，这些组件是相互关联的，比如这个过程中你要调用管理系统，你还要调用分析系统，再去读取数据库。而在RESTful API 中所有的内容都是一个资源包，资源包和资源包之间没有关联性，你要调用的是结果。所以如果你没有集成组件的需求，只想知道一个搜寻的结果，比如珠海明天的温度，并想将温度显示集成到你自己开发的 App 中，你就可以直接调用气象局的资源包。

另外，RESTful API 用名词代表一个资源包，而且统一了接口的ATTP 动词，这使 API 数据调用更加简洁。

RESTful API 的优点包括：1. 前后端分离，减少流量；2. 前端无关化，后端只负责数据处理；3. 由于接受 JSON 格式[1]，防止了注入型等安全问题[2]；4. 服务器性能优化。

这里要说一下互联网前后端的分离问题。最初，互联网没有前端开发和后端开发的区分，RESTful API 的理念对前后端开发的分离起到了推动作用。以网站为例，前端包括页面 UI 设计和 Web 前端开发，而网站的数据，包括用户登录时候的密码和账号，用户产生的大量交互数据，则在后端被使用。后端包括后端开发和软件测试。RESTful API 以函数调用后台资源的方式使前后端分离，进一步向专业化方向发展，比如前端 UI 设计更倾向于图形界面的美化，而后端数据库更考虑相关性、安全性等问题。

未来的 API 行业，将以分布式小资源包的资源形式为主，拥有数据特性的数据提供者将因此受益。另外，在人工智能领域，API接口为很多人工智能带来了数据接口，你并不需要自己"种地"，云

---

1　JavaScript Object Notation，一种与开发语言无关的、轻量级的数据存储格式。

2　SQL 注入攻击是黑客对数据库进行攻击的常用手段之一，包括刷库、拖库、撞库。

服务商可以帮你，不仅如此，你还可以通过一个接口，将别人"地"里的"菜"买过来。这就是"云服务 +API"模式。另外，在前后端分离后，开源和半开源模式逐渐兴起，数据基础设施生态的模式已经越来越普遍。

# 数据行业可持续发展：安全和隐私

## 魔法战胜魔法：用数据技术防范数据盗取

数据行业的核心安全包括两个方面。

一方面是数据的存储安全和传输的稳定性，如数据不丢失、存储数据的服务器不被攻击。分布式存放资源提供了一个很好的参考框架。当一个中心点服务器出现异常，可以从分布式的其他点恢复数据。又或者说，比如 RESTful API 分布式存放后端的资源包中有一个资源包出现问题时，对于整个系统来说，风险成本是可控的。

另一方面，数据安全也包括防止他人有目的地盗取、窥探数据。在防止他人盗取数据方面，笔者强调建立分布式的数据存储与标准化的数据端口，同时在每个端口都设置一定的防火墙；在物理层面，可以建一些备份系统。在防止他人窥探数据、隐私侵犯方面，防范难度则要大得多。某些方面，防止数据盗取和保护数据存储安全之间还存在一定的矛盾。比如在进行分布式的存储、备份时，存储的点变多的同时，被盗取的风险相应在增加。当然也有应对办法，比如不对称加密技术就很好地解决了分布式账本的安全问题，利用一种非对称的加密方式，设置一个公钥和一个私钥，公钥用于加密，私钥用于解密；公钥公开让所有人都可以获取，私钥在私人手中。这样，用户只能通过公钥获取数字物品，比如比特币。当然，如果私钥被盗取，比特币也会被盗取。

防止数据被盗取和窥探更好的办法是以数据技术对付数据技术，战胜魔法的往往是魔法，战胜数据盗取的必定也是数据技术。首先会想到的有关数据安全的技术莫过于加密认证技术。比如通过人脸识别系统确定操作者身份，不过这在某些时候也有问题，比如有人利用 AI 换脸骗过了人脸识别系统。于是，在人脸识别方面，如今已经开始加入交互行为，比如眨眨眼睛，说一句话，通过交互行为和声音对比来确定是否为本人。这一整套的系统，包括密钥，都是为了应对分布式拒绝服务攻击（Distributed Denial of Service，DDoS）、SQL 注入、边信道、恶意软件和傀儡机的攻击。但仅仅如此并不足够，比如量子计算有可能提升我们的计算能力，从而可以应对更大规模的 DDoS，但同时，技术黑客也得到了相应的算力。甚至有可能因为云服务发达，黑客比你更早得到算力，当下所有的加密方式，理论上都敌不过穷举法。

以上的技术方式多为防御，但除了用技术防御增加"盾"的厚度，保护数据安全也需要攻击"长矛"。数据安全系统也应主动出击，通过数据分析了解用户登录方式。比如安全系统会记录用户正常情况下登录的 IP 地址，并在地址不符的时候及时发出预警，用户只有通过其他途径再次确认是本人，才被允许登录；比如一个企业在登录审批一个文本时，需要经历例如"A–B–C–D"这样的顺序的一个流程，一旦发现登录者授权顺序不符合预定的顺序，比如流程变为"A-C-B-D"，系统就会启动核实机制。

另外，在隐私保护方面，最有效的方式依然是实名制。当你访问一个系统，查询他人信息时，系统会持续关注访问者的信息，并记录在日志中。当黑客发现需要实名才能进入系统时，他可能就会放弃进入。

## 隐私信息：AIoT 时代必备的打开方式

互联网加速了信息流转，而信息的快速流转打破了信息壁垒，导致隐私信息泄露的问题日趋严重。在隐私保护问题上，大多数人倾向于获取"绝对安全"的隐私保护，并视之为原则底线。但隐私信息的过度保护，往往会牺牲便利性。所以，在互联网时代，人们虽然心中期盼"绝对安全"的隐私信息保护，但实际行动之时往往倾向于在便利性和隐私信息安全之间做权衡，例如人们用实名制信息换取应用软件的使用权。但是 AIoT 时代的隐私泄露相对于互联网时代隐私泄露安全威胁更大，更为致命。因为在 AIoT 时代，一方面我们接入的设备终端越来越多，大部分 AIoT 设备都包含泄露隐私信息的端口；另一方面 AI 通过解读人类的数据，获得了读懂人类的能力，从而扩大了人类隐私信息的边界。

AIoT 时代已经进入了普通人无法防御隐私侵害的阶段，你和各行各业的接触都会产生数据。比如 App 通过你的登录位置信息来确定是否为本人登录，这是一项安全措施，通过常用登录地址匹配登录账号来确定登陆者身份，但这同时也侵害了你的隐私，你的行动轨迹已经作为数据被他人获得。有人也许对诸如位置信息之类的隐私信息泄露不以为意，但假如这个信息是你从未注意到的、更加致命的信息呢？比如在遗传基因领域（《中华人民共和国人类遗传资源管理条例》自 2019 年 7 月 1 日起施行），很多人并不了解遗传基因，在基因检测时，基因数据备份可能会留存在基因遗传物质的采样机构，并被录入系统成为基因样本。而遗传基因中的一些基因位点信息，可能会用以给人"贴标签"。比如一种 BRCA 基因突变可能意味着女性有较高的患卵巢癌和乳腺癌的可能，这会使一些女员工在就业时，或者在购买医疗保险的时候受到歧视。更加严重的是，如果了解你的遗传基因数据，理论上就可以针对你个人研发一种病毒，只感染你，不感染其他人，或者其他人只是作为无关紧要的中间宿主，也就是说，这种病毒对于其他人而言并不致命，而对你来说却是致命的。早期的基因编辑技术就是通过病毒作为中间载体，敲除基因位点。

隐私并不仅仅限于个人信息的方面，通过数据分析，目前商家会比你自己更了解你，而未来，人工智能可能比你自己更了解你。"大数据杀熟"早期在一些电商领域存在，电商对于用户的维权态度信息进行统计，然后通过数据分析提供不同的商品给目标用户。当然，如今的"大数据杀熟"通过用户侧写能够很好地了解用户，你以为是你自己喜欢看什么，就关注什么，但实际情况也许是算法想要你看到什么，从而喜欢什么。如果这种情形再发展下去，人类社会有可能出现信任危机，因为你可能会怀疑，你看到的信息是别人通过算法让你看到的，而非你真正自己想看到的。

# 隐私与信息保护

互联网变化迅速，新技术，新模式，新接口，新应用飞快发展。不仅如此，AIoT 时代，数据和终端互相驱动的到来，使数据的产生呈指数级增长，数据种类也是一样。普通人还不了解这些数据和自身的关联性，方方面面就可能已经被数据公开了。为了保护面部信息隐私，或许你可以戴着墨镜、口罩，低调地走过公共场合。但现实中，这既不可能，也没有作用。因为数据传递的信息可能并不止于你的面部信息。那么怎么办呢？重要的是需要守护我们的核心敏感信息。有一种方法是选择一个独立的信息管理商或政府的信息管理平台，让其在各方需要使用信息调用时，先对信息进行预处理再提供给各方使用，比如可以将名字信息改为编码。快递寄存柜成为近年来的一个热点使用物，就隐私保护方面，快递寄存柜有一定的积极意义，个人信息可以不必暴露在物业等公开场合。此外，快递和送餐行业还有一个问题，比如用户给了差评后，会有送餐员上门找用户争辩的情况，这方面需要平台进一步完善信息保护机制，比如可以在月底集中显示差评同时隐去投诉人信息。

总体来说，需要先全方位提高信息隐私保护的意识，然后再谋求信息保护的进步。

第 四 章

AI 和机器学习：
从数据中成长

人工智能是研究与开发用于模拟、延伸和扩展人的智能的理论、方法、技术及应用系统的一门新的技术科学。AIOT 时代，数据、AI 和"联网的物"缺一不可。而在近 10 年里，机器学习算法的崛起，尤其是机器学习中深度神经网络算法的崛起，促使 AI 的发展达到了前所未有的高度。

# 人工智能的发展历史

人工智能的发展从 20 世纪 40 年代左右开始，经历了三次崛起，两次衰落。实际上计算机本身也是一种人工智能，但我们关注的不只是人工智能，因为推动当前人工智能发展的是深度学习神经网络算法，这是机器学习算法的一种。

早在 20 世纪 40 年代，沃尔特·皮茨（Walter Pitts）和沃伦·麦卡洛克（Warren McCulloch）就提出了人类神经元网络模型，他们认为人类神经元是个电子网络，大脑工作的原理是放电的过程，神经元放电的过程只有两个状态：放电与没有放电。这与计算机早期的二进制十分类似，也将计算机的话题引入了神经层面，人工智能和神经网络发生了一次重合。这种重合被称为 AI 的联结主义，其相对于符号主义，更加强调类似神经元的网络拓扑结构。

而在 1950 年，图灵提出了判断"智能"一词所需要的一个测试：图灵测试。简单地说，图灵测试是一个对照组实验：一个人隔着帘子对话，帘子另一边的对话对象可能是人类，也可能是机器。对话中的人类需要去判定和他交谈的是机器还是人类，如果他把机器当成了人类，说明人工智能通过了图灵测试。这个简单直观的判定标准，使人工智能的研究逐渐走上快车道。

马文·明斯基（Marvin Lee Minsky）在 1956 年对人工智能具有划时代意义的达特茅斯会议上和约翰·麦卡锡（John McCarthy）一起提出了人工智能的概念，与会者也对人工智能的概念一起进行了探讨。在达特茅斯会议后，人工智能概念正式进入人类社会。

## 人工智能的三起两落

达特茅斯会议后，很多人工智能应用先后展现，当时人工智能应用主要是一种搜索算法，像走迷宫，或者做选择题，在遇到阻碍时会返回起点，再寻找另一条路径。这包括了很多种搜索方法，比如广度优先搜索或者深度优先搜索。

随着搜索推理算法的演变，市场中出现了两种人工智能产品，一个是解题机器，另一个是自然语言处理。在解题机器方面，人工智能主要用于解决代数题和几何题，1955 年开发的"逻辑理论家(Logic

Theorist）"就已经能够证明《数学原理》中前 52 个定理中的 38 个。而在自然语言处理方面，既出现了语义库，也出现了第一个聊天机器人[1]，尽管其只会严格地按照设定回答问题。

然而，由于缺乏商业应用，1973 年之后人工智能走起了下坡路。1973 年，美国相关机构对卡内基梅隆大学语音理解研究项目感到失望，而英国也在一片对人工智能的抨击中，停止了对相关研究的资助。1980 年至 1987 年，人工智能二次崛起，其起点是专家系统的出现。原因也很简单，专家系统能够提高生产率，解决工作中的实际问题，提高工作效率，降低成本。这让人工智能从学术层面步入了商业层面。1980 年，卡内基梅隆大学为一家公司设计了 XCON 专家系统，为这家公司在 6 年时间内省下了 4000 万美元。华尔街因此受到鼓舞，大量资本涌入，新的"人工智能军备竞赛"开始了。当时，日本因经济崛起也加入了人工智能的军备行列，而美国一方面在 1980 年通过了《拜杜法案》，此后大学可以将专利直接商业化，变为大学的经费；另一方面提出以科技拉动的方式对抗经济上的滞胀。在人工智能领域，日本、美国和英国开始了三国竞赛。

专家系统的确带来了商业价值，但是市场又一次对于人工智能过度乐观，专家系统显得臃肿，其维护和升级都很困难，逻辑错误频发。1987 年，一轮计算机硬件价格的暴跌使很多人工智能硬件计算机销售商破产，加上 1987 年的股市出现了大幅波动，人工智能的商业价值再度被市场审视，并再次陷入低谷。1991 年，日本退出了"第五代计算机工程"，因为日本的经济也难以继续支持这个工程。2006

---

1 约瑟夫·魏岑鲍姆（Joseph Weizenbaum，MIT 计算机教授）开发的艾丽莎是世界上第一个聊天机器人。

年 7 月 28 日，杰弗里·辛顿（Geoffrey Hinton）和他的学生鲁斯兰·萨拉克霍特迪诺夫（Ruslan Salakhutdinov）在《科学》上发表了题为《用神经网络实现数据的降维》的论文，这篇论文通过研究最小化函数集对训练集的重构误差，提出了将深度自动编码器作为非线性降维方法应用于图像和文本降维中。杰弗里·辛顿的另一篇发布在《神经计算》上的题为《基于深度置信网络的快速学习算法》的论文也在当时引发了关注，这两篇论文被视作第三轮人工智能浪潮的起点。

深度学习神经网络是本轮人工智能热潮的起点，2016 年，谷歌旗下深度思考公司（DeepMind）的围棋机器人 AlphaGo 横扫围棋界，引发轰动，从而掀起了深度学习神经网络的狂潮。人机围棋比赛让人工智能在普通人群中的关注度急剧上升，资本涌入，大量人工智能获得了资金支持，进入发展快车道。那么，是什么支持了本轮人工智能发展浪潮呢？它又是否会如前几次人工智能浪潮那样昙花一现？实际上本轮人工智能发展浪潮有诸多因素支撑。

## 当前人工智能浪潮的基础

以下几点因素奠定了本轮人工智能发展浪潮的基础：

其一，算力的提升。算力提升让人工智能拥有了更多可能性。同时，并行计算带来算力叠加，让算力可以通过堆叠的方式提升，比如多个 GPU 并联可以有效提升算力。

其二，数学建模、统计学和人工智能的深度结合。包括贝叶斯网络、隐马尔可夫模型、信息论、随机模型和经典优化理论等在内的工具开始推进使用。针对神经网络和进化算法等范式的精确数学描述也被发展出来。简单来说，数学建模被引入人工智能系统的设计，从而使人工智能获得了更多可用的工具和方法。

其三，互联网的发展产生了大量的数据，这些数据可以通过数学建模引入人工智能。

其四，联结主义的胜利。人工智能的三大主义分别是联结主义、行为主义和符号主义。联结主义又被称为仿生学派或生理学派，其主要原理为神经网络及神经网络间的连接机制与学习算法。而神经网络算法仅仅是联结主义的小试牛刀，通过模仿神经元的模式实现人工智能从感知到行为的过程，则是本轮人工智能热潮的核心技术理念。事实也证明，在到达弱智能、输出超预期结果方面，联结主义的确效果惊人。在神经网络算法的基础上，如今人工智能前沿已经在探索"类脑计算机"。

其五，算法开源。有个 AI 专业的研究生开玩笑："网络代码不会写？可以上 GitHub！" GitHub 是一个面向开源及私有软件项目的托管平台，因为只支持 Git 作为唯一的版本库格式进行托管，故名 GitHub。2018 年 6 月，微软收购了 GitHub，但这个网站上依然有人分享大量的算法公式。可以说人工智能的门槛虽然高，但算法的门槛较低，算法大多来自分享，以至于有人工智能专业的人士经常自嘲擅长 CV 语言（"Ctrl+C"复制和"Ctrl+V"粘贴）和 GitHub 语言（在 GitHub 上搬运算法）。当然这仅仅是专业人士的自嘲，算法的使用还是需要建立模型、调整参数，专业难度并不低，只是有了开源的算法的帮助，AI 领域的学习成本大幅度降低。开源的目标并非慈善，而是发展壮大 AI，增加参与者数量，把蛋糕做大。综上，人工智能如今不会再倒退回早期，由于算力的突破，以及并联算力甚至云算力的存在，人工智能已经实现了一些应用的落地，已经可以在未来大有可为。最关键的一点是，人工智能已经可以影响生产力，可以为企业提供利润。

# 人工智能的算力

人工智能的发展，离不开三大驱动因素：数据、算法和算力。数据提供资源，算法将资源转化为动力，算力则是一种效率传导。如果用更通俗的事物举例，数据等于汽油，算法等于发动机，算力等于热效率。虽然当下人工智能的发展还伴随一些问题，比如"弱智能"能否进化为"强智能"，但在未来人工智能的发展过程中，可以确定的是三大驱动因素将一直引领人工智能的发展。

算力可以直白地看作计算机的运算能力，又或者指数据的处理能力。算力购买需要巨大的成本，从现实出发，我们可以看到：算力和数据不断趋于马太效应，也就是越来越集中，因为算力往往具备规模效应，规模越大，算力单位成本越低。对于人工智能来说，CPU 芯片、GPU 芯片、FPGA 芯片以及 ASIC（云端或者终端）芯片构成了算力的全貌。

算力起点是 CPU。1947 年，威廉·肖克利（William Shockley）和约翰·巴丁（John Bardeen）以及沃尔特·布兰坦（Walter Brattain）在贝尔实验室发明了第一个晶体管。后肖克利出走成立了肖克利实验室，由于肖克利实验室没有得出令人满意的成果，也因为成员间出现的一些矛盾，实验室中最有前途的八个年轻人出走成立了仙童半导体公司（Fairchild Semiconductor），他们被称作"八叛逆"。1959年，仙童半导体和德州仪器（Texas Instruments）几乎同时递交了集成电路的专利申请，即把一个电路中所需的晶体管、电阻、电容和电感等元件及布线互连一起，制作在一小块或几小块半导体晶片或介质基片上，然后封装在一个管壳内，成为具有所需电路功能的微型结构，这就是早期的集成电路。1968 年，罗伯特·诺伊斯（Robert Norton Noyce）、戈登·摩尔（Gordon Moore）和安迪·格鲁夫（Andy Grove）离开仙童，成立英特尔，1969 年，另外七名仙童半导体的员工出走，成立超威半导体公司（Advanced Micro Devices，AMD）。后来，英特尔和 AMD 开始了半个多世纪的竞争。1982 年英特尔研发出 80286 芯片，成为个人端划时代的芯片。当时国际商业机器公司（International Business Machines Corporation，IBM）因为垄断问题而将芯片外包给英特尔和 AMD，作为巨头的 IBM 为了防止供应商单一，于是从中斡旋，要求英特尔将 X86 架构授权给 AMD。双方正式进入平行竞争时代。

CPU 的发展逻辑遵循 20 世纪对智能的定义，工程师试图通过增加晶体管的方式，来提高计算机的逻辑运算能力，尤其是应对复杂运算需求的能力。算力提升的努力方向不局限于单纯的性能，而是能够执行更多的任务与逻辑决策。彼时机器智能还是以搜索推理为主，在搜索推理的理念下，复杂的数据库需要更加复杂的逻辑运算库。为提升 CPU 性能，英特尔第二任 CEO 戈登·摩尔提出了"摩尔定律"，对于当下 10 纳米以下的高端工艺的芯片来说，摩尔定律的时间势必进一步拉长，极限工艺可能是 1 纳米。随着晶体管渐渐变小，一方面同样面积的芯片运算能力提升；另一方面微型电子设备的芯片能耗降低，从而使设备的发热量减少，耐久性增强。而 CPU 的发展目标，就是低能耗、小型化和高逻辑运算能力。

人工智能发展的早期，包括逻辑判断在内都很依赖于 CPU 的发展，CPU 也成为应对复杂问题的解决方案，如今依然是人工智能算力的核心关键。

## 算力承重墙：GPU

CPU 解决了计算机的通用性问题，比如逻辑判断，又比如大量的分支跳转和数据中断。所以，CPU 和 GPU 不同之处在于以下几点。

CPU 的特点包括高速缓存、复杂的控制逻辑、需要优化电路、计算单元有限等。而 GPU 的特点包括没有缓存、简单的控制逻辑、较长的线程、计算单元并联且数量庞大等。

简单理解，GPU 就是批量处理简单数据的工厂流水线，而 CPU 是一个处理复杂工作的实验室。GPU 的最大优点，就是其算力可以并行叠加，而 CPU 不可以。在 20 世纪，人工智能在搜索逻辑下，芯片的发展主要集中于设置复杂的智能系统，识别数据库，或者探寻知识库之间的关联性。但到了 21 世纪，尤其是在 2006 年以后，人们发现，复杂智能系统并不能实现商业应用。而多层次的神经网络机器学习算法，反而可以实现很多简单的人工智能应用目标。人工智能从"强智能"的海市蜃楼，回归到"弱智能"的脚踏实地，推进商用。人工智能设定好的数据学习并不需要很复杂的逻辑能力，但是需要吞吐大量数据。而数据之间不存在依赖性，几乎不会出现分支跳转和数据中断，但会出现大量的并发。大量的数据密集型需求以及并行程序需求催生了 GPU 在人工智能时代的大爆发，不只是人工智能，还有无人机，挖矿等，都使用户对 GPU 产生了更加广泛的需求。

## 定制化的算力：FPGA 和 ASIC

大量的云端和终端智能的需求都基于一定的数据实时收集和运算，而 AIoT 时代日益增加的设备，也需要更多的专用算力来应对终端的人工智能问题。虽然未来大多数人工智能算力集中在云端，但终端人工智能依然被需要，这有两方面原因：一方面是传输延时。云计算毕竟受制于互联网的物理距离，并且，互联网一旦断网，就会中断人工智能的运算。另一方面是预处理，比如摄像头在抓取敏感信息时，可以在终端的摄像云台上做一些实时的运算，像足球 AI 在转播中抓取和跟踪足球画面，这些都需要在终端的人工智能算法实现。而在终端算力上面，这里要提及的是现场可编程逻辑门阵列（Field Programmable Gate Array，FPGA）和专用集成电路（Application Specific Integrated Circuit，ASIC）。

FPGA 器件是专用集成电路，也是一种半定制的专用芯片，它是可编程的逻辑列阵，能够有效地解决原有器件电路数较少的问题。FPGA 设计不是简单的芯片研究，而是利用 FPGA 的模式进行多个行业产品的设计。

ASIC 被认为是一种为特定目的而设计的集成电路。它是根据特定用户要求和特定电子系统的需要来设计、制造的集成电路。它可以选择用复杂可编程逻辑器件（Complex Programming Logic Device，CPLD）或 FPGA。其设计方法可以全定制，也可以半定制。全定制 ASIC 的设计方法是利用集成电路的最基本设计方法（不使用现有库单元），是对集成电路中所有的元器件进行精工细作的设计方法，其成本更高，但效果更好。半定制又分成基于标准单元的设计方法和基于门阵列的设计方法。

ASIC 和 FPGA 有类似的地方，它们的设计都是基于定制。而两者的不同之处在于，FPGA 不需要介入芯片的布局布线和工艺问题，而且可以随时改变其逻辑功能，在使用方面更灵活。而 ASIC 尤其是全定制条件下，其最大的缺点就是设计一旦成型，就需要通过销售规模降低成本。当一个大型应用出现时，比如智能手机的出货量很高，那么这时利用 ASIC 可能是划算的，但其他人工智能商品还处在研发阶段，对于需要不断试错的人工智能应用来说，FPGA 因为使用灵活，更加适用。但 FPGA 不是专门为人工智能设计的，所以存在一定的性能和功耗问题。但在通用性方面，FPGA 又没有 GPU 灵活。所以当下的人工智能终端中，依然是 GPU、FPGA 和 ASIC 几种芯片并行的状态。展望未来，在 10 万片以下的人工智能小范围应用方面，FPGA 将逐步占据主导地位，但是在大规模的人工智能嵌入式应用方面，ASIC 这种为不同的场景设计不同芯片的架构，则会成为一种主流。

## 谷歌的 AI 卖水计划：TPU

张量处理器（Tensor Processing Unit，TPU）是由谷歌研发的神经网络训练的处理器之一，用于提供 AI 算力。据说谷歌在早期 AlphaGo

中没有应用 TPU，而在那次经典 AlphaGo 对战李世石的围棋比赛中，TPU 正式登场，也许谷歌推动那场围棋赛的目的就是推动 TPU 的商用。TPU 具有像 GPU 和 CPU 一样的编程和同一套 CISC 指令集。作为机器学习处理器，TPU 不仅支持深度学习神经网络，还支持卷积神经网络、长短期记忆神经网络、全连接网络等多种网络结构。TPU 采用低精度（8 位）计算，这符合当下人工智能对数据需求的特点，即对精度的要求下降，数据量增加，简单算力的投放成为人工智能发展的关键，降低精度可以大幅度降低功耗，并加快运算速度。

TPU 芯片实质是 ASIC 芯片的云上延伸之一，而当下的 ASIC 芯片也分为云端和终端。谷歌将 TPU 芯片的云服务器应用于谷歌的搜索、翻译和相册等应用的机器学习模型中，并逐步对外开放。这也基本上确立了未来 AI 以云算力为核心算力的特点。

谷歌 TPU 服务器的特点包括：大规模片上内存，用量化技术进行整数运算（低精度、大规模数据运算），具有可编程性，满足并行计算和脉动阵列设计（多个逻辑单元 ALU 串联复用一个寄存器）。

## AIoT 时代的算力

AIoT 时代的算力将围绕云、边、端三个算力方向，未来的 AI 芯片也将围绕这三个端口展开。其中云端算力和边端算力将是未来若干年算力的主要拓展方向，而其中云算力将担任主攻手。前文分析了 ASIC 和 FPGA 的差异，FPGA 半定制、灵活，但是功耗和性能匹配度不佳；ASIC 为定制、不灵活、成本高，但是适合很多人工智能场景的需求。而通过云服务，ASIC 的缺点会被弥补。因为云计算可以让人工智能某方面的算法芯片需求集中在某一家云计算平台，该平台可以通过巨量的服务器芯片需求，降低开发定制 ASIC 芯片的成本。

当然，边端的边缘计算和终端的 ASIC 芯片也存在市场爆发的可能性，尤其是边端的边缘计算，当下大部分数据依然通过数据中心的反馈进行处理，比如从城市管理需求出发安装的安防摄像头。大量摄像头采集数据汇总到数据中心，数据中心通过 AI 识别那些图像，这就要求 AI 有一定的抓取能力，比如发现车祸、违法犯罪现场等，人工智能需要能够实时追踪城市各种突发事件。但实际上，可能并不需要如此中心化的数据处理。因为回传数据中心会增加数据传输风险，同时导致数据过载和冗余。若采取信息中心化管理，最终将数据反馈到辖区管理者所耗用时间会比较长。如果这些监控云台的人工智能，比如人脸识别和市况识别可以在边缘端完成，一些不重要的视频信息可以不回传至信息中心，而是存储在边端，只在识别出状况时，再进行回传，这在一定程度上可以减轻数据中心的压力，也可以节约反馈时间。

而对于终端的 ASIC 应用，当下还是集中在智能手机中。其他设备如今缺乏统一的数据端口标准，数据散落四处，形成数据孤岛。这也是困扰人工智能发展的一个问题。当然，终端的人工智能芯片也受制于终端的规模。在 AIoT 时代，更多的设备将接入互联网，而这些设备产生的数据往往是异构数据，这会导致在终端侧，数据异构和冗余将困扰数据回传，并且过度占用网络资源。所以，终端侧人工智能的发展一方面要服务于用户，输出不必回传数据的 AI 应用，比如读取用户的语言习惯的系统，培养适合用户的个性化语音系统。

而另一方面，人工智能在终端将对数据进行预处理。包括去除冗余，清洗、筛选、处理数据，针对数据回传的安全问题进行脱敏处理等。

# 人工智能的算法

对于人工智能的定义，其实还有一种更加直观的解释——支持模型建立的表达系统。人工智能算法工程师的日常工作场景可以被简单描绘为：从一个数据垃圾堆里找一些数据，然后将它们从一个叫算法的机器的一端填入，如果感觉不对，就用棍子搅一搅（调参），直到从另一边输出了想要的产品。这是个很粗略的描绘，但它基本描述了人工智能算法工程师的核心工作，即根据需求目标找数据、预处理数据、撰写特征工程，然后调参，如果没有达到目的，就继续找数据，重复调参。过去有一段时间，有人甚至表示深度学习就是日复一日地"算法黑箱 + 调参"。但事实上，真正的人工智能的学习，都是从数学模型或者统计学模型开始的，调参这项工作也可能会被人工智能替代。

算法指被定义好的、计算机可施行其指示的有限步骤或次序，常用于计算、数据处理和自动推理。算法是有效方法，包含一系列定义清晰的指令并可于有限的时间及空间内被清楚地表述出来。

# 机器学习

机器学习之父汤姆·米切尔（Tom Mitchell）在 1997 年这样定义机器学习：一个计算机程序在完成任务 T 之后，获得经验 E，其表现效果为 P，如果任务 T 的性能表现，也就是可以衡量 T 的表现效果的 P，随着 E 的增加而增加，这个过程可以被称为机器学习。

反诈骗短信系统就是一个典型的例子。系统要区分短信是诈骗短信、骚扰短信，还是正常社交短信，就要通过训练获得经验，从而达到拦截和提示诈骗的效果，任务 T 就是标记诈骗短信，衡量 P 的指标是正确分类的效果，而性能衡量标准则被称为精度。

机器学习、神经网络和深度学习的大致区别是：神经网络是机器学习的算法模型，神经网络叠加多个隐藏层的神经网络层后的算法被称为深度学习神经网络算法。而从学习的方式来看，又可以将机器学习算法区分为监督式学习、半监督式学习、无监督式学习和强化学习等。

## 监督式学习

监督式学习是最普遍的机器学习算法模式，监督式学习和无监督式学习最大的区别在于数据是否经过标注。监督式学习主要解决两类问题，一类是回归问题，另一类是分类问题。如对诈骗短信进行人工智能识别，属于分类问题，人工智能可以通过简单判断得出结论，是否属于诈骗短信的答案只有两种：是或否。而有的分类问题更加复杂，涉及多个维度，如通过叠加人的高矮胖瘦、贫富等要素，对一个人进行侧写。分类就好像将信息一个个装到对应的"箩筐"内。

回归问题包括线性回归和逻辑回归，逻辑回归可以解决分类问题。而对于线性回归，机器学习中很多问题聚焦于数据相关性。简单举一个模型的例子，有人对某个城市的房地产设立了一个评分机制，评分根据地段、房屋状况、稀缺性等因素综合得出，而不同评分的房地产拥有不同的价格。一般来说，评分较高的房子较好，而价格也相应较高。当然，评分和房地产价格不可能一一对应，因为存在信息的不对称，评分35分的房子，可能价格比评分30分的房子还要低。而当我们要预测某个评过分的房子的价格，比如21分的房子可能是什么价格时，可能会缺乏现实统计数据的支持。于是，我们就会考虑线性回归的方法。比如用一条直线把所有分布的点关联起来，使这条线距离所有点的垂直距离最短（见图4-1）。这就是统计学的线性回归，解决的是离散变量的趋势问题。将离散变量的随机数放在坐标轴当中，然后用一个类似 $y=ax+b$ 的线性方程表示趋势，即回归函数。手动计算相对麻烦，但计算机可以很容易地找到这条回归函数线。在这个例子中，当你要查找21这个评分对应的房价时，你可以找到21对应在回归线上的点，但这个点是预测值，并不精确。

不精确会导致出现精度偏差，精度偏差被称为损失，解决这个损失的函数，就是损失函数，或称代价函数。算法的最终目标是将损失最小化，得到目标函数。

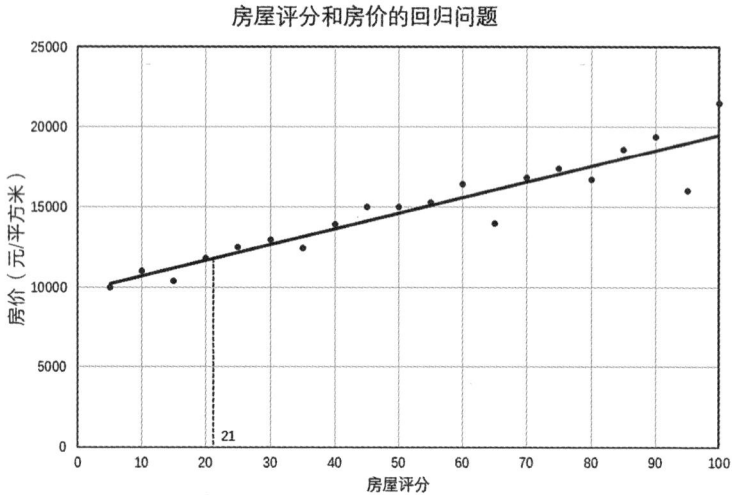

图 4-1　房屋评分和房价的回归问题示例

　　监督式学习对预先数据进行标注，可以根据属性和特征进行预测并完成标注，典型的线性代数算法的目标就是预测价格，当然，上文的例子中笔者只使用了 1 组相关变量，也就是评分和房价，但实际上变量组合可以是多个相关变量。相关变量越多，线性回归的向量越复杂，需要设计的算法模型也更加复杂。

　　另一种监督式学习比较常解决的问题是分类问题。人工智能在分类中有时候也用到回归方程，这通常被称为逻辑回归。如防止短信诈骗的人工智能，就是典型的监督式学习的分类算法问题。逻辑回归可以输出结论，类似于"属于某个给定类别的概率"的值，如10% 的概率是诈骗短信。逻辑回归也可以判定分类边界。

　　监督式学习比较常用的算法包括 K 最近邻（K-Nearest Neighbor，KNN）分类算法、线性回归、逻辑回归、支持向量机、决策树、随机森林、神经网络等。

## 无监督式学习

　　无监督式学习就是处理未经标注的数据，由于没有标注，所以机器学习没有"老师"指导，需要自己找到数据之间的特征。虽然无监督式学习有很多种算法，例如聚类算法、K均值聚类算法（K-Means Clustering Algorithm）、最大期望算法（Expectation-Maximization algorithm，EM）、降维算法和数据可视化、主成分分析（Principal Component Analysis，PCA）、核主成分分析（Kernel PCA，KPCA）、局部线性嵌入（Locally Linear Embedding，LLE）、T分布随机近邻嵌入（T-Distributed Stohastic Neighbor Embedding）、关联规则学习（Association Rule Learning）等，但应用最普遍的是聚类算法。

　　聚类算法寻找数据之间的相似性，并将这些相似性聚集在一起。一个典型的应用是，很多搜索引擎，如谷歌、百度等使用的都是聚类功能算法。在百度搜索引擎中，除了显示搜索结果，还会出现其他内容，如最新相关信息。我们搜索的带有"聚类"字符的数据有很多，但是哪些信息会先展现在用户面前呢？此时就可以用聚类算法，它可以让最新发布的信息靠前，或者核心媒体的信息靠前。

　　除了聚类算法，另一种应用比较普遍的无监督算法是数据可视化算法。数据可视化就是输入未标记的数据后，按照2D或3D的数据呈现输出，这些数据会保持尽量多的结构，以帮助你理解这些数据簇形成的过程，识别出一些数据之间未知的关联性。

　　对数据的降维处理，则是一种非常重要的预处理手法。实际上降维有点类似于压缩，其目的是得到简化的数据，同时将损失的信息降到最少，因为压缩就必然有损失。特征提取和特征选择都是从原始特征中找出最有效（同类样本的不变性、不同样本的鉴别性、对噪声的鲁棒性）的特征。而在提取前，需要对数据进行降维处理。典型的例子是将图片中的颜色转换为三维立体中的一个位置指标。此外，将汽车里程与使用年限关联也能用到这一手法，降维就是将汽车里程作为一个汽车磨损的特征，进一步提取这些特征。降维后数据占用的空间和所需要的内存都会减小，执行性能将更好。

除了搜索聚类和数据可视化，典型的无监督学习还包括监督异常交易的反洗钱系统，以及其他实时监控数据异常的系统。这些系统通常在海量的数据中提取那些与众不同的数据。无监督学习也用于关联规则学习，找到数据之间的关联性。

## 半监督式学习

标注一部分、未标注另一部分的聚类，属于结合监督式学习和非监督式学习的方法。如在相册中找出在几张照片中同时出现的某个人，这就是无标注的聚类，但是通过标签，机器学习可以标注出获得的那张照片中那个人对应的姓名，也就是通过无标注非监督式学习识别出图片中相同人物，标注监督式学习给有这个人物的所有照片都标注上了对应的姓名。

典型的半监督式学习算法是深度置信网络算法（Deep Belief Nets，DBN），该算法基于互相堆叠的无监督式组件，这些无监督式组件叫作受限玻尔兹曼机（Restricted Boltzmann Machine，RBM），通过 RBM 可进行无监督学习，同时使用监督式学习对整个系统进行微调。

## 强化学习

强化学习是未来机器学习的方向，虽然这个方向目前还有些扑朔迷离。最早的强化学习可以追溯至神经网络起源的 1952 年，当时，阿瑟·萨缪尔（Arthur Samuel）在 IBM 公司研制了一个西洋跳棋程序，这个程序具有自学习能力，可通过对大量棋局的分析逐渐辨识出当前局面中的"好棋"和"坏棋"，从而不断提高下棋水平，并很快就下赢了萨缪尔自己。1962 年，在西洋跳棋比赛上，这个程序战胜了专业选手。它的主要思路是，研究两套人工智能系统，让两个副本互相对弈。一个副本 Beta 始终使用固定的评价函数，另一个副本 Alpha 则通过与使用极小极大搜索（Minimax Search）算法做对比，来学习特征的权重。这类似于当下的生成式对抗网络（Generative Adversarial Network，GAN），其底层思路就是强化学习和对抗学习。可以说，强化学习贯穿了整个人工智能时代。

强化学习的理念是一种激励，它和人的认知过程类似，一个典型的例子是，当你很冷时遇到火会感觉到温暖，但是如果你碰到火会感觉烫，就会得出火很危险的结论。强化学习就是让人工智能自己去感知环境，如果是正向的，就向对的方向走了一步棋，激励增加权重，反之，向错的方向走了一步棋，则惩罚降低权重。实际上 AlphaGo 在围棋上的算法，也结合了深度学习、强化学习和蒙特卡洛树搜索算法。

强化学习的过程为：观察—选择执行策略—执行—获得奖励或惩罚—升级策略（学习）—不断迭代直到产生最优策略。

## 在线学习与批量学习

对于监督式学习，可以采用动态获取信息增量的方法来进行算法训练，也可以采用静态获取批量信息的方法。前者被称为在线学习，后者被称为批量学习。

批量学习一般是离线的，即先训练系统，再投入生产环境，系统在完成训练之后，成为可用的工具。这是一种结合增量学习的算法，但是需要耗费比较多的算力资源，不过你可以在训练中循序渐进，直到得到需要的工具。

而在线学习一般是获取实时数据，但实际上它也是离线封闭的，这和其名称有冲突，在线学习的训练是循序渐进的，是持续的，而非一蹴而就的。有时候在线学习也需要每周或每天反馈，比如你可以在自媒体的后台看到粉丝数量、点赞统计，也可以看到你的用户的文化水平、年龄结构和地域分布。而一些自媒体应用系统会探查用户的喜好，为用户推送其可能会喜欢的内容。再比如对股票价格的预测，是将一段时间的交易数据作为样本，摒弃太过久远的数据。所以实时的数据变化是此类人工智能需要克服的问题。

同时，在线学习也解决了一部分资源不足的问题，比如一些手机的系统了解了用户的喜好，会在用户进行对话或图片整理时响应用户的偏好。这很显然需要在用户手机中完成，这时候手机的算力总体是不足的。但如果通过日积月累地在线学习，手机就可以用时间完成数据积累来弥补算力上的不足。在线学习最大的问题，可能还是在于数据的异构性，或者说数据过于混乱。如前文所说，一般在机器学习的过程中，数据要经历清理，而在线学习因为需要对数据进行实时数据跟进，所以更容易因遭遇脏数据而产生学习效果不佳的问题。

## 人工智能发展遭遇到的问题

一是数据不足。AIoT 时代是数据时代，但大多数数据集呈现的是中小型数据集，大部分人都在算法优化和数据收集之间做选择题。由于现阶段如果要解决关于自然语言的问题，有很多种算法，但所有算法在算法的终点方向得到的结果几乎是相同的，所以有人认为算法的重要性不如数据。但现实的残酷在于，我们的数据集还是太小，虽然我们在持续地产出数据，但大多数数据都是异构数据，需要在批量学习下进行预处理。并且很多用于学习的数据不具备代表性。人工智能算法本身来自统计，样本量、样本代表性都会对预测结果产生影响。

二是噪声。算法有时候会错误地添加非关联性的样本。也许这仅仅因为是字眼上的巧合，比如一个谐音梗"哈利·波特 =ha reporter= 哈·记者"，如果作为一个语音语义的人工智能应用，哈利·波特会不会被误认为是记者呢？

三是脏数据。脏数据是指源系统中的数据不在给定的范围内或对于实际业务毫无意义，或者数据格式非法，以及在源系统中存在不规范的编码和含糊的业务逻辑。

四是无关特征。什么是特征？一个人的身高是 1.75 米就是特征。在算法学习之前，需要提取数据的特征。而无关特征则是指该特征所提供的信息对于当前学习任务无用。比如对于学生成绩而言，学生的身高就是无关特征。

五是过度拟合。过度拟合是机器学习算法中比较突出的问题，指的是以偏概全。比如模型在验证集合中和训练集合中表现都很好，而在测试集合中却变得很差；在小数据训练集中的表现很好，但一旦面临大数据输入时，则会出现错误的输出。比如有人提出姓马的人都很有钱，于是你测试了一部分你知道姓马的人，比如马云、马化腾、马明哲、马东敏，甚至马斯克，并得出小数据结论：姓马的人收入加总非常高。但如果你统计全部姓马的人的收入数据，那结论就不一定如此了。从这个例子可以看出，有时候训练数据得出的结论可能仅仅是一个偶然事件。除了偶然性，噪声也会影响结论。比如马斯克并不姓马。再比如我们用把星星想象成动物形象的方式来命名星座，比如大熊座、狮子座等，但实际上星星和动物没有关系，我们只是过度拟合了星星的线条，有了自己的解读。

想去除噪声，解决数据量不足导致的以偏概全的问题，即解决过度拟合问题，有三个方式：简化模型、获得更多数据、减少噪声干扰。其中简化模型以减少过度拟合的方法也称为正则化。正则化就是以某种形式的全纯参数表示平面不可约代数曲线。在正则化的过程中，可以调用一个超级参数来调整算法。

与过度拟合相对的，是拟合不足。有时候模型设计得太过简单，但现实情况比模型复杂得多。那么，你就要设置更多的参数，提取更好的特征集，减少正则化超参。换个角度理解，我们将机器学习的数据分为测试集和训练集，通常两者的比重为2：8，即少量测试，大量训练。如果测试集误差很小，训练集误差很大，我们就称这种情况为过度拟合，反之，我们称为拟合不足。

## 神经网络

人工智能最为核心的部分是机器学习，这也是本轮人工智能崛起的关键。我们知道，根据学习形式，机器学习可以分为监督学习、非监督学习、半监督学习和强化学习。根据应用区分，人工智能可区分为自然语言处理、计算机视觉、智能机器人、自动程序设计AI、智能搜索、数据挖掘和专家系统。基于所获得知识的表现形式，人工智能可以分为决策树、遗传算法、支持向量机、贝叶斯分析、神经网络、深度学习等类型。其中最核心的是神经网络，如果对神经网络再次进行细分，可以得出以下几种典型的神经网络：卷积神经网络（Convolution Neural Networks，CNN）、递归神经网络（Recursive Neural Network，RNN）、生成对抗网络（GAN）、深度强化学习（Deep Reinforcement Learning，DRL）、前馈神经网络（Feedforward Neural Network，FNN）、径向基函数神经网络（Radial Basis Function Neural Network，RBFNN）。

神经网络机器学习即模仿神经元感知信息的过程，模仿人体神经元的特征，从而制造机器算法的神经层。比如我们可以将下图看作一个神经元（见图4-2）。

图 4-2 神经网络中单个神经元示例

这是一个简单的示例，它类似于前文提及的线性回归，即我们通过输入房屋的评分，得出房屋的价格。但神经网络算法并不由单独的一个神经元构成，我们遇到的大多数监督式学习任务也并非只有一个特征 X，比如想要预测出房屋价格，我们需要了解其所在城市，这可以用邮编表示，此外，我们还需要了解房屋与学校、医院的距离，以及人口密度等，此时会有若干个特征，即若干个 X 输入，而在隐藏层，则会有激活函数来为矩阵运算结果添加非线性。常用的激活函数包括阶跃函数、Sigmoid 和线性整流函数（Rectified Linear Unit，ReLU），输出的 Y 将会是一个矩阵的数值。在输出 Y 后，我们再添加正规化层，也就是将输出转化为一个概率（"Softmax"层），最后再添加一层"交叉熵损失（Cross Entropy Error）"。熵通常被用于描述一个系统的不确定性，熵越大，系统越混乱，不确定性越大。

什么是神经网络？就是由单个计算神经元组成的网络，我们从输入层输入特征，并通过神经元过滤这些特征，这些神经元实施如同线性回归算法的计算，然后通过激活函数添加非线性，进一步产生输出值，并在输出层经历 Softmax 逻辑回归，将输出值去繁就简，映射为一组概率，比如（90%，5%，2%，3%），我们取概率最高的值，真实的输出结果是（100%，0，0，0），虽然计算机也得出了正确的分类，但是这里存在误差。这就是交叉熵损失。有时候算法工程师需要反复调整参数，将交叉熵损失控制在最小水平。

什么是深度？深度就是在神经网络中添加更多的隐藏层，通过多层的神经元筛出结果，这就好像一层层的过滤网。当层数增加时，其输出精度也会增强。

一般来说，在神经网络中，卷积神经网络一般用于图像识别无监督算法，而递归神经网络可以用于音频降噪等方面。

比如，卷积神经网络的基本原理，是将图形的像素转换为数字矩阵。每一个像素点的颜色都对应一组数字，我们可以通过 R、G、B（Red 红色，Green 绿色，Blue 蓝色）来表示，这三个数值可以转化为一个矩形，也可以成为若干个矩阵的集合，比如一个 64 个像素的图片，其就会形成 $64 \times 64 \times 3$ 个数值的矩阵。

图 4-3 为比较经典的 LeNet-5 网络 CNN 网络模型，其通过一个图形像素的卷积化，把一个像素点进行卷积（convolution），将一张图片转化为几个像素数值的矩阵，然后再通过抽样（subsampling），从这些像素矩阵中取出像素点，再一次卷积，然后再抽样，最后到全连接层，将所有通过卷积和抽样得出的特征进行总结，继而通过卷积神经网络认知图片中的物体。

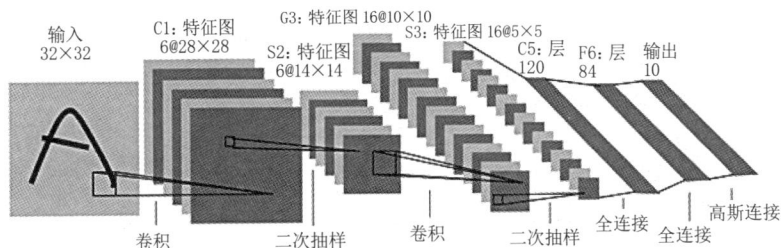

图 4-3 LeNet-5 网络（一种卷积神经网络模型）

图 4-4 则比较直观地反映了卷积神经网络的卷积过程，其中池化（pooling）的意义等同于前面的抽样，就是在卷积后的矩阵数列中二次采样。

卷积的目的是通过卷积像素，得到画面边缘；而池化的目的是在一组像素中选取亮度最高的像素，从而使图像具有边缘亮度的特征更加突出。在多层神经网络反复卷积和池化之后，算法通过识别不同的图像边缘亮度，从图像中提取特征，从而在下一次遇到类似图片时识别图像。

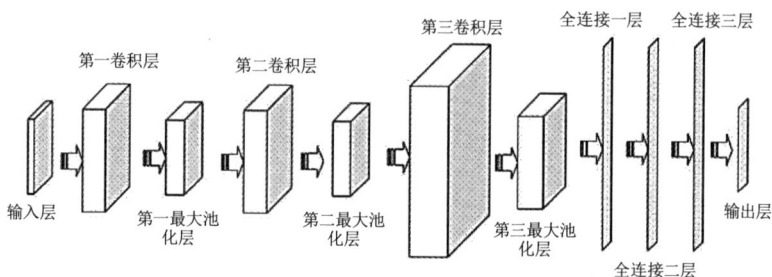

图 4-4　一种深度卷积神经网络流程

综上，笔者只是对人工智能算法进行了粗略的描述，更加细化的知识需要经年累月的学习，这是一门综合性很强的学科。至于如何使用算法设计语言、学习框架、建模等未展开的部分，本书无法面面俱到，但力求将算法的基本逻辑进行粗略表述。

# 人工智能技术层到应用层

人工智能的基础层是算法、数据和算力，通过基础层的各要素，形成了技术层。当下主流技术层可以分为:语音识别、自然语言处理、计算机视觉、知识图谱等多个方面。这些技术大类又可以被区分为很多技术小类。比如，语音识别包括声音识别、声纹识别、语音合成、语音交互。自然语言处理包括信息理解、文字校对、机器翻译、自然语言生成。计算机视觉包括图像识别、视觉识别、人脸识别、视频识别、文字识别。知识图谱又分为通用型和行业型，知识图谱是早年知识工程的延伸，属于认知智能。综合来看，每一个技术领域都需要若干种算法、数据、算力的支持，才能最终形成一项技术。而AI技术的融合则形成了应用。比如，你想实现和人工智能对话，需要人工智能有语音识别功能来识别你所说的内容，然后通过自然语言处理所提取的信息来了解你的语义，再通过自然语言生成进行应对。任何一个人工智能的应用都不会局限于单一的技术层面。

当下人工智能的应用已经十分丰富，比如零售业的智慧门店、商品识别和供应链优化，制造业的智能研发、视觉检测、预测性维护，营销领域的内容生产、精准营销、效果反馈等。之所以说人工智能的发展带来了机遇，是因为在底层技术建设之上，其应用场景十分丰富。接下来，我们来了解一下人工智能技术层面主要的几个方面。

## 自然语言处理

语音也是一种自然语言。广义的自然语言处理包括：文本摘要、文本分类、文本校对、信息抽取、机器翻译、语音合成、语音识别等。但狭义的自然语言处理包括两个方面：理解和生成自然语言。机器只有理解了自然语言，才能生成自然语言，做出回应。

其中，理解自然语言可以分为五个层次：语音分析、词法分析、句法分析、语义分析和语用分析。语音分析是通过音位形态规则找出音素、词素。词法分析是根据词素获得语言学信息。句法分析是找出词和短语的相关性，并理解其在句中的作用。语义分析是得出句子真正的含义。语用分析是结合环境，比如联系上下文的叙述来了解语言在特定环境下的特殊含义。

自然语言处理是人类在人工智能领域最早投入研究的技术领域。人类对于人工智能研究的目标是图灵测试，即让机器像人一样对答如流。现在，自然语言已经普及的应用包括问答、文摘、释义和翻译。随着自然语言生成技术的发展，人工智能在内容创作上也有一定的发展。一些媒体开始尝试通过 AI 来撰写固定格式的新闻稿件。

早期的人工智能在自然语言处理方面是基于规则的，这可以追溯到 20 世纪 70 年代，所有的应答根据规则表进行，输入要严格按照规范，输出也仅能根据规则来进行，比如典型的语义网络。

语义网和语义网络不同。语义网是由万维网联盟的蒂姆·伯纳斯·李（Tim Berners Lee）在 1998 年提出的一个概念，它的核心是通过向万维网上的文档（如 HTML）添加能够被计算机所理解的语义"元数据"（Meta Data），从而使互联网成为一个通用的信息交换媒介。语义万维网通过使用标准、置标语言和相关的处理工具来扩展万维网的能力。

而语义网络是一种用图来表达知识的结构化方式。在一个语义网络中，信息被表达为一组结点，结点通过一组带标记的有向直线彼此相连，这组有向直线用于表示结点间的关系。

语义网可以被认为是数据网络，数据在被创造时，就被计算机识别和认知。比如未来你需要订飞机票时，不用搜索机票，只要告诉互联网目的地，任何的要求都可以被互联网知晓，这就是语义网。而语义网络，是一张图，如果输入的内容满足图表条件，就能输出。

语义网络就如同下面一个简单的问题搜索过程（见图 4-5）：

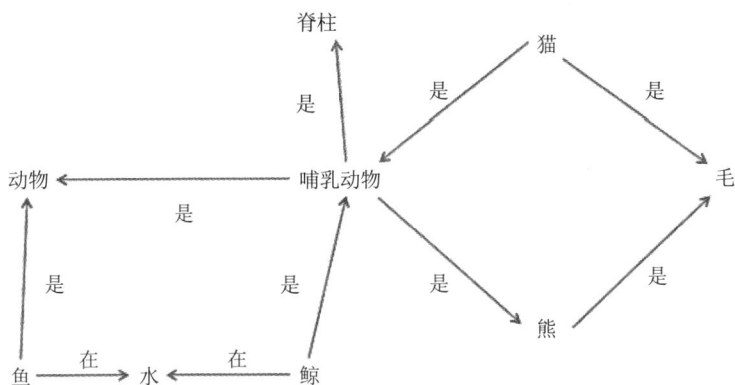

图 4-5　基于搜索算法的语义网络示例

1980 年后，基于统计和模型的算法主导了自然语言领域，语料库渐渐丰富、算力得到提升后，自然语言系统获得实质性突破，弗莱德里克·贾里尼克（Frederek Jelinek）的 IBM 华生实验室采用基于统计的方法，将当时的语音识别率从 70% 提升到 90%。20 世纪 90 年代后，互联网的发展使自然语言处理逐渐商品化。进入 21 世纪，尤其是 2008 年后，深度学习崛起，自然语言处理进入新纪元，早期的自然语言处理方法是词向量。2013，一个词向量的矩阵分解加速版本 Word2vec 的出现[1]，大大提高了自然语言处理的效率，并在机器翻译、问答系统、阅读理解等多个应用领域取得了成功。到了 2014 年，基于循环神经网络（Recurrent Neural Network，RNN）的 seq2seq 模型[2]再一次引发了热潮，机器翻译、图像字幕和人机自然通信方面都出现了长足进步。谷歌在 2017 年宣布开源 tf-seq2seq[3]，机器翻译门槛大幅度降低。

近几年，自然语言领域预训练语言模型引人关注，预训练语言模型指的是先通过语料进行长时间的无监督或者自监督的预先训练，获得通用的语言建模和表示能力。当在不同语言上应用时，只需要在原有语言表示模型的基础上增加一个针对特定任务获得输出结果的输出层，并使用任务语料对模型进行少许训练也就是微调（fine-tuning）即可。简单来说，这是一种迁移学习，学好了"内功"，学各种功夫都事半功倍。预训练模型主要是为了应对 seq2seq 模型下的向量固定问题。人类说话会有上下文的语义，在特殊环境中，同样的词会有不同的意思。那么是否可以通过预训练模型直接了解语境，从而提升理解能力呢？而在遇到特殊环境时，AI 应对也会因为预训练而做出对应的改变。

---

1　Word2vec：一群用来产生向量的相关模型。

2　seq2seq：一种循环神经网络的变种，包括编码器和解码器。

3　tf-seq2seq：一种基于谷歌自身 AI 学习框架 Tensorflow 的通用编码器 – 解码器框架。

预训练模型中，比较有代表性的是谷歌 2019 年提出的 BERT 模型（Bidirectional Encoder Representations from Transformers），它也是 seq2seq 模型的替代者。2018 年，OpenAI[1] 推出了类似模型 GPT（Generative Pre-Training，一种生成式预训练），这是一种通过无监督预训练和监督微调实现文本的自动补全工具（区别于谷歌翻译方向，属于半监督学习方式），采用的生成对抗网络（GAN）通过对不同的书面材料集与长篇连载文本的预训练，获取知识并处理长程依赖关系。它可以用一些文字、一张图片、几段音乐、一段程序、一个功能或数据分析结果来生成新的内容。GPT 如今迭代到第三代。而谷歌 BERT 主要以增加插件的模式提升算法。

综合来看，自然语言处理是人工智能领域发展得最成熟的应用，其涉及的年代也最长，当下已经能够解决很多现实问题，比如翻译的问题，我们如今浏览英文网页一般不会受制于语言限制，因为可以利用谷歌翻译等软件，一键切换为自己熟悉的语种。自然语言处理也可以很好地解决一些格式化的语言应用，比如，智能音箱、车内地图搜索、电视机搜索内容、百度的语音搜索等。但实际上，人工智能依然没有通过图灵测试。在 2018 年 Google I/O 开发者大会上，谷歌的一款 AI 助手吸引了大家的目光，它会打电话预约理发店，还会预订餐厅。最令人诧异的，其实是他在语句中间竟然有"嗯哼"这样的语气词。大家都知道，虽然这只是简单的语气词，但在什么时候发出"嗯哼"的回应，对于人工智能来说是非常困难的。当然，自然语言处理领域依然有很多问题，2018 年自然语言处理方面的大

---

1 OpenAI：硅谷、西雅图科技大亨联合建立的人工智能非营利组织，由马斯克等硅谷巨头发起成立。

方向就是解决语境的问题，也就是语用分析，让 AI 适应上下文语义并通过机器学习产生联想。而学习过程也从监督式学习转向无监督和自监督过程。为什么倾向于无监督？原因在于标注语言的数据量有限制，人工智能不能获得足够的训练，低资源量限制了其发展。而无监督可以不用标注，直接学习。但其训练过程十分漫长，还需要大量的微调。

## 知识工程

2006 年后，知识图谱开始出现并发展，其前身包括专家系统、人工大规模知识库、语义网络等。在人工智能语境下，如今我们所说的知识工程多是指知识图谱，但其他的知识库应用依然存在。

知识工程主要针对人工智能的认知层，大部分的人工智能停留在感知层，或者通过感知输出行为，而知识工程则是针对认知层。当聚集足够多的信息、数据和知识时，知识的化学反应可能让人类的认知基础形成突破。但在现实中，知识工程即知识图谱的主要目的，是高效率、大容量地获得知识和信息。比如在医疗方面，当下有一些辅助决策系统利用人工智能进行诊疗，它需要有丰富的医疗行业知识图谱的库存，才能够对应患者的检查结果并得出结论。知识图谱支撑的辅助决策系统已经对一些医院的病理科产生了压力。

知识工程包括知识获取、知识验证、知识表示、推论、解释和理由五个活动过程。提出知识工程概念的爱德华·阿伯特·费根鲍姆（Edward Albert Feigenbanm）认为知识工程即将知识集成到计算机系统，从而完成只有特定领域专家才能完成的复杂任务。

在大数据时代，知识工程是从数据中获得知识，而在 AIoT 时代，搜索知识已经进化为知识服务，知识工程的应用不仅仅要搜索知识，还要辅助决策，输出有价值的判断，甚至最终替代人类的部分经验和专业。毕竟在记忆力方面，人类有时候不比计算机，比如在疾病诊断上，AI 可以更加细致地发现 CT 影像中的小细节。所以知识工程现在越来越重视输出智慧和更高层次的认知。

回顾知识工程的发展史，20 世纪 50 年代到 70 年代间其主要集中于逻辑规则、语义网络。我们上文已经提及过，而在 1970 年—1990 年主要是专家系统，此时结合了自然语言处理，出现了一些商用化应用。而在 1990 年—2000 年，随着互联网 Web1.0 时代的到来，用户开始从互联网获取搜索结果，这在一定程度上替代了专家系统。知识工程进入了搜索时代，大型数据库出现。2000 年—2006 年，语义网的概念诞生。上文所说的，就是预先对互联网的数据进行定义，放在元数据上面，从而让计算机识别出互联网中的数据，让我们和互联网的对话更便捷。自 2006 年至今，则是知识图谱的时代，知识图谱以可视化的图谱形式、大规模的维基百科类富结构知识资源的出现和网络规模信息提取方法的进步，促使大规模知识获取方法取得巨大进展。数据越来越多，知识也成体系地出现在互联网，人们可以通过互联网了解一切自己想要了解的知识。而知识图谱的难点，也变为收集和展现这些知识。不过，好消息是知识图谱的知识获取是自动化的，并且可以在网络规模下运行。

在知识图谱时代，巨头纷纷介入。谷歌 2012 年推出知识图谱（Knowledge Graph）。脸书（Facebook）有图谱搜索，Microsoft Satori 以及商业、金融、生命科学等领域特定的知识库也相继被推出。这些知识图谱遵循资源描述框架（Resource Description Framework，RDF）数据模型，包含了千万或数亿规模的实体，以及数十亿或百亿事实（即属性值和与其他实体的关系），并且这些实体被组织在成千上万的由语义体现的客观世界的概念结构中。

知识图谱构建过程的关键技术有知识表示（如 RDF、OWL）、知识抽取（如实体抽取、关系抽取）、知识融合（如本体对齐、实体对齐）、知识存储（如图数据库存储、RDF 存储技术）、知识推理等（见图 4-6）。

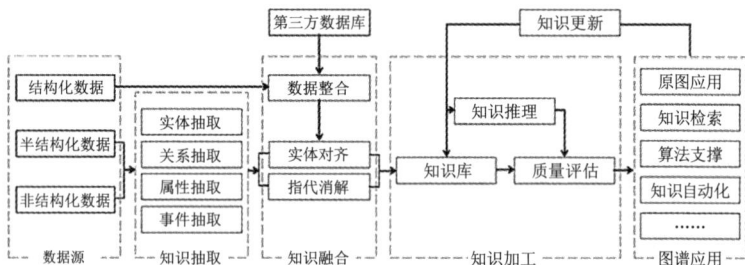

图 4-6　知识图谱的基本构建流程

图片来源：认知智能国家重点实验室，艾瑞咨询。面向人工智能新基建的知识图谱行业白皮书（2020）[R].2020.

简单来说，知识图谱就是一个图数据库，它和语义网类似。但二者的区别在于，语义网本是想在互联网公共环境中，把互联网底层整体作为一个关系数据库，将知识做到全球共享。而现阶段看，由于互联网的异构性，这种融合变得可望而不可即。所以相对现实的知识图谱则成为专家工程的主流，被作为私人企业的运作模式推出。现阶段知识图谱很多也是开放的，但知识图谱的本体有其拥有者。

知识图谱就是将知识以图谱的方式进行关联，每部分知识都是图中的一个节点，节点的语义可以代表知识，图计算算法主要包括遍历算法（全盘访问每一个节点）、社区发现（用于计算社交网络中联结人际关系）、网页排名（PageRank，源自搜索引擎，用于网页链接排序），以及最短路径算法（解决图结构中距离问题）。在知识图谱中主要用遍历算法进行知识推理，以发现实体间隐藏的关系。知识图谱依然是符号主义。符号主义和联结主义是人工智能发展的两个方向。联结主义是仿生学派，是神经网络的基础，模仿神经元。而符号主义是逻辑主义，基于逻辑推理的智能模拟方法模拟人的智能行为。和联结主义的神经元想法不同，符号主义认为，人类认知是通过符号完成的，只要将认知的知识转化为一种符号，那么就实现了人类与计算机的同步。知识图谱依然遵循早期的推理逻辑。深度学习神经网络虽然和建立知识图谱无关，但是知识图谱中的很多知识获取来自深度学习神经网络对数据的挖掘和解读。

知识图谱是很多人工智能应用的底层技术，典型的应用包括智能问答、智能搜索、智能推荐、决策分析系统等。更具体的应用还包括行业知识库、关联搜索、预警应用、研判应用、推荐应用和数据中台等。其涉及金融、公安、医疗、教育等多个行业领域，还分为通用和行业专用。而现实中，知识图谱的底层技术也包含一定的关系数据库。知识图谱也可以认为是将数据库泛化、可视化，以此增强数据的关联性，从而增强搜索的有效性。知识图谱还有一个关键点是，通过图谱方式能够更直观地解释知识。

## 计算机视觉

计算机视觉是指计算机和视频感光传感器代替人眼对目标进行

跟踪、识别和测量等机器视觉行为，并进一步做图形处理，使计算机将目标处理成为更适合人眼观察或传送给仪器检测的图像。

计算机视觉主要有以下四种细分应用。

一是物体识别和定位检测。针对一张图片，通过算法了解图片中的物体类别及其位置，进一步衍生出人脸识别技术。

二是语义分割。物体识别告诉你图像是什么，物体定位检测告诉你图像中的目标在哪里，语义分割则是基于像素级别回答上述两个问题。语义指的是图像的内容，语义分割是为了让计算机理解图片表达的意思，从像素的角度分割出图片中不同的对象，并对原图中的每个像素都进行标注，上文在讨论卷积神经网络时曾提及，卷积和池化的重点在于描绘出物体的边缘，并提取像素特征，进行神经网络训练，最终识别出图中物体是什么，在什么位置。所以语义分割在当下计算机视觉中的应用十分广泛，涵盖了空间信息系统、无人驾驶技术、医疗影像分析、机器人等领域。

通过对逐个像素的特征进行提取，计算机可以将一张图片中的各个主体分开来，成为一种语义表达。无人驾驶技术也需要语义分割算法，车载摄像头或激光雷达探查到图像后将其输入神经网络中，计算机可以自动对图像进行分割归类，针对不同的归类做出不同的应对并传导到车辆控制层，以避让行人和车辆等障碍。

三是运动和跟踪。一段视频在第一帧给出被跟踪物体的位置及尺寸大小等特征，在后续的视频中，跟踪算法需要从视频中寻找到被跟踪物体的位置，并适应各类光照变换、运动模糊以及表观的变

化等 [1]。经典的应用之一就是这几年足球比赛中引入的视频辅助裁判（Video Adjudication System，VAR），VAR 本身是辅助裁判判罚，但是其在比赛中最重要的任务是跟踪足球。

跟踪研究由浅层神经网络向深层神经网络演变，精度越来越高。不过，受实时算力限制，深度学习跟踪算法的精度一直难以提升，也因此，跟踪研究在实际应用中限制重重，比如上文的 VAR 系统在 2020 年年底一场苏格兰冠军联赛的比赛中，错误地将裁判的光头识别为足球，从而遭到人们的质疑。目前而言，跟踪的很多算法都是基于检测或识别算法改进得出。

四是视觉问答。最典型的视觉问答就是提供一张图片，并让计算机回答这是什么。你可以在百度搜索引擎中通过摄像头搜索某个物品的信息，比如小狗的品种或植物的名称；还可以通过电商平台的图片搜索功能来搜索商品；或使用一种比较小众的应用，在扫描图片后形成一段关于图片的描述文字。

早期的计算机视觉算法包括马尔计算视觉（Computational Vision）、多视几何与分层三维重建。由于图像视觉多为非结构数据，非常难以标记，或者标记本身就依赖算法的演进，所以真正的视觉算法依然是在深度学习普及后才有了长足进步。多视几何与分层三维重建是将三维图像分割成二维图像的组合，以此对三维图像进行重构。此算法有效地提升了三维重建的精度和鲁棒性。

当下，计算机视觉的主要算法还是深度学习。2012 年 6 月，杰夫·狄恩（Jeff Dean）和吴恩达主导的谷歌大脑，从视频网站中提取

---

1　清华 – 中国工程院知识智能联合研究中心, 清华大学人工智能研究院知识智能研究中心, 中国人工智能学会 . 人工智能发展报告（2011–2020）[R]. 2021.

1000 万个未标记的图像，训练出一个由 16000 个电脑处理器和 10 亿多个连接点组成的庞大神经网络。最后，在没有识别信息的情况下（无标注），人工智能学会了识别猫科动物。

## 语音识别

语音识别是将语音信号转变为计算机可读的文本字符或者命令的智能技术，这里需要将其和狭义自然语言处理进行区分。语音识别包括特征提取技术、模式匹配准则及模型训练技术三个方面，同时包含两个阶段：第一个阶段是学习和训练，从语音库中提取语音特征作为样本，设置模型参数初始值，尽量优化参数；第二个阶段是识别，训练好模板库，然后以算法识别那些需要识别的语音特征，并得出结果。如果效果不好，就可能需要不断地调参。

训练语音识别系统时，需要对语音库中的语音进行预处理、预加重和分段加窗、滤除不重要背景音和降噪等。这些类似于对数据进行清洗和标注。在提取特征时需要对语音进行降维压缩处理，减少计算量。特征参数基于时域的幅度、过零率、能量、基于频域的线性预测倒谱系数、Mel 倒谱系数等得出。

语音识别技术可以追溯至 1952 年贝尔实验室开发的第一个语音识别系统——Audry 系统。20 世纪 70 年代，研究人员在传统识别系统上增加了矢量运算和隐马尔科夫法。语音识别系统中，如果抛开和自然语言的交叉部分来看，机器识别在 20 世纪就已经趋于成熟，尤其是在专家系统输入和输出方面。21 世纪的深度学习算法提高了语音识别的精度。2009 年，深度学习之父杰弗里·辛顿将深度神经网络（DNN）应用于语音的声学建模，在 TIMIT（The DARPA TIMIT Acoustic-Phonetic Continuous Speech Corpus，德州仪器、麻省理工学院和斯坦福国际研究院合作构建的声学—音素连续语音语料库）中获得了当时最好的结果。2011 年年底，微软研究院的俞栋（现就职于腾讯）、邓力又把 DNN 技术应用在大词汇量连续语音识别任务上，从而在语音识别中，HMM–DNN 系统（一种语音识别声学模型）成为一个热门。2015 年兴起的 CTC 算法解决了时序类数据的分类问题。传统的语音训练需要打标、对齐，而 CTC 算法作为损失函数算法模型，完全端到端，不用对齐，并且可以直接输出序列预测的概率，省却了外部后处理。

2018 年后，Attention 相关算法又成为语音识别的新热点。我们可以把 Attention 理解为从大量信息中有选择地筛选出少量重要信息，并聚焦于这些重要信息，忽略大多数不重要的信息。

近几年，语音识别算法越来越偏向于端到端的语音识别算法。简单来说，你只要输入原始数据，无需添加其他算法模块，就可以输出结果，从输入端到输出端是一个直达的过程。而在标注上也越来越倾向于无标注。这里强调一下，实际上算法的发展，尤其是深度学习的发展，最终目标都是端到端。因为一旦机器学习需要预标注，就会降低其资源量。

2020 年，脸谱网推出了自动语音识别（ASR）领域的 wav2vec 算法模型，并且公开了该算法的细节。脸谱网基于 wav2vec 的模型实现了 2.43% 的单词错误率，准确率高于 Deep Speech 2（百度硅谷实验室 2015 年发布的算法）、监督迁移学习（Supervised Transfer Learning）等主流算法。

另一个语音识别的关键领域是语音合成。语言转换（Voice conversion）算法是基于 GAN 生成的无监督学习语音解耦算法，语音解耦为四个部分：语言内容（content）、音色（timbre）、音调（pitch）和韵律节奏（rhythm），它们在不同业务场景发挥不同作用。

语音识别在应用方面则更直观，比较普遍的应用包括语音搜索、语音命令控制、自动翻译（同声传译）、人机语音交互等。语音识别的发展，也会在未来改变当前的输入模式。当下，无论是 PC 还是智能手机，输入都更依赖于手，而未来很可能通过语音识别解放双手，缔造更多应用场景。

## 机器人

如今对机器人没有准确的定义，因为实现工业自动化的机器可以被认为是工业机器人，一个软件也可以被称为机器人，通过人工智能来输出行为的都可以被称为机器人。上文提及的自然语言处理、语音识别和图像识别更多涉及机器的感知，而机器人涉及机器的行为输出。联合国标准化组织对机器人的定义是："一种可编程和多功能的操作机，或是为了执行不同的任务而具有可用电脑改变和可编程动作的专门系统。一般由执行机构、驱动装置、检测装置、控制系统和复杂机械等组成。"

此处描述的机器人，应该具备感知能力和执行能力，而决策机制可以掌握在人类手中，可以按既定规则设定，也可以是完全自主的。典型的此类机器人除了有工业流水线上的机械臂，还包括如波士顿动力公司（Boston Dynamics）研发的机器狗 Spot 和双足人形机器人

Atlas。不过，由于复杂系统机器人市场接受度的问题，2020—2021 年，波士顿动力又从软银手中被出售给了现代。波士顿动力这一类型的机器人系统虽然很新奇，却几乎不和实际用途结合，并且有一定的维护成本，所获评价较高，其发展却并不被看好。不过复杂系统机器人依然是人类对于智能的最终研究方向。人工智能从仿生起，由多 AI 系统整合为一个系统，从而接近真正的人类。虽然机器人起源于行为主义，但如今也在和神经网络的联结主义逐步融合。

关于波士顿动力机器狗的好消息是，2018 年 6 月 15 日在德国汉诺威电子展会中，波士顿动力创始人马克·莱伯特（Marc Raibert）称将使 SpotMini 成为机器人开源平台，而该开源平台可能会推动我国国内机器狗研发领域的进步。

复杂系统的机器人基于三种算法：强化学习（直接和环境交流，比如在机器狗训练中不停地踢倒机器狗，让其自己爬起来）、模仿学习（和人类同步，学习人类反应的过程）、偏好学习（用激励和惩罚机制引导机器学习）。2019 年年初，谷歌 AI 与加州伯克利大学合作研发了一种新的强化学习算法 SAC（Soft Actor-Critic），这是面向最大熵强化学习开发的一种 off-policy 算法 [1]，适用于机器人的连续动作控制。

## 从技术到应用：核心是生态

人工智能的第三次热潮还在继续，不出意外，2022 年将进入由

---

[1] off-policy 指估计值函数采用的策略与样本生成所采用的策略不一致。

无人驾驶掀起热潮的时代，因为纯电动车替代内燃发动机的时代将要到来，而无人驾驶技术的传动装置能和纯电动车匹配更佳。人工智能的第三次热潮和前两次热潮有本质不同。前两次热潮的核心问题在于，人工智能属于学术讨论，受财政支持。让第二次人工智能热潮显现活力的，是专家系统少量的商用，但其依然没有形成足够的规模。2006 年，杰夫·辛顿提出深度学习之后，人工智能进入快车道，其背后有两方面原因：其一是谷歌为代表的人工智能主导企业的开源，推动了代码共享；其二是开源后人工智能在多个领域内技术方面的商用推进。有需求的人工智能技术，才是可以发展的技术。

人工智能本轮浪潮得以延续，原因在于其应用范围还在进一步扩展。人工智能不再是一种玩具，它可以在多个领域解决很多现实问题。比如，虽然语音识别和自然语言还不能支持人工智能很有逻辑地回答人类的提问，但是可以帮助我们翻译，甚至实现同声传译。虽然人工智能视觉系统还不能完全实现全自动无人驾驶（下文称为"L5"）的突破，但在人脸识别、物体识别、实时跟踪物体等多个方面，甚至工业中的安全维护，都可以依赖 AI 视觉系统。

# AIoT 时代的 AI 问题

## 强人工智能和弱人工智能

当下的人工智能依然是一种"弱人工智能"，科学发展遵循"S形曲线"，在科技发展的早期，技术发展速度非常慢，而在科技发展的中期，技术发展突破临界值后会突然加速，这个临界值就是深度学习算法。人工智能进入加速期后，应用如雨后春笋般出现，算法不断地演进。但是在科技进入成熟期前，发展会重新开始减速。就好像人工智能无人驾驶很难达到全自动驾驶，即完美无人驾驶的阶段，但在特定参数环境下，部分无人驾驶汽车可以升级到超高度自动驾驶（下文称为"L4"）。无人驾驶在一定区域内，通过输入环境参数并结合高精地图可以摆脱驾驶员。可能在未来的 10 年至 20 年，我们的无人驾驶技术都很难达到真正的 L5 阶段。发展曲线在 L3[1]—L4 阶段加速，在 L4—L5 阶段又减速了。我们实现"弱人工智能"很容易，因为我们找到了算法，获得了算力，但实现"强人工智能"很难。因为这需要技术"S形曲线"积累式突破人工智能的认知天花板。

如何实现"强人工智能"是未来人工智能的课题。从算法来说，更多的无标注数据学习，也就是非监督式学习可能将为强人工智能提供发展方向。因为无标注数据的学习精度很依赖数据量，要有非常庞大的数据量，训练人工智能的过程也需要日积月累。达到"强

---

1 有条件自动化无人驾驶技术。

人工智能"的另一个方法是"类脑计算机"，虽然联结主义的路是对的，但类脑计算机的开发基于我们对人脑神经学的认知，而当前我们在这方面的认知水平十分有限，故而制约了类脑计算机的发展。当然，算力也是"类脑计算机"面临的问题，人脑作为生物智能，算力强大且反应灵敏，人工智能可能在未来数十年内都无法做到完全如人脑那样学习知识、感知世界、输出行为。"强人工智能"的实现还有很长的路要走。

## 政策激励的作用

三起两落的人工智能，其两次衰落都有周期因素。从 2006 年开始的深度神经网络算法走过了 15 年历程，其之所以给人类无限的希望，是因为本轮人工智能的发展起源于企业推进。在谷歌之后，无论是国外的脸书、亚马逊、微软、IBM、特斯拉等，还是国内的百度、阿里、腾讯、科大讯飞、华为等企业，都推动了人工智能的发展，同时伴随良好的 AI 算法的分享。市场和企业成为推进本轮 AI 的主要力量，使 AI 在这一轮浪潮中的商业化落地应用越来越多，企业这样做的目的之一是赢利，当 AI 成为一种技术时，企业会急于将技术转化为应用。

人类社会依然不能回避经济周期，即使资本市场火爆，经济周期中的衰落还是会到来。在过去 10 年里，以风险投资为代表的资本，向科技输送弹药，推动了一些高价资产的出现。但这终将是一轮潮起潮落：市场在增效和失灵之间反复循环，政策在拉动产业和促进市场化之间反复纠结。

　　企业是否足以拉动人工智能的需求？现阶段看，人工智能的总体需求和资本市场的期待之间还有差距，如果未来周期下行到来，人工智能也很有可能同步进入下行，届时可能会出现两种结果：已经进入实际商用落地的技术，比如语音识别、人脸识别、自然语言处理等依然保持发展；但尚未大规模商用落地的技术，比如无人驾驶、复杂机器人等，将随着经济周期沉浮。此时，政策的激励和拉动对人工智能行业来说相当重要。长远来看，人工智能对于人类生产力瓶颈的突破是有效的。

　　不过需要强调的是，政策对于 AI 的激励和支持，可能会集中于促进人工智能的商用化落地和场景落地。这和前两次人工智能繁荣期时的政策支持方式不同。前两次中的人工智能往往是由政府主导的研究项目，日本的"第五代计算机工程"震动了欧美，但最后却采用了专家系统路线而非神经网络。人工智能是数据、算力和算法的组合，在 1982 年，全世界只能想到用逻辑推理的专家系统去缔造超级人工智能，但到了互联网时代，过去积累了 10 年的数据，几天就可以在互联网中产生，过去集中顶尖计算机工程师缔造的算力，如今也可以通过云端服务器轻松实现。而 2006 年，神经网络算法跨越了逻辑推理算法，商用化落地吸引了大量人工智能从业者。在 AI 从业者中，算法"大神"如雨后春笋般出现，算法在商用后也得到了大发展。

　　AI 已经进入了商业应用的快车道，大量开源之所以产生，算法之所以廉价，是因为所有人都知道放水养鱼，开源就是提供水，让鱼儿游进来。而人类本质上需要的不是人工智能技术，而是有用的应用。比如，如今智能手机替代传统手机，成为我们生活中难以替代的一部分。而一旦智能手机变成电子消费品市场的核心产品，那么相关的芯片、基带、屏幕、电池、系统、App 等，都会有人研发和生产。市场是可以被撬动的，从这一角度来说，人工智能发展的关键之一在于商用。

# 第 五 章

# 连接：
# 5G 时代的万物互联

　　本章，我们回归 AIoT 时代的两个关键点，一是连接，二是物联网。正是这两个关键点结合，才让人类社会从互联网时代，过渡到了万物互联的 AIoT 时代。但在这之前，我们需要了解一些基本概念。比如，人与人交流时一般会使用相同的语言，那么在万物互联的时代，机器与机器、物与物之间交流，也需要同一种语言，我们称这种"语言"为协议。

　　物联网协议可以划分为通信协议和通讯协议。通信协议一般负责子网内设备间的组网及通信。通讯协议则主要负责运行在传统互联网 TCP/IP 协议之上的设备通过互联网进行数据交换及通信，一般属于应用层协议。众所周知，开放式系统互联（Open System Interconnection，OSI）参考模型可以分为七层，从下到上分别是：物理层、数据链路层、网络层、传输层、会话层、表示层、应用层。

　　其中通信协议集中在物理层、数据链路层、网络层和传输层，而通讯协议都在应用层（见图 5-1）。这方面物联网和互联网在本质上并无不同，只是物联网在协议内容上更丰富。

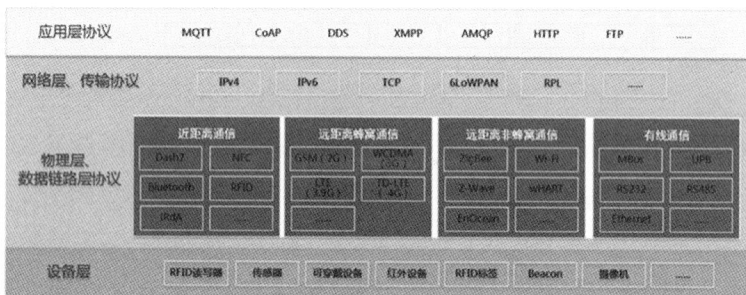

图 5-1　通信协议、通讯协议所在互联通信参考模型中的位置

# AIoT 时代的 5G 场景设定

2021 年，我们尚处在一个从 4G 向 5G 过渡的时期。相比于技术革命，5G 更像是一次通信技术的大融合，它包括了大规模天线阵列、超密度异构网络、新型多址、全频谱介入、多入多出、自组织网络、D2D[1] 和 M2M[2] 等。如果说 2G 是坑坑洼洼的乡间小路，3G 是宽大通畅的高速公路，4G 是纵横交错的高速公路网，那么 5G 就是由立体的高速公路和立交桥组成的道路森林。

在 AIoT 时代，5G 技术从开局时起，就为大量接入终端进行了谋划，5G 技术从一开始就不只是带宽提速，还有为互联网接入设备

---

1　D2D：Device to Device Communication，是指两个对等的用户节点之间直接进行通信的一种通信方式。在由 D2D 通信用户组成的分布式网络中，每个用户节点都能发送和接收信号，并具有自动路由（转发消息）的功能。

2　M2M：Machine to Machine，是一种机器对机器的通信技术。

的扩增而进行的网络升级。大规模天线阵列可以视为更加有效的利用频谱，超密度组网是为了提升网络容量，新型多址可以支撑千亿级设备的连接需求，全频谱接入可以缓解大量设备种类对频谱的需求，软件定义网络（Software Defined Network，SDN）和网络功能虚拟化( Network Functions Virtualization,NFV )可以让设备的接入更灵活，进一步提高兼容性。

5G 是第一次围绕应用场景来布局通信网络。5G 的三大场景为增强型移动宽带（Enhanced Mobile Broadband，eMBB）、海量机器类通信（Massive Machine Type of Commission，mMTC）和超高可靠低时延通信（Ultra-Reliable Low Latency Commission，uRLLC）。上述三大场景都在未来增加网络终端数量，这和频谱拓展异曲同工，最终都将实现万物互联。

增强型移动宽带（eMBB）本身是带宽和语音通信质量的提升。未来它可能承载更加具备视觉效果的应用：4K 电视、8K 电视和虚拟现实设备。由于网络带宽方面的提升，大型 3D 模块素材传输成为可能，未来网络中的视觉效果更加立体。在通信技术方面，人们一直在追求更好的通信体验，早年是语音的清晰化，如今语音的焦点转向视频，未来可能会转向虚拟现实等终端应用。可以说，在终端扩张方面，增强型移动宽带亦有潜力，比如 VR 设备、8K 电视，这些都将可能因为带宽的提升而加入网络。

海量机器类通信是万物互联下一个关键的拓展领域。其他的两个场景可以通过在场景中创设新的应用来纳入设备终端并完成扩容，而海量机器类通信本身就需要考虑纳入设备的容量。不仅仅是智能手机和个人计算机，还包括了其他可穿戴电子产品和家电。

现阶段海量机器类通信要解决的是小区域高密度终端所带来的通信压力问题，如何承载这些压力成为这个场景的关键。也有看法认为，WIFI6 的推进实际上阻碍了此类终端被纳入互联网。但这里要强调的是，以家庭为单位，可以通过路由器来实现家电联网，但路由器的连接数十分有限，且连接能耗巨大。如果是一个综合的仓库物流体系呢？这个时候就需要有低功耗的网络解决方案。比如通过 eMTC 和 NB-IoT 低成本地设置一个区域覆盖的网络，容纳更多设备。另外，由于 5G 在制定技术标准时就考虑到了设备容量问题，5G 的高频基站本身就能处理一定密度的终端接入问题，尤其是高频号段。所以，基站包括容纳设备数、响应速度、能耗等在内的性能都将优于 Wi-Fi6。

超高可靠低时延通信本身是一种特殊的需求。比如千里之外的远程手术，或者无人驾驶中实时更新高精地图。当我们需要系统的同步性和稳定性时，低时延网络成为一种需求。低时延亦有可能在毫米波领域，或者高频领域建立专网，这样，网络将更加扁平，响应速度更快。在需要实时同步的领域，物理距离是一个障碍，此前我们难以进行远程手术，因为物理距离加重了网络延迟，在 5G 时代，这个障碍将因 uRLLC 场景的普及而消除。

综上，5G 从频谱端、技术端，再到场景考虑，都围绕着大量通信终端的接入。5G 也不仅仅是基站网络，还包括了核心网性能的提升，甚至也包括用天基互联网解决偏远区域互联网接收信号的问题。

# 5G 之外，AIoT 的连接

物联网的无线通信技术有很多，主要分为两类：一类是以 Zigbee、Wi-Fi、蓝牙、Z-wave 等为代表的短距离通信技术；另一类是以低功耗广域网（Low-Power Wide-Area Network，LPWAN）为代表的广域网通信技术。

其中，LPWAN 又可分为两类：一类是工作于未授权频谱下的 LoRa、SigFox 等技术，这些技术也由私人企业提供；另一类是工作于授权频谱下，由国际组织 3GPP 支持的 2/3/4G 蜂窝通信技术，比如 EC-GSM、LTE Cat-m、NB-IoT 等，这些技术多是从过去的移动通信演进至今所积累的成熟技术。

## Wi-Fi 和 5G 皮基站的对决

WIFI 技术的源头是 WaveLAN 技术。1991 年，NCR 公司的工程团队和其合资伙伴美国电话电报公司（American Telephone & Telegraph Company，AT&T）在荷兰开发出了 WaveLAN 技术。几乎与此同时，澳大利亚政府的研究机构澳大利亚联邦科学与工业研究组织（Commonwealth Scientific and Industrial Research Organisation，CSIRO）也研发出了一种无线通信技术，并于 1996 年在美国申请专利。它们之间还因此产生了法律纠纷，但最终 CSIRO 胜出。1999 年，IEEE 官方定义 802.11 标准的时候，选择了 CSIRO 发明的无线网技术并认定其为世界上最好的无线网技术，因此吸纳其为 Wi-Fi

的核心技术标准。IEEE802.11 的标准版本包括 802.11b（工作于 2.4GHz 频段）和 802.11a（工作于 5.8GHz 频段）两种，分别于 1999 年 12 月和 2000 年 1 月获得批准。后来成立的无线以太网路相容性联盟（Wireless Ethernet Compatibility Alliance，WECA）推进了技术标准。在 2002 年 10 月，WECA 发展为 Wi-Fi 联盟（Wi-Fi Alliance，WFA）。4G 时代的全球微波接入互操作性（World Interoperability for Microwave Access，WiMax）又被叫作 IEEE802.16 标准，属于城域网。Wi-Fi 的 IEEE802.11 标准可以看作是局域网，WiMax 系统是在 Wi-Fi 的基础上添加了 OFDM 正交频分多址和 MIMO 多天线等技术，这些都是 4G 广覆盖延伸的技术。所以，一个是缩小版的局域网 Wi-Fi，一个是扩大版的城域网 WiMax。

Wi-Fi 发展到 2019 年，出现了一个思路上的改变。国际 Wi-Fi 联盟组织在 2019 年将 802.11ax 重新定义为 Wi-Fi6，让原来数字加字母后缀的形式变得更加简洁。这个小小的改动功不可没，这让更多人开始关注 Wi-Fi，因为技术的可识别性大大提升。

Wi-Fi6 最高速率可达 9.6Gbps。上下行使用 MU-MIMO 技术和 OFDMA 技术（正交频分多址），可以进一步提升效率和网络容量。我们前面说过 WiMax 系统试图通过连接局域网，也就是连接 Wi-Fi 的方式组建城域网，而 WiMax2 其实也是 4G 时代的技术标准之一，所以，可以看出 Wi-Fi6 其实是 4G 时代基站技术的缩减版，它可以在小区域局域网内使用。但由于这个缩减版有很高的性价比，因此普通家庭也可以通过 Wi-Fi6 轻松地在室内实现物联网配置。另一方面，5G 时代，基站的分布在下沉，网络呈现扁平化，越贴近用户性能越好。基站种类被分为宏基站、微基站、皮基站、飞基站。宏基站功率最大，飞基站功率最小。Wi-Fi6 的竞争对手可能将会是入户的皮基站或飞基站。Wi-Fi6 在功能上有比较多的限制，不支持移动带宽，比如信号衰减严重，信号覆盖面积较小等。但是 Wi-Fi6 当下依然是 5G 基站最大的竞争对手，其优势在于以下几个方面。

其一，资费便宜。这对 5G 按终端流量收费的模式提出挑战，当下通信运营商依然按照 SIM 卡，即按照终端和流量计费，而 Wi-Fi 可以多设备分流通信费用，且光纤带宽是包月收费不限流量。

其二，私密性强。路由器组建的局域网有一定的私密性，且可以实现工作协同，比如在局域网内传输文件。

其三，协议和内部结构更加简单。这种简单是有价值的，它能够让 Wi-Fi6 更容易被用户接受。

所以，实际上，当下 Wi-Fi 也是万物互联的重要参与者。它基本解决了当下 AIoT 家居联网的问题，但未来尚不确定。皮基站或飞基站可以通过捆绑多个终端通信，以套餐的形式进入家庭网络，由此调整基站通信资费的收取方式，从而推动室内小基站深入家庭和企业用户。但现阶段 Wi-Fi 依然有着牢牢占据家庭网络的优势，改变业态需要时间，也需要运营商在费用方面寻求更加合理的方式。

## 标配的蓝牙

个人区域网络（Personal Area Network，PAN）在概念上其实和局域网差不多，只不过特指私人网络，另外，PAN 还包括一些无 IP 的网络，其中比较典型的就是蓝牙（Bluetooth）技术。爱立信、诺基亚、东芝、国际商用机器公司和英特尔于 1998 年 5 月联合发布了蓝牙技术，这种技术属于无线通信规格的一种，IEEE 将其列为 IEEE 802.15.1。其频率使用 2.4GHz，所以实际上会和 Wi-Fi 相互干扰，为解决这一问题，蓝牙技术中引入了跳频技术，让其可以绕过相同的频率。蓝牙 3.0 最大通信速度是 24Mbps，后来又陆续推出了蓝牙 4.0、4.2、5.0 等版本。由于在设计之初蓝牙技术只考虑 10 米以内的通信，所以升级换代的着力点并非提高通信速度，而是增加通信距离。2016 年 6 月发布的蓝牙 5.0，将 Bluetooth 通信最远的距离拓展到了 300 米，而其最大速率依然是 24Mbps。

另外，蓝牙技术也出现了一个新的分支——蓝牙低能耗（Bluetooth Low Energy），由低功耗蓝牙组成的网络技术是蓝牙无线网络（Mesh）技术，它在保持同等通信半径的同时显著降低了通信功耗和成本，以此应对 5G 时代大规模设备接入的需求。这种蓝牙技术可以兼容大多数智能手机。

当下，蓝牙依然是终端设备中的标配，主要原因在于其适配性好、不用分配 IP、随连随用。在局域网方面，蓝牙技术对减少线路是一个很大的贡献，当下蓝牙鼠标、蓝牙耳机、蓝牙键盘越来越普及。蓝牙也成为电子产品的标配，它能够在很多我们最初意料不到的场景中应用，比如数据文件在不同电子设备之间近距离传输。

## eMTC、LoRa 和 NB-IoT

LoRa 和 NB-IoT 是在 5G 全面普及之前比较热门的两种技术。其中，LoRa 和 SigFox 是私有公司的技术，LoRa 所属的公司叫 semtech，而 NB-IoT 和 eMTC 技术则是由 3GPP 推进的国际标准。对语音、移动性、速率等有较高要求时，一般选择 eMTC 技术。对成本、覆盖、电池寿命有要求时，可以选择 NB–IoT。又或者说，NB–IoT 主要用于布局低功耗、带宽和网速要求较低的物联网，而 eMTC 技术可以满足更高的带宽和网速要求。LoRa 技术出现的时间较早，它是能够实现远距离覆盖的移动物联网技术。LoRa 网络中，终端设备和互联网之间配有网关，它类似于一个封闭的局域网。在 LoRa 组建的局域网内，同一个网关，多个频率频道，同一个频率，根据数据速率不同可以同时收发多个信号，数据速度在 0.3 ～ 50kbps，通信距离一般为 10km 左右。

NB–IoT 又被称为窄带物联网，它的主要特征是超低功率、超大连接（一个扇区容纳上万设备）及低成本（天线射频可以复用）。它可采取带内、保护带或独立载波等三种部署方式，与现有网络共存。

eMTC 的全称是 LTE enhanced MTO，它是基于 LTE（Long Term Evolution，长期演进技术）演进的物联网技术。eMTC 基于蜂窝网络进行部署，其用户设备通过支持 1.4MHz 的射频和基带带宽，可以直接接入现有的 LTE 网络 [1]。eMTC 实现了广覆盖、海量连接、低功耗、低模块成本。随着 5G 的落地，eMTC 的使用场景将可能超过 NB–IoT。

低功耗广域网 LPWAN 解决的是特定问题，即接入大量设备，但并不需要较高带宽的情况。在 5G 时代，LPWAN 将作为一种有效的补充而存在，尤其在工业互联网领域，有的零部件在特殊环境下分布式存在，需要的是数 10 年稳定、窄带的通信技术。

---

1 雷蕾，吴昊 . 轨道交通宽带移动通信网络 [M]. 北京：北京交通大学出版社，2018：254.

## 紫蜂的未来

紫蜂（ZigBee）是一种重要的无线通信协议，它属于短距离通信协议，相比于其他窄带物联网，它的速度更快；相比于 Wi-Fi，它的容量更大。ZigBee 被普遍地应用在物联网和智能硬件领域。

ZigBee 基于 IEEE802.15.4 标准，其本身是一种类似于蓝牙技术的物联网网络组建技术。这从其标准中可以看出。ZigBee 最多可以容纳 65536 台终端，它所使用的频谱段并不统一，比如大多数国家是在 2.4GHz 频谱区段，而有些国家在 900MHz 和 800MHz（我国和日本一般是在通用频段 2.4GHz，美国是 915MHz，欧洲是 868MHz）。理论上，不同的频率传输速度不同，比如 2.4GHz 对应的是 16 信道 250kbit/s，而美国是 27 信道 10kbit/s，欧洲是 63 信道 100kbit/s[1]。

为了避免和 Wi-Fi 在公共频段 2.4GH 频段互相干扰，ZigBee 采用了一些技术。比如设置 16 条带宽为 5MHz 的独立信道（每条信道 2MHz），其中的部分信道和欧、美版 Wi-Fi 不重叠。ZigBee 的技术特点还包括利用载波监听多路访问或冲突避免协议、自动重传、较低的占空比。

除了速率不同与抗干扰，ZigBee 协议的另一个优点是低功耗。下面对几种上文提及的技术进行对比（见表 5-1）。

---

1　郎为民, 马卫国, 张寅, 王连峰, 闪德胜 . 大话物联网（第 2 版）[M]. 北京 : 人民邮电出版社, 2020 : 204.

表 5-1　智能家居物联网入网技术的性能比对

| 技术 | Bluetooth（BLE） | ZigBee | Wi-Fi | NB-IoT | 其他（e.g.Sub-GHz） |
|---|---|---|---|---|---|
| 物理层标准 | 802. 15.1 | 802.15.4 | 802. 11ah | 3GPP IoT | proprietary Lora/sigfox |
| 应用领域 | 可穿戴、智能家居、汽车、灯联网、工农业监控等 | 控制与监控 | 有线替代，控制与监控 | 抄表，停车管理 | 控制与监控 |
| 网络规模 | Mesh->65536 | 100-65000 | Star->8K | 50K/Node B | 10s-100s |
| 带宽（Kbits/s） | 2000 | 20-250 | 150K-7.8M | <250 | 0.5-1000 |
| 距离（米） | <500 | 1-500+ | 1000+ | 1000+ | 1-7000+ |
| 网络架构 | 星型，网络 | 组网 | 星型 | 蜂窝 | 星型，点到点 |
| 优化目标 | 低成本，低功耗，可操作性，可扩展 | 可靠性，低功耗，低成本，可扩展 | 低功耗，低成本，可拓展 | 低功耗，低成本 | 远距离，低功耗，低成本 |

来源：网络 [1]。

## 通信协议

应用层的通信协议也在物联网时代得以丰富。

超文本传输协议（HTTP 协议）作为早期互联网协议，是浏览器在通过互联网访问网站或者网页过程中，将用户输入的数据进行输送时所利用的协议。其下级传输层和网络层使用 TCP/IP 协议。由于 HTTP 协议长期被用于数据关联，在 AIoT 时代，它可能依然会被运用于智能物联网，一般使用通用防火墙设置和 SSL/TLS 加密。

1　智能门锁研究 Pro. 联网智能锁的"高光时刻"：Wi-Fi 直连，优化的不只是体验 . https：//www.sohu.com/a/383221447_100194060.

消息队列遥测传输协议（MQTT 协议）用于发送信息，在 AIoT 时代，该协议被应用于传输传感器信息和对各设备发出命令等。MQTT 协议采用 Pub/Sub 模式（Publish/Subscribe 的缩写，即发布 / 订阅模式），它需要通过 Broker 中转服务器中继转发。正因为有了中转，它可以同时进行多项发布和订阅。

高级消息队列协议（AMQP 协议）被用于发送信息，应用此协议的客户端与消息中间件可传递消息，并不受客户端或消息中间件有不同产品、不同的开发语言等条件的限制。AMQP 协议有广泛的兼容性，由于它的可信赖性较高，所以在金融系统有应用需求。

受限应用协议（CoAP 协议）常被用于 M2M 通信（机器和机器的通信），这是一种物联网世界的类 web 协议，其定义规范为 RFC7252，属于 IETF 标准化协议。它的头字段大小为 4 个字节，因而十分轻便。它既可以被用作非即时通信，也可以被用于 UDP 连接。TCP 字节较长，需要三次通信，而 CoAP 协议总体上十分简便。

WebSocket 协议是一种在单个 TCP 连接上进行全双工通信的协议。全双工指的是双向通信，由 W3C 和 IETF 共同制定。和 HTTP 协议不同，它可以接受目标服务器的单方面发信。HTTP 在通信时需要三次通信：A 主机向 B 主机请求数据，B 主机接受请求、发送数据，A 主机收到数据并回复 B 主机。这三次通信都是单向的。而在 WebSocket 协议中，B 主机可以单方面给 A 发信息。WebSocket 实际上减轻了轮询对服务器的压力，轮询是推送服务导致的，每隔一段时间，HTTP 协议下浏览器会向服务器发出请求信息，从而发生信息推送。而 WebSocket 协议的全双工特点减少了这种信息发送往来。

WebSocket 协议的基础协议或默认的连接端口编号等都与 HTTP

协议一致，WebSocket 协议经常被用于对 MQTT 数据进行封装（将 MQTT 数据编入协议进行隐藏化发送）。

## 设备身份识别和感知

物在连接入互联网时，需要统一的协议，在物品和互联网传输信息中，协议就像语言，是对话的基础，是你懂对方在说什么，双方使用相同的语言才能对话。一个没有灵魂的物连入互联网，其本身是毫无价值的，所以我们需要在物上面添加感知能力和数据处理能力。在感知方面，从条形码和二维码，进阶到 RFID 芯片，再到现在几乎无所不在的各种传感器，经历了三代更迭。当物品的感官内容越来越丰富时，我们可以对物品实施的操作也越来越多。从早期的仅仅想要知道物品是否已销售的条形码，逐步变为可以通过物品探知环境温度、声音、压强，也可以通过视觉传感器来探知物品周围的人或者事。

除了感知，物联网设备还需要具备必要的数据处理能力、CPU 和存储空间，存储空间包括 ROM（Read-Only Memory，只读存储器）和 RAM（Random Access Memory，随机存储器）。这就像是在每个物联网的物中都嵌入一台计算机，这台被嵌入的计算机就是单片机。单片机及其系统的应用，可以认为是为物装上了大脑，让其拥有了识别感知的能力，每个物都可以拥有五官六感。通过六感去感知周围的环境，通过单片机处理数据，通过协议和网络布置将信息接入广域网，通过人工智能优化这些行为，这就是 AIoT 时代接入互联网的物的一致形态。

## 条形码

早期的物联网还不是我们现在认为的物联网，那时我们感知物品位置信息的方式，就是通过条形码。超市货架上的每一件商品，都有一个条形码。通过黑白相间的反射条以及一个扫码器，就可以识别出物品是否通过某个关键节点。比如在购物时，超市售货员扫码之后，超市的物流系统自动记录售出了一个物品，多了一笔现金。条形码和二维码都是通过图形的方式认证物品的身份，这种方式低碳环保，不需耗费太多电力，不需要铺设网络，整个系统就可以逐个标示物品，并很好地完成对物品流向的监控。

条形码的原理是利用"空"和"条"不同的反射信号强度来接收光信号，然后通过光电转换将其变为电信号，并通过电信号放大器形成模拟电信号。条码符号中"条""空"的宽度决定了电位高低不同的电脉冲信号的长短。而最终译码器将这个信号翻译出来，并结合条形码的编译规则，识别商品的信息。条形码可以标明物品的生产国、制造厂家、商品名称、生产日期、图书分类号、快递起止地点、日期、类别等许多信息，因此其在商品流通、图书管理、物流管理、银行系统等许多方面都得到了广泛的应用。

世界上较广泛使用的码制有 EAN 条形码（European Article Number，EAN）、通用商品代码（Universal Production Code，UPC）、25 条形码、交叉 25 条形码、Code 39 条形码、Code 128 条形码和库

德巴条形码等。其中 UPC 条形码为美国和加拿大普遍适用的条形码，这种条形码也是最早期的条形码种类。EAN 条形码是当下国际通行的条形码，国内大多数的商品都适用 EAN 条形码，交叉 25 条形码由于条形码"条""空"密度较高，所以往往被用于一维码的可靠扫描。Code 39 条形码和 Code 128 条形码则主要被用于表示产品的序列号、图书与文档的编号等。

普通的条码需要依据统一的编码规则。以 EAN–13 条码为例，它总共包含了 13 位数字。

厂商识别码由 7 到 10 位数字组成，由中国物品编码中心负责分配和管理。厂商识别代码由前缀码（厂商国别代码）和厂商代码构成。商品项目代码由 2 到 5 位数字构成（商品项目代码和厂商识别码合计共由 12 位数字构成），一般由厂商编制，也可由中国物品编码中心负责编制。校验码为 1 位数字，用于校验编码规则[1]。

除了通用条形码规则外，如今还有一种店内条码，即使用超市或卖场自己的编码规则。比如在售卖生鲜类商品时，售货员将商品称好重量并贴上一个条形码。这类条形码的规则比较灵活。

条形码至今依然被广泛应用，其优点在于输入速度快、可靠性高、采集信息量大、成本低并且易于制作。条形码的世界相对单一，它存在于供应端、商场、超市、工厂、印刷厂等场景中。

---

1　郎为民,马卫国,张寅,王连峰,闪德胜.大话物联网（第 2 版）[M].北京:人民邮电出版社,2020，116.

# 二维码

二维码是相对于条形码的一维码而言的概念，它是条形码的延伸，从分类来看，二维码包括矩阵式二维码和堆叠式二维码；从编码种类来看，常见的二维码有 QR Code、Code 49、Code 16K、Code One 等。而我们日常看到的二维码，主要是指 QR 码。QR 码特征是有三个小矩阵位于二维码的三个角用于扫描定位。

近年来"扫一扫"进入了我们的生活，从移动支付、身份认证、共享单车骑行、疫情防控期间的健康码、商品物流配送，到加好友、关注公众号……二维码全面落地到消费者的需求方，逐渐成为一种习以为常、应用广泛的物品接入识别方案。相较于条形码，二维码有以下几个优势。

优势一，可以存储大容量信息。条形码以简单的数字对应商品，它通过编码规则转化而来，只能用于表示一类商品，即同质、流水线化产生的商品使用有限的编码。但是二维码可以存储超条形码百倍的信息量，这些信息被直接存储在图形当中，不用通过译码器转化搜库。一个 QR 码最多可包含数字数据 7089 个字符、字母数据 4296 个字符、8 位字节数据 2953 个字符、中国汉字数据 1817 个字符[1]。它不需要连接数据库，其本身就是一个数据集。当然，二维码的信息存储容量需要通过三个参数权衡：数据类型、大小（"像素"的数量）和错误校正级别。但总体来看，二维码的存储量相较于一维条形码是几何级跳升。

---

1　许辉 . 二维条码 QR 码的分析和编解码设计 [M]. 北京：北京：北京邮电大学，2007，16–19.

优势二，抗污损能力强。比如 QR 码，即使在污损情况下也可以恢复数据读取。二维码有四种纠错等级：L 级（7%）、M 级（15%）、Q 级（25%）和 H 级（30%）。不过，需要注意的是，随着纠错能力渐渐增强，信息容量也会相应减少。

优势三，可以全方位读取。条形码需要按照一定的方向进行扫描，而二维码正着、倒着等各种角度都可以进行扫描。

优势四，支持数据合并功能。QR 码是将数据分割为多个编码，最多支持 16 个 QR 码。它可以将多个 QR 码合并为单个数据，也可以分解 QR 码，在狭长区域打印。

QR 码的发明就是为了提高条形码的信息容量，它由日本电装的旗下公司 Denso Wave 公司发明。Denso Wave 公司在 1994 年发布了 QR 码，并将其取名为快速反应（Quick Response），意为追求高速的读取能力。当时，条形码信息承载量太小，而日本电装的主营业务是汽车零配件，需要在配件上载入大量信息，于是发明了二维码用于实现信息扩容。

另外，为了防止误读，在研究了无数印刷品之后，QR 码的设计者得出了一个最不常见的比率——1：1：3：1：1，以此确定了定位图案黑白部分的宽幅比率。这样，在进行 360 度扫描时，一旦扫描到特定的比率，便可计算出代码的位置。Denso Wave 公司放弃了专利申请，为了推广这种 QR 码，公司采取了开源模式，仅从事为客户提供以 QR 码为基础的多种解决方案的业务。因此，Denso Wave 公司并没有利用 QR 码获得大量的利益，但在客观上推进了 QR 码的普及。在 2002 年后，具备 QR 码读取功能的手机的上市对 QR 码的普及产生了推动作用。2014 年，欧洲专利局将"欧洲发明奖最受欢迎奖"颁发给 Denso Wave 公司的负责人原昌宏，也算是一份迟到的证明。下图 5-2 展示了 QR 码中的图形元素。

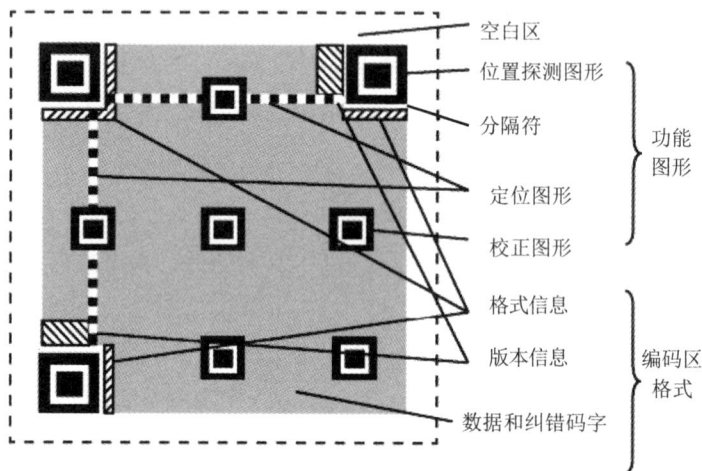

**图 5-2　QR 码的图形元素**

QR 码的图形由以下几个部分构成。

位置探测图形：QR 码有 3 个"位置探测图形"，每个"位置探测图形"可以看作是由 3 个重叠的同心正方形构成，它们分别是小号黑色、中号白色和大号黑色 3 个不同大小的正方形，3 个正方形从上到下以小、中、大的顺序堆叠显示，最终构成一个"位置探测图形"，3 个重叠的位置探测图形可以明确界定视场中符号的位置和方向。

分隔符：由浅色模块组成。

定位图形：深浅模块交替产生，其作用在于确定符号的密度和版本，提供决定模板坐标的基准位置。

校正图形：由 3 个重叠的同心正方形组成，校正图形的数量和

QR 码的版本号有关。

编码区域：包括数据码字、纠错码字、版本信息和格式信息。

人类在解决一些问题时，会采用空间变形的方式。比如我们会将一些数学问题转换为空间问题。变形解决了很多问题，在 QR 码方面也是如此。机器智能本身是一个模型问题，我们只是将机器智能中的信息或数据，通过变形转化为方块和黑白线条的组合。

计算机在识别数字和字母时，是通过二进制完成的，无论多么复杂的计算，其底层都是 0 和 1 的组合。数字和字母的二进制转换，就是编码。一个字符经过数据分析、数据编码、纠错编码、构造最终信息、在矩阵中布置模块、掩模、生成格式和版本信息等步骤，可以得到二进制编码。而在 QR 码中，0 对应一个浅色小方块，1 对应一个深色小方块。将编码中的 8 个二进制数字作为一组，对应得到 8 个小方块的图形，然后填入这个二维码。所以二维码就由一些浅色方块和深色方块组成，尽管我们的人眼分辨不清楚，但扫码的智能手机可以将其分辨得一清二楚。

简单来说，QR 读码器先找到三个位置探测图形，固定好要扫描的区域范围，然后在里面找到 8 个一组的深色和浅色正方形，并将二进制字符转化为我们需要的数据或者信息。由于计算机的存储和计算本就使用二进制编码，所以计算机更容易读取二进制特征的 QR 码，从而大大加快了 QR 码的读取速度。

## 射频识别

射频识别（Radio Frequency Identification，RFID）的原理是在阅

读器与标签之间进行非接触式的数据通信，以达到识别目标的目的。RFID 的应用非常广泛，相较于条形码和二维码，RFID 有很多优点，具体表现在如下几个方面（见表 5-2）。

表 5-2　条形码和射频识别技术对比

| 功能 | 条码识别技术 | 射频识别技术 |
|---|---|---|
| 载体 | 纸、塑料、金属表面 | 电可擦除可编程只读存储器 |
| 读取个数 | 一次读取一个 | 可同时读取多个 RFID 标签 |
| 远距离读取 | 不可以，需要光反射 | 可以远距离读取或更新 |
| 信息量 | 小 | 大 |
| 读写能力 | 只读，不可更改 | 可反复读写 |
| 读取方式 | CCD 或激光束扫描 | 无线通信 |
| 读取方便性 | 表面定位读取 | 穿透读取 |
| 高速移动读取 | 不可以，有限制 | 可以 |
| 稳定性 | 污损后无法读取 | 严酷、恶劣环境中依然可以读取 |
| 保密性 | 差 | 好 |
| 正确性 | 正确性低，有时需要手动输入 | 正确性高 |
| 智能功能 | 无 | 有 |
| 抗干扰 | 差 | 好 |
| 寿命 | 短 | 长 |
| 成本 | 低 | 相对高 |

（来源：郎为民、马卫国、张寅、王连峰、闪德胜. 大话物联网（第二版）[M]. 北京：人民邮电出版社，2020：142）

RFID 标签的使用范围非常广，比如无人超市场景中，通过在商品中植入 RFID，顾客在通过超市大门的时候可进行自动结账；比如对一些野外动物进行跟踪时，可以将 RFID 植入动物体内，以此了解它们的运动轨迹；甚至在未来，我们也可以将 RFID 作为身份证明植入人体，直接和互联网对接，摆脱"证明我是我"的问题。

RFID 的工作原理，总共分如下几步。首先，识读器通过天线发送识别信号。其次，分为两种情况。无电源标签时，标签进入磁场，获得感应电流从而获得能量，并向识读器发送自身编码等信息；有电源标签时，标签进入磁场后被唤醒，并自主发送出自身编码等信息。再次，识读器采集编码并解码。最后，识读器将信息或数据传输到计算机主机进行处理。

RFID 根据有无电源可以分为有源电子标签、无源电子标签和半有源电子标签。在三种情况下，识读器发出的识别信号以及用磁场触发的原理是一样的。有源电子标签传输距离较长，比如智能停车场、智慧交通等应用都需要有源电子标签，它的工作频段频率较高，比如 2.45GHz、5.8GHz、433MHz。无源电子标签的应用非常普遍，但识读距离较短，常用于饭卡、银行卡、公交卡等，它的工作频率较低，比如 125KHz、13.56MHz、433MHz 和 915MHz。

## 近场通信和信用卡

近场通信（Near Field Communication，NFC）是在 RFID 射频技术的基础上发展起来的新兴技术，使用了 NFC 技术的设备（例如智能手机），可以在彼此靠近的情况下进行数据交换。通过在单一芯片上集成感应式读卡器、感应式卡片和点对点通信的功能，NFC 利用移动终端实现了移动支付、电子票务、门禁、移动身份识别、防伪等应用。

NFC 基于 ISO/IEC 18092 标准，其工作原理是通过电磁诱导，借助磁力产生微小电流，并以此驱动 IC 芯片进行工作。IC 卡从此可以实现无源化。比如你可以利用智能手机的 NFC 功能将信用卡与手机绑定，然后就可以实现通过手机 NFC 进行移动支付。曾经引发热议的华为的一碰传功能，其实也是以 NFC 技术为前提，让华为手机和华为笔记本之间达到碰一碰就能传输文件的目的。当然碰一碰仅是实现点对点的识别，文件的传输还需要通过蓝牙或 Wi-Fi 来实现。

## 传感器组成的神经系统

物联网将物接入互联网的真正目的，是让物成为感知和行为的延伸，成为我们的眼睛、耳朵、鼻子、双手。物品连接入互联网后，一方面，物品被赋予感知能力，可以输出机器行为，变得和人类一样，能够干活、工作；另一方面，物品被赋予的感知能力使其可以收集环境的数据，这些数据可供人工智能进行机器学习，并输出人工智能应用。这些人工智能应用最终成为物联网中物品功能升级换代的一部分，让物联网中的物拥有更多新的功能，或者让物品在感知上变得更加敏锐。比如提升人工智能的视觉系统，让物品在输出方面的执行力更强；或者提升人类的认知水平，比如成为一个知识图谱。

所以，物联网产生之初的关键在于对物品的感知，继而通过感知收集到的数据，循环人工智能的机器学习行为，并不断强化。接入更多的物是建设物联网的初衷，让物具备感官是物具备人工智能的基础，而各式传感器正是物品建设感知系统的基础。条形码、二维码和 RFID 虽然能够感知物品的位置与流转方向，可以跟踪物品信息，将物品的信息整合到图案或者芯片上面，但这仅仅是一种信息描述。通过信息描述我们可以知道一件商品是否已出售，但无法知道这件商品每时每刻的存在状态。条形码、二维码和 RFID 并不能真正赋予物品感知能力，不可能让物品自己去探索这个世界，因为这些身份认证方式都是被动的。

而传感器可以让物主动地探求环境，通过传感器组建起来的物品具备视觉、听觉、嗅觉、味觉、触觉能力，像人类一样感受这个世界。这使得每一个物在接入物联网后，都可以持续性地为物联网提供信息增量、数据增量。也许现阶段人类还不知道如何使用这些信息增量，但相信在未来，人类一定会找到使用这些信息增量的途径。

从另一个角度来说，我们从互联网时代到移动物联网时代，从传统手机到智能手机时代，依赖的不是系统，也不是芯片，而是传感器。触摸屏在苹果手机的崛起中发挥了一定作用，它就是传感器的一类，可以分为电阻式、电容式、表面声波式、光学式、电磁诱导式等。

智能手机是近几年电子产品领域绝对的主角，它海量接入互联网，我们称之为移动互联网，也可以称之为物联网时代第一件成功的电子产品。智能手机有大量的传感器，除了触摸屏，还有重力传感器或加速度传感器、方向传感器、陀螺仪、GPS、距离传感器、光线传感器、图像传感器、指纹识别传感器、气压传感器、声音传感器，甚至血氧传感器等。虽然有些功能在使用手机的周期中一直都不会被意识到，但它们的确已经普遍而广泛地成为智能手机功能的标配。

非电信号就是各种非电学物理量，包括压力、温度、湿度、位移、流量、声强、光照度等。敏感元件接触到这些物理量后，通过转换元件将这些物理量转换为电信号，并通过辅助电源和测量电路，对信号进行放大补偿，最终传导出可以被计算机识别的电信号，之后通过 A/D 转换模块（模拟信号转换为数字信号）输出数据流。

如果传感器内部直接内置模拟数字转换器（Analog to Digital Converter，ADC），转换芯片，输出的直接是数字量或数字编码的，此类传感器就是数字传感器。

智能手机中的传感器多为数字传感器，它们相较于模拟传感器精度更高，但实际上，在信号采集方面，模拟传感器和数字传感器同样依赖于敏感元件的灵敏度。

另外，部分传感器的敏感元件和转换元件是同一个元件，比如热电偶元件的热传感器就是通过塞贝克效应直接产生电信号，不需要再次进行物理量的电转化。

传感器有很多种，除了前面讲过的触摸屏，以下这几种传感器在未来 AIoT 时代也可能将被广泛应用。

温度传感器的普遍元器件包括热敏电阻、热电偶、白金测温电阻等，热敏电阻又包括负温度系数热敏电阻（Negative Temperature Coefficient，NTC）、正温度系数热敏电阻（Positive Temperature Coefficient，PTC）、临界系数热敏电阻（Critical Temperature Resistor，CTR）。其中 NTC 的性价比高，比较常见；PTC 常用于过热保护；CTR 常用于温控开关。热电偶上文已经提及，其利用塞贝克效应，连接不同金属线的两端，金属线的两端会因为温度差而产生电。白金测温电阻则是利用了温度和电阻之间较好的线性关系。

重力传感器或加速度传感器能测量物体移动时的速度变化，也可以通过细微的重力变化判断加速度。测量加速度和感知重力本质上原理相同。其感应元件是一个微型测锤，由弹簧悬空形成弹性敏感元件，利用测锤偏移的方向来检测重力和加速度。比如我们在使用智能手机时，当你横屏的时候，屏幕也会跟着横向，这就依赖于重力传感器或加速度传感器的功能。

陀螺仪是角速度传感器，和加速度传感器不同，陀螺仪能够测出物体旋转的情况。陀螺仪遵守角动量守恒定律，它可以分为振动式陀螺仪、机械式陀螺仪和光学陀螺仪。三轴陀螺仪能够测定六个方向的位置、位移轨迹和加速度。小到微信摇一摇功能，大到平衡车的平衡问题和车辆进入隧道的惯性行驶，都可以通过陀螺仪来实现。

光传感器包括环境光传感器、红外光传感器、太阳光传感器、紫外光传感器等，并分为感光部和发光部。感光部由光敏二极管、三极管、光敏晶体管、光敏陶瓷等构成。发光部由 LED、半导体激光等构成。在应用方面，比较常见的有智能手机通过感应环境光调整屏幕显示亮度的功能，还有额温枪和耳温枪等，虽然其表现为感应温度，但其原理是根据红外线感应测定表面温度，所以实际上也属于光传感器。

距离传感器可测量的最大距离一般在厘米到米之间，进度在毫米级别，也有个别传感器可以测量更远的距离。测距的方法包括三角测距和飞行时间法（Time of Flight，ToF）。

全球导航卫星系统定位（Global Navigation Satellite System，GNSS）属于位置传感器。包括美国的全球定位系统（Global Positioning System，GPS）、俄罗斯的格洛纳斯（Global Navigation Satellite System，GLONASS）、欧盟的伽利略卫星导航系统（Galileo Statellite Navigation System）和中国的北斗，其基本原理是测量出已

知位置的卫星到用户接收机之间的距离，然后综合多颗卫星的距离构筑三维图形，继而就可以计算接收机的具体位置。

雷达属于一种测距传感器，它包括激光扫描雷达和微波雷达。但是微波雷达除了能够通过 ToF 测距，还可以测算目标物体的移动速度。因为微波频率较高，它可以根据反射波频变化（多普勒频移）测量速度。而激光扫描雷达则是更进一步，它不仅可以测距，还可以勾勒物体的轮廓。在当下的无人驾驶技术中，比较常用的做法是将激光雷达作为车辆视觉系统的补充，配合摄像头、声呐等，弥补人工智能视觉系统的不足。

图像传感器的应用更为广泛，比如光学摄像头，它分为互补金属氧化物半导体（Complementary Metal Oxide Semiconductor，CMOS）、电荷耦合器件（Charge-Coupled Device，CCD）和接触式图像传感器（Contact Image Sensor，CIS）。以前，CCD 多用于单反，CMOS 多用于智能手机。不过随着 CMOS 技术的提升，现在即使在单反领域，CMOS 替代 CCD 也已成为趋势。其背后的原因一方面在于 CMOS 的产量高，规模提升了性价比；另一方面在于可见光下，两者的性能基本持平。此外，CMOS 适应性更广也是原因之一。

声音传感器的应用也司空见惯，比如话筒。典型案例有电容式驻极体话筒，声音使内部驻极体薄膜振动，导致电容变化，产生电压并形成电信号。

以上是电子消费品中比较常见的传感器，但事实上传感器的世界并不仅仅局限于此。在医院，很多医疗检测仪器，包括造影设备和血液检测仪器等，都涵盖了大量的传感器。此外，流体传感器、化学传感器等也有很多种类，很多大型检测仪不仅能检测单一的细菌，而且会形成一个传感器阵列，在血液通过后测量其中物质，以此形成长长的检测报告单。

传感器是物联网的基石，对传感器的探索也是各国科技发展的关键。随着电子产品小型化和微机电系统（Micro-Electro-Mechanical System，MEMS）技术的兴起，MEMS 和传感器两项技术将继续融合发展。

微机电系统也被叫作微电子机械系统、微系统、微机械等，它指的是尺寸为几毫米乃至更小的高科技装置，MEMS 技术利用半导体大规模集成电路（Large Scale Integration，LSI）加工技术制造微型设备。MEMS 是集微传感器、微执行器、微机械结构、微电源、微能源、信号处理和控制电路、高性能电子集成器件、接口、通信等于一体的微型器件或系统，其在尺寸、性能、智能化上都让传感器性能有了很大的提升[1]。

## 单片机就是物联网

一个设备接入物联网需要感知，也需要大脑，这个大脑是什么呢？

回答这个问题前我们要先了解嵌入式。嵌入式即嵌入式系统，IEEE 对其的定义是用于控制、监视或辅助操作机器和设备的装置，它是一种有特定用途的计算机系统。国内普遍认同的嵌入式系统的定义是以应用为中心，以计算机技术为基础，软硬件可裁剪，适应

---

1　董永贵：《微型传感器》，北京：清华大学出版社，2007 年，6–14。

应用系统对功能、可靠性、成本、体积、功耗等严格要求的专用计算机系统。从应用对象方面定义的话，嵌入式系统是软件和硬件的综合体，还可以涵盖机械等附属装置。

嵌入式系统是一个完整的计算机系统，包括软件、硬件、系统、应用程序和接口。而在嵌入式系统中，一般认为，处理器可以再次细分为以下五类：嵌入式微处理器（Micro Processor Unit，MPU）、嵌入式数字信息处理器（Digital Signal Processing，DSP）、嵌入式片上系统级芯片（System on Chip，SoC）、嵌入式微控制单元（Micro Control Unit，MCU）、可编程片上系统（System on a Programmable Chip，SoPC）。

嵌入式系统作为专用系统，各有各的功能：MPU 具备较高的性能，有很多接口；DSP 专门用于信号处理；SoC 广泛应用于智能手机，是核心处理器；MCU 是当前物联网嵌入式领域的主流。和计算机早期的多片式芯片不同，如今的微处理器越来越倾向于用单片芯片来处理单一的功能，所以，MCU 又被称为单片机。

MCU 内部集成 CPU、ROM/RAM（存储，相当于电脑的硬盘和内存）、总线逻辑、定时 / 计数器、I/O（Input/Output）、串口、A/D、数模转换器（Digital to Analog Convertor，D/A 或者 DAC）等。集成度相对较高，而成本又相对低，所以被广泛运用于物联网设备。

单片机经历过几代产品。早期热门的单片机是英特尔开发的 8051（MCS–51），俗称"51 单片机"，它使用的是 8 位 CPU。1997 年，ATMEL 公司研发出增强型内置 Flash 的精简指令集（Reduced Instruction Set CPU，RISC）高速 8 位单片机 AVR，2000 年后在单片机市场崭露头角。同时期，德州仪器开始推进 16 位单片机 MSP430。

当前占据单片机主流的，是意大利和法国半导体领域研制的 STM32 单片机，它采用 ARM Cortex-M 内核单片机，属于 32 位 CPU。如今，随着 64 位处理器在移动端和 PC 端的普及，未来单片机有可能实现进阶。单片机可以有操作系统，也可以仅仅面向一个应用编写代码。

另外，大多数嵌入式操作系统为实时操作系统。实时操作系统（Real-Time Operating System，RTOS）是指当外界事件或数据产生时，能够接受并以足够快的速度予以处理，其处理的结果能在规定的时间之内控制生产过程或对处理系统做出快速响应，并让所有实时任务协调一致地运行的操作系统，其特点是及时响应和高可靠性。实时操作系统又分为硬实时操作系统和软实时操作系统，硬实时操作系统要求在规定的时间内必须完成操作，这是在设计操作系统时就应保证的；软实时操作系统则只要求按照任务的优先级，尽可能快地完成操作。

换句话说，实时操作系统不闲置芯片，但多任务下会有抢占调度的可能性。而分时系统可以让多个用户使用一个系统，或者使用同一个 CPU，但分时系统会出现延迟应答的情况。

# 物联网的召唤

## 物联网：一个综合性很强的行业

物联网是指通过各种信息传感器、射频识别技术、全球定位系统、红外感应器、激光扫描器等装置与技术，实时采集任何需要监控、连接、互动的物体或过程，采集声、光、热、电、力学、化学、生物、位置等各种需要的信息，通过各类可能的网络接入，实现物与物、物与人的泛在连接，实现对物品和过程的智能化感知、识别和管理。物联网是一个基于互联网、传统电信网等存在的信息承载体，它让所有能够被独立寻址的普通物理对象形成互联互通的网络[1]。

《物联网术语》（GB/T 33745–2017）中对物联网的定义是：通过感知设备，连接物、人、系统和信息资源，实现对物理和虚拟世界的信息处理并做出反应的智能服务系统。

不管是哪一类型的定义，都要求物联网必须要有如下几个系统。一是整体感知系统，即可以利用射频识别、二维码、智能传感器等感知设备感知获取物体的各类信息；二是可靠传输系统，即通过对互联网、无线网络的融合，实时、准确地传送物体的信息，以便进行信息的交流、分享；三是智能处理系统，即使用各种智能技术，对感知和传送到的数据、信息进行分析处理，实现监测与控制的智

---

1 刘陈，景兴红，董钢.浅谈物联网的技术特点及其广泛应用 [J]. 科学咨询（科技·管理），2011（09）：86.

能化[1]。

　　我们也可以通过功能来定义物联网，物联网至少可以包括如下几个功能。一是获取信息的功能。主要包括信息的感知、识别，信息的感知是指对事物属性、状态及其变化方式的知觉和敏感；信息的识别指能用一定方式把感受到的事物状态表示出来。二是传送信息的功能。主要指的是通过信息发送、传输、接收等环节，把获取的事物状态、信息及其变化的方式从时间或空间上的一点传送到另一点，这就是常说的通信过程。三是处理信息的功能。它是指信息的加工过程，利用已有的或感知到的信息产生新的信息，也是制订决策的过程。四是施效信息的功能。它指的是信息最终发挥效用的过程，它有很多的表现形式，其中比较重要的是通过调节对象事物的状态及其变换方式，使对象始终处于预先设计的状态之中。

　　现实中对物联网的认知并没有如此教条。过去我们将 PC 和服务器联网，就是互联网。如今，我们纳入物，变为"物物、物人、人人连接的泛在互联网"。通过给物体安装上传感器、电子标签和 GPS 等设备功能，与嵌入式系统结合，并通过连接到云端赋予物体智能，实现人与物的沟通和对话，以及实现物与物对话。比如在电视中装上语音传感器后，就可以直接用语音控制点播需要的内容；比如在冰箱上装上嵌入式系统，当某种食物需要补货时，冰箱可以自动提醒。对店家来说，可以在货架上安装传感器或标识来监控货物是否已经被抢购一空；或者让一个包包拥有一个 RFID 芯片，在特定场景的大屏幕上显示出这个品牌包的信息，以实现防伪功能。

---

1　甘志祥．物联网的起源和发展背景的研究 [J]．现代经济信息，2010（01）：158，157．

物联网中的物有很多种可能性，笔者认为这个物需要满足如下共性，才可称为将物连接入物联网：这个物品要有数据收发、数据传输信道、一定的存储功能（包括 RAM 和 ROM）、CPU、操作系统、专门的应用程序，它遵循物联网的通信协议，并在互联网中有可识别的唯一标示。

当然，有些方面亦可变通，比如对于互联网中可识别的唯一标示，蓝牙这种连接方式下介入设备并不需要 IP 设置，当一个网络里面的设备都是以蓝牙来连接的，那么这个蓝牙网络将以集合的形式接入互联网。蓝牙网络通过网关连接互联网，而在网关内部，蓝牙网络是一个整体，网络中的单个设备就不再具有"可识别的唯一标示"。

物联网并不能算一个专业，而应被看作一个行业，且是一个需要综合、整体解决方案的行业。物联网知识方面，仅学习单片机就要投入大量的精力，更不要说向人工智能、云计算、大数据等领域延伸知识面，不但需要设计互联网各种域之间的接口，还要建立嵌入式系统。所以，在物联网领域，全栈工程师[1]非常稀缺。而物联网未来的推动者，大多数是来自各领域的专业人士、工程师。

物联网的建立像是搭积木，对已有设备系统进行改造，将一个个独立子集的设备、一个个局域网的设备，逐步纳入互联网。当前，纳入程度比较理想的是智能家居领域，这也是未来物联网发展主要的突破口之一。

---

1　全栈工程师（Full Stack Engineer），指掌握多种技能，胜任前端与后端，能利用多种技能独立完成产品制作的人。

## 走向边缘智能的物联网

物联网和智能的关系日渐紧密，这也是 AIoT 时代的基础。物联网的发展经历了几个阶段。一开始仅仅是物品身份的识别，物品在物联网中只是一个标签标识，通过条形码、二维码和 RFID 的方式载入信息；后来，嵌入式的单片机和传感器结合，赋予了终端感官和大脑，终端开始拥抱智能；再后来，云计算兴起，由于云端算力更加完善，大量的数据从终端中被提取出来，传输到数据中心进行集中处理。未来，由于中心侧数据处理能力有限，海量数据的集中处理可能会造成的大量冗余，以及因数据过于集中导致出现的数据安全问题，可能会促进边缘计算兴起，边缘侧就是靠近终端或者数据源头的这一侧。由于终端的行为在边缘侧发起，所以可以实现较快的网络响应，同时也可以减少数据中心的过载问题。

未来，智能化的实时性要求越来越高，智能向边缘侧靠近，人们和机器对话，总是希望其能够较快地响应自己的提问，而不是总去数据中心找答案。所以边缘智能化将成为 AIoT 时代一个重要的趋势。

## 平台化向生态进发

人工智能和物联网都在趋于平台化，平台化成为很多新兴产业的初始形态。为什么要平台化？因为生态需要有人来推动，而推动的模式，就是平台模式。互联网一直遵循这种发展模式。推进物联网发展的将是两种力量：一是开源，在人工智能领域和系统领域，开源是普及技术的关键；二是平台，平台将成为一个综合供应方，比如通过 API 提供资源；提供统一的技术标准，统一接口；通过标准化的嵌入平移到其他区域同类型的硬件设备中，比如以平台为载体解决一个家庭的智能需求，整合一个城市的公共设施，完善一整条供应链等。

平台模式有诸多好处，因为 AIoT 时代的技术是融合性的，将专业的事交给专业的平台，通过平台整合资源的做法，将成为技术发展的大趋势。最终，几个平台完成整合之后，将逐渐形成生态。

接下来，生态外延将不断拓展。生态和数据循环将发展为新模式、新生态、新终端、新智能。在语义网的加持下，物联网进入新的时代，信息和技术以更快的速度被发掘，网络不仅仅是一个知识图谱、语义图谱，还是一个会自我生长的整体。最终，物联网将进入更高级的智能形态，人类也可以提升认知，发展出全新的科技。

物联网到 AIoT 将分为四步走。第一步，广泛地在终端或者物中植入单片机和传感器以获得感知和智能。第二步，万物互联，接入物联网。第三步，植入人工智能，比如基础语音功能、视觉功能。第四步，以平台为连接点，形成生态；以生态为核心，回收数据，提升物体智能，最终形成云端智能、边缘智能和终端智能，再将这些智能应用于其他物，进入泛在连接和全面智能时代。

## 物联网和区块链

物联网除了固有的和云计算、大数据、人工智能、5G 等技术的关联，还可以和区块链结合。

　　提到物联网和区块链的结合，我们首先会想到数据。永久保存数据和防止数据被篡改都可以为数据安全提供帮助，在 AIoT 时代，数据安全是重中之重。如果可以采取区块链的方式记录数据，那么数据就可以在更大程度上保证可靠性，尽量避免被轻易篡改。数据的记录是分布式的，数据可以在边缘侧被记录，分布式存在，这样，即便数据中心遭遇意外，也不用太过担心。如果考虑到数据容量问题，可以将对应的元数据记录在区块链上，以此实现数据的可溯源、防篡改等。

　　进一步延伸，我们可以将区块数据对应物。比如在保险领域，类似牛羊一类的一些生物资产很难计算损耗，承保的保险公司也不知道这些牛是不是被保险人的，如果可以给每头牛对应一个识别码，让其成为区块链中的一个价值区块，每增加一头牛，就按时序添加。这样，所有牛的增加和减少就是一个动态的过程，保险公司就可以知道担保物的情况，即牛还有几头。

　　更进一步地，我们可以将区块链结合非对称加密系统，将其应用于车辆交易，使车辆拥有时序特征。通过公钥和私钥，可以将车辆点对点地交易给另一个人，买车的人可以生成一对公钥和私钥，将公钥给你，你用公钥锁车，然后将车停放在指定地点，买车人直接用私钥解锁开走。这样，我们就不再需要中间商赚差价。物联网中物的流转速度会大大加快。

　　"区块链 + 物联网"的模式还有很多，AIoT 时代，解决问题的方法不止一种，提升体验的方式也有很多。但分布式和点对点这两大特点，是区块链可以赋予物联网的。

第 六 章

风口上的行业

任何技术最终都将落地到应用中，对于未来，我们有美好的畅想，但依然要脚踏实地地看清当下风从哪个方向来。AIoT 时代已经到来，AIoT 技术在一些行业已经开花结果，并且正在逐步渗入另一些行业。智能化和网联化是 AIoT 技术的核心，围绕着物即终端展开。AIoT 时代，生态的推进往往基于成功的商业化应用模式，好用的 AIoT 技术将长期可持续发展，并不断迭代演化，成为我们生活的一部分。最近几年，人工智能带来了很多惊喜，但也有些"虚伪概念"，在潮起潮落中，唯有"实用主义"才是科技发展的主题。本章笔者力主去除旁支，只看行业热点，对成熟的 AIoT 行业现状进行剖析，将那些已经出现在我们面前的 AIoT 应用一一展现。

2020 年，中国物联网设备连接数达到 74 亿个，连接设备数在未来将继续呈现加速态势。预期 2025 年，设备连接数超过 150 亿个。

如果对 AIoT 时代的行业生态进行区分，可以将其分为智能消费物联网和智能产业物联网。其中，智能消费物联网可以进一步细分为两类：智能家用物联网、智能个人物联网。而智能产业物联网可以进一步细分为四类：智能生产物联网、智能供应链物联网、智能商业物联网、智慧城市和车联网。

本章，我们将根据这些分类，选取几个有代表性的应用场景，从行业特征、行业态势、终端和物联网云平台参与者等方面展现行业现状。

# 智能家居

智能家居以住宅为载体，融合了自动控制技术、计算机技术、物联网技术，将家电控制、环境监控、信息管理、影音娱乐等功能，通过对家居设备的集中管理，向用户提供更具有便捷性、舒适性、安全性、节能性的家庭生活环境，它不单指某一独立产品，更是指一个广泛的系统性产品概念[1]。

智能家居涵盖影音娱乐、家庭安防、智能卫浴、长幼关怀、智能睡眠、智能厨房等，主要的智能家电设备包括智能音箱、智能空调、智能洗衣机、智能冰箱、智能空气净化器、智能电饭煲、扫地机器人等。

## 智能家居的市场状况

近年来，中国智能家居市场飞速发展，成为当下物联网拓展最快的领域之一。根据 iMedia 的统计，2018 年，中国智能家居市场规模约为 1210 亿元，2019 年中国智能家居规模约达 1530 亿元。而国

---

1　丁菲 .AIoT 赋能，智能家居进入 3.0 时代 [J]. 中国公共安全（综合版），2019（10）：38—40.

际数据公司报告显示，2018 年中国智能家居市场累计出货 1.56 亿台，同比增长 36.7%。2019 年中国智能家居市场出货量突破 2 亿大关，达到 2.08 亿台，较上年增长 33.5%。不过，进入 2020 年，受新冠肺炎疫情影响，增速有所放缓。

艾瑞的统计数据显示，在对智能家居领域进行细分后发现，智能家电领域占比较高，在智能家居中份额占比在 85% 左右，安防、连接控制和照明分别占比为 7.6%、6.5%、0.9%[1]。

在家电行业中，智能化产品占家电市场总份额的 30% 左右。根据 GfK Temax 统计数据显示，2019 年，全球智能家电市场规模约为 169.7 亿美元，预期随后 5 年将维持 16.5% 的年复合增长率，到 2024 年，智能家电全球市场规模大约会达到 396.3 亿美元。根据前瞻产业研究院《2018 中国智能家居产业发展白皮书》，中国智能家居市场渗透率为 4.9%，而同期美国智能家居渗透率达 32.0%，全球依然有很大份额的传统家电产品在销售，未来智能家电依然有广阔的替代性市场机遇。

智能家居的接入口一般为智能手机、智能电视和智能音箱，这也是各大智能家电平台型企业深入家居集成领域的主要手段，也就是以这些接入口产品为支点，通过集成的方式将其嵌入智能家居整体解决方案。简单来说，如果你使用小米手机，就有可能会买小米电视、小米扫地机；而如果你使用华为手机，那你更可能选择购买华为智慧屏。阿基米德说："给我一个支点，我能撬起整个地球。"在智能家居领域，给我一个入口，我能"撬动"你整个家。

---

1　艾瑞咨询 . 中国家用物联网行业研究报告（2020 年）[R].2020.

对于智能家居产业，国内现有的比较成功的模式依然是智能物联网云平台。应用智能物联网云平台模式的企业，可以充分利用自身行业地位和优势，统一智能家居标准和家居物联网 API 接口，从而在自家的智能家居生态平台上，使用不同厂商生产的智能家居产品强化自身生态的企业模式。

不同国家在智能家居市场中的偏好也不同。一些发达国家的用户在智能家居方面更加重视安防需求，对于智能家电产品的关注重点在于迭代，他们会更多考虑兼容性的问题，采用智能家居逐步替代传统家居的模式，并且很乐意自己动手加装更多功能；中国智能家居的用户则更加注重数据隐私安全，重视性价比、成套性，他们更希望企业能够提供一站式服务，整套解决家居的选择难题。

未来，中国智能家居行业除了接入更多设备，做到智能化和网联化，其在市场开拓方面还有两条途径，一条是下沉，从一、二线城市向小城镇转移，满足更多市场需求缺口；另一条是出口，我国的白色家电在海外有较高的市场份额，未来白色家电的市场将可能由我国智能家居占领。由于欧美地区智能家居物联网发展相对较慢，亚非拉国家市场现阶段对智能家居产品接触较少，中国智能家居生态模式最终可能会推广至这些区域，新开拓的市场将成为中国智能家居行业新的增长点。以上两条途径都是基于时间机器理论得出的，根据时间机器理论，在先发国家很受欢迎的一些科技、应用，可以复制到后发国家并获得成功。我国在智能家居物联网上有先发优势，且海外完整生态型平台公司并不多。实际上，不少智能手机厂商已经将智能手机业务生态拓展至海外，未来拓展智能家居物联网生态，也将是水到渠成的事情。

## 前装市场和后装市场

家居装修市场分为前装市场和后装市场。

前装市场属于装修毛坯房的市场，特征在于其可扩展性较好，经常选用整体解决方案。前装市场一般涉及商对客电子商务模式（Business To Customer，B2C）和商家对消费者再对商家（Business to Customer to Business，B2C2B）的销售模式，消费者更关注品牌横向的智能家居产品覆盖面，成套规模需求旺盛。B2C2B是将各个商家提供的商品进行打包整合，最终形成面向顾客"一站式"解决方案的销售模式。主要是整体销售给房地产商、酒店、长短租公寓、运营商等客户，可以加快智能家居产品的渗入。

后装市场则属于用智能家居迭代传统家居的市场，相比智能性，其性价比和易用性更受消费者关注。智能家居企业在后装市场的策略是，单个产品主打性价比嵌入传统家电需求领域，迅速替代传统家电产品，并以单品作为入口，带动其他智能家居的迭代需求。比如智能电视行业，智能电视在电视行业中的渗透率高于95%，也是消费者使用最频繁，交互最密切的大家电产品之一。在小家电领域，智能音箱是一个纯粹的入口级产品，由于其价格较低，因此迅速成为智能家电品牌渗入传统家居场景的利器。

在智能厨电领域，如今仍缺少前装智能化整体解决方案。当下，智能厨电还是以单品为突破口，尚未构成整体解决方案，智能设备占比较小，常用的比如智能烟灶、智能烤箱和智能空气炸锅都属于单品智能化。未来，智能厨电将越来越趋向于厨房整体智能化，智能冰箱也许可以发展为智能厨电的核心入口，用以展开更加广泛的智能连接。智能冰箱将增加更多的集成化智能功能，比如可以对食物进行记录管理，根据用户的喜好向用户推送云端菜谱；可以一键关联生鲜业态，送货上门，及时补充冰箱食材。通过云端菜谱，智能冰箱可以将采购、存储、烹饪、清洁等关联到一起，并与其他厨房设备关联，形成一个整体的厨房物联网生态，最终形成智能厨电整体解决方案。

前几年，智能家居在前装市场需求爆发，这主要受益于当时长、短租公寓的蓬勃发展。智能家居的前装市场和房地产周期、共享经济周期有一定的同步性。在后装市场，智能家居迭代的需求也正逐步成为市场的主流需求。

## 智能锁、IPC 和智能家居照明

安防需求是智能家居的重要组成部分，智能门锁的需求正在逐步崛起。大视野研究有限公司（Grand View Research）的一份报告显示，到 2024 年，全球智能锁市场规模预计达到 242 亿美元，预测复合增长率为 60.1%。因为北美地区以独栋建筑为主，安防需求旺盛，所以，北美之前是智能锁的主要市场，但如今中国市场已经成为最大的智能锁需求市场，除了国内城镇化和住房存量改造带来了智能锁需求的增加，智能锁市场的发展也受益于长、短租公寓和快捷酒店的发展。根据洛图科技（RUNTO）调研数据，2020 年中国智能门锁销量为 1640 万套。而根据国际数据公司的数据，2019 年北美地区智能锁市场规模大约为 970 万套，中国已经远远超过北美地区，成为全球最大的智能锁需求市场。

家居安防的另一个重要组成部分是摄像头。网络摄像机（IP Camera，IPC）是 AIoT 时代个人安防市场的主流产品，也是智能家居整体内容的一部分。根据波士顿咨询公司 2019—2022 年的调查报告，全球 IPC 市场 2022 年的需求预计将达到 4400 万只，[1] 传统的 IPC 市场以北美为主，而预计在 2022 年，中国的 IPC 需求将超过北美。IPC 主要产品包括卡片机、摇头机、室外枪机和低功耗相机。摇头机可以进行电机控制，从而覆盖更多视频死角的摄像头设备。而卡片机和室外枪机则多用于固定角度。室外枪机的特点是防尘、防水，适合复杂的室外摄录环境。而低功耗相机，则通过被动式唤醒来节能，一般适合与楼层门禁系统配合使用。

在智能家居照明领域，智能照明正在蓬勃发展，根据 2020 年 Omdia 发布的调查报告，2018 年全球智能照明市场有 100 亿左右的销售额，而到 2023 年，全球智能照明与联网控制器的全年销售额将达到 210 亿美元，但在智能照明方面，消费者对其优势的认知还比较薄弱，这在一定程度上影响了存量替换，不过随着人们生活水平的提高，追求光感体验、随心情调节色温、规律作息的需求会在未来逐步强化。

## 智能家居联网路径

智能家居连接方式主要包括：Wi-Fi、蓝牙和 Zigbee。解决智能

---

1 涂鸦智能，Gartner，《全球智能化商业》，AIoT Business Vantage（ABV）. 2021 全球 AIoT 开发者生态白皮书 [R].2021：21。

家居连接的方案很多，但是 NB-IoT 等低功耗广域网的推进速度较为缓慢，尚未达到预期。在广域网（如 NB-IoT 和 eMTC）方面，由于如今电信运营商资费上依然不够合理，所以用户还是倾向于铺设私人网络（WLAN）来解决智能家居联网问题。而随着 Wi-Fi6 技术的推进，网络的连接数量和连接速度都得到了一定程度的改善，Wi-Fi6 在 WLAN 技术中也体现出其相对于 Zigbee 更大的优势，这让 Zigbee 在智能家居领域有所"退潮"。但出于对未来连接数量和功耗的考虑，Zigbee 也有可能在未来再次受到关注。而由于蓝牙覆盖区域半径的提升，蓝牙技术也在逐步成为局域网铺设的焦点之一。

对于 AIoT 时代"端、管、云、边"四个方面，智能家居从早期的只有终端，逐步完成了"管"——无线连接，并且正在向"云端"——物联网云服务的方面扩张。但是在边缘计算方面，智能家居的表现依旧不足。原因是如今主流的联网方式依然是 WLAN、Wi-Fi 或蓝牙，这些实际上是私人局域网络，除了路由器智能网关控制的功能，边缘端嵌入智能化应用较少。这样，在智能家居领域，现阶段多为用云智能或者终端嵌入 SDK 人工智能的软件工具包进行终端智能运算。同时，云智能也存在一些问题，如果设备过度依赖云平台，一旦出现断网情况，设备可能会面临失控，云端也会出现网络延迟，终端智能往往受制于芯片算力，而当下，智能家居单品又希望以高性价比侵入传统家居领域。所以边缘计算在未来需要寻找新的突破口，这个突破口很可能是未来下沉的 5G 基站，或者是 Wi-Fi 路由器。

## 智能家居行业的平台生态及其盈利模式

当前，智能家居接口的标准并不统一，市场白牌较多，但高性价比的产品不多。打造品牌知名度和提高性价比是迅速铺开智能家居业务的好办法。当前，知名度较高的品牌商大多采用了和物联网平台横向连接以及兼容第三方硬件厂商产品的方式，连接的产品数量若达到一定规模，品牌商的经营模式就会向平台化、生态化转变。

智能家居行业中平台生态发展有三条线路。

其一，中心化平台生态。比如小米和亚马逊，两者以自主产品销售覆盖家居品类，带动整个生态。一方面，平台通过参股不控股的方式参与第三方硬件厂商的研发环节和生产环节；另一方面，通过开放 IoT 平台生态，让第三方硬件厂商的产品对接自己平台的标准和接口 API，从而将其纳入自己的生态。

其二，标准化联盟生态。一批智能家居生产商可以共同发起成立一个组织，比如中国家电协会，以此统一多个品牌方的接口，各个品牌方在体系内是平等的，这将进一步推进标准化的进程。

其三，电商平台生态。比如淘宝和京东，两者和硬件厂商合作的同时，也提供电商平台家居整体方案。电商作为资源整合者，可以整合第三方硬件提供商、售后维修、配送安装等多种资源。最终电商平台将家装整体方案的各个要素资源一并打包，形成整体解决方案。

上述三种生态中，中心化平台生态具有较强的智能家电属性，销售目标明确，在未来智能家居领域品牌中的可见度较高，在前装市场的成套方案中优势明显；电商平台生态作为电商流量入口，可以很好地对接传统家电的升级改造，能够较为高效地将智能家居入口的三大产品（智能手机、智能电视、智能音箱）送到用户手中，此外，围绕入口，平台可以进一步推送符合用户偏好的产品，促使消费者逐步迭代家中的家居用品，所以电商平台生态在后装市场中占有迭代智能产品的优势；而标准化联盟生态，主要还是面向传统家电厂商转型。

物联网云平台企业是未来智能家居领域的核心。智能家居物联网云平台企业可以通过两个渠道来实现变现：一是硬件差价，通过从第三方硬件厂商纳入产品销售给消费者赚取差价，二是依靠流量和数据变现。

具体展开第二个渠道，在流量方面的变现体现在以下三点：其一，可以通过数据反馈训练人工智能；其二，可以根据数据进行精准产品推送，完成广告投放、功能预装等，比如某智能音箱在搜索库中指定使用某个搜索引擎，冰箱上的一键采购链接了某个特定电商，或者电视中被预装了某个视频网站；其三，用户关联物联网系统，系统为其提供云服务，比如监控摄像头为用户在云端存储摄录视频。当下，物联网云服务收益不高，但其深度嵌入生态，可以预料的是，未来它将会成为智能家居扩张生态的重要手段。而生态扩张之后，其赢利的重点将会被放在硬件差价和数据变现方面。

# 智能安防

智能安防是指人工智能技术在安防场景中实际应用的落地。人工智能技术主要包括了感知方面的计算机视觉技术和认知方面的知识图谱技术。安防行业根据不同的使用场景可以分为城市级安防、行业级安防和消费级安防，其服务分别面向政府需求（G端）、企业需求（B端）和消费者需求（C端）。

安防行业全领域包括诸多方面，比如，公共安全领域的重大事件安保、警务、平安社区、交警、社会治理和雪亮工程；园区、楼宇安防的停车管理、访客管理、社区安全、工地监控；金融业的网点安保、认证识别、VIP识别；更广泛的安防概念也包括监狱安防、海关检疫、环保巡检等。但不管是哪个细分领域，底层的终端应用一般涵盖以下几种：视频监控、出入口控制与管理、入侵报警、对讲机等。对这些终端应用领域进一步进行比较后发现，安防产业的核心内容是视频监控，其他诸多终端应用市场占比相对较小。在传统安防行业发展逐渐成熟、人工智能等新一代信息技术快速发展的背景下，安防行业已由视频监控逐步升级到视频智能物联，行业经营范围进一步扩大，如视频实时智能分析等新兴需求将逐步得以释放。

所以本节所说的安防产业，主要指的是视频监控产业。而智能安防，简单来说即由视频监控产业延伸出来的视觉智能和知识图谱。其中，视觉智能可以细分为很多方面，比如人脸识别、车辆识别、人证比对、视觉分析等。

## 安防市场的现状

从产业规模看，中国是全球最大的安防市场之一。从安防产业用户结构看，中国安防产业的主要客户来自 B 端和 G 端。B 端用户比较碎片化，而来自 G 端的采购是安防领域智能化落地的主要推动力量，其中，公共安全监控和交通管理是政府安防采购的主要项目。安防采购属于当下智慧城市技术采购项目下的重点采购项目。我国政府智慧城市采购额度逐年增加，推动了安防产业在 G 端的大爆发。近年来，在我国"平安城市""智慧城市""天网工程"和"雪亮工程"等政策的推动下，政府类安防招标、中标都实现了正增长。据《2019 城市级大安防项目市场分析报告》的统计，交通类（含智慧交通、交通管控、交通大脑）招标金额占比 43%；公共安全建设类（含平安城市、雪亮工程、智慧警务、智安社区）招标金额占比 34%；智慧城市相关项目（含智慧城市、数字政府、城市大脑）招标金额占比 21%。交通类和公共安全建设类占政府类项目的比例较大。据国际数据公司预测，中国智慧城市技术性支出在 2023 年有望达到 389 亿元，2018 年—2023 年年均复合增长率达到 14%。

从民用安防市场份额占比来看，我国民用安防总体发展弱于 G 端与 B 端安防采购需求，同时，中国民用安防的需求也低于欧美民用安防需求。太平洋安防网数据显示，2018 年，中国民用安防占整体安防市场约 11%，而美国民用安防占整体安防市场约 50%。中美民用安防需求产生差距的主要原因是社会形态和住房结构：美国以独栋房屋为主，视频安保更加适合其居住结构；美国的全民持枪政策导致民众普遍缺乏安全感等。

从智能安防设备占安防总产值的比重看，如今，智能安防占安防的比重还不算很高。朱尼普研究公司（Juniper Research）2018 年的研究报告显示，全球智能安防市场规模将从 2018 年的 120 亿美元增长到 2023 年的 450 亿美元，年复合增长率高达 30.26%。实体安防（实体安防是相对于信息技术安防而言的概念）市场占比较高，达到 65%。而从智能安防渗透率来说，根据中安网的数据，2018 年，我国安防行业总产值为 7183 亿元，智能安防渗透率约为 5%；市场线调研机构（Market Line）统计数据显示，2018 年，美国安防行业收入达到 952 亿美元，而美国智能安防的市场渗透率约为 5%。

从全球需求来看，新兴市场国家将成为安防行业的突破口。据 Market Line 数据显示，欧美等发达国家的安防市场趋于成熟，安防需求以更新换代为主，总体增速约为 6% ～ 13%；以印度、越南、菲律宾、部分东欧国家为代表的发展中国家多处于平安建设初期，发展势头强劲，以增量需求为主，未来总体增速将超 15%。

从产业分布看，我国的安防产业在全球具备竞争优势。在《A&S：安全 & 自动化》杂志发布的 2020 年度全球安防 50 强榜单中，国内的海康威视和大华股份分列第一、二位，还有很多其他安防公司也进入了榜单。

另外，智能安防行业可以细分为上游的芯片开发方、图像传感器开发方、软件开发方；中游的安防设备及解决方案厂商、云服务厂商；下游的安防集成商、运行维护厂商等。我国的多家安防企业位于全球企业前列，尽管在 2019 年 10 月 7 日，海康威视等多个中国安防厂商被美国列入实体管制清单，但 2020 年，海康威视依然实现了营收同比增长 10%，净利润同比增长 7.96%。这说明中国在安防芯片领域已经有了独立供给能力，可以从安防中游向上游和下游扩展延伸。而美国的安防公司原先多为上游和下游的企业，其中美国安防的下游多为安保整体运营商，这些运营商具备垄断地位，服务价格昂贵，硬件选择单一，多以套装形式销售产品，且硬件的供应大多数来自中国。为了提高性价比，美国安防产业链下游部分依然存活的中小安保运营商除了购买中国的硬件，还运用中国安防厂商提供的 App 和 SaaS 云服务管理平台。在经历了几轮交易后，当下，中国安防产业出口方面更加倾向于提供"一站式"的配套销售模式，并已在海外安防产业链的中游和下游获得较大的优势。而美国的上游公司（包括 AI 公司和芯片公司）依然占据比较显著的优势，但正如前文所述，这种优势已经从以前的垄断性优势，转变为一种竞争性优势，未来这种优势还将进一步弱化。当然，中国安防厂商也不是完全没有弱项。大多数中国安防企业都是单一角色，处于行业上、中、下游的某个位置，尚未出现全生态链的安防企业。

## 智能安防之天网

安防行业包括了多个领域，其中占据最大份额的细分领域是视频监控，在国内，占据视频监控最大市场份额的是公共需求，包括交通监测和公共安全。对于智能安防来说，来自 G 端的购买成为传统安防向智能安防转变的主要动力，而智能安防对公共安防系统的改造主要包括三个方面：视频人像系统的智能化，数据库向知识图谱的转化以及智能巡检机器人的普及。

根据艾瑞网统计的数据，2018 年，全国安防产值为 7096 亿元，其中，公安监控产值为 1703 亿元，公安监控投入产值中涉及的智能软硬件和建设工程的产值是 274.5 亿元，去除工程类，智能安防软硬件产品产值约 135.3 亿元，在智能软硬件产品中，公安系统智能化软硬件产品需求为 93.1 亿元，占安防软硬件需求总量的 68.8%。而在 93.1 亿元的公安系统智能化软硬件产品需求中，摄像头终端侧智能的需求量为 13.8 亿元，占 14.8%；中心侧智能需求量为 66.5 亿元，占 71.4%，边缘侧的智能化需求量占 3.8%。这些数据表明，现阶段，公共安全人像系统的人工智能需求重点在中心侧建设，也就是数据分析中心的智能强化。智能安防最大的需求方是政府部门，其中，最典型的项目是公安人像视频监控系统，也就是天网系统。

对于人像视频监控系统，最重要的是两项智能需求：视频结构化分析与人脸识别。

视频结构化是指根据视频画面中呈现的人、车、物、颜色、数字及其他属性特征，建立视频大数据结构化平台。在视频被结构化后，将其存入相应的结构化数据仓库，结构化后的视频存储体积更小，之所以压缩容量，是因为视频结构化的最终目标是建立关联，所以在处理视频图像的过程中需要去除冗余，让视频结构简单化，以聚焦视频内容中的关键元素。比如你要追踪一个人，从 A 摄像头拍摄到 B 摄像头的拍摄内容，通过输入 A 摄像头捕捉到的视频人物特征，建立特征数据库，然后可以根据这些特征自动抓取这个人在 B 摄像头中记录的运动图像。这种跨设备抓取目标人的视频，又称为行人重识别（Person Re-Identification，ReID）。通过不同摄像头切换追踪目标，就需要建立图数据的关联性，此时数据库只需要对关联性的特征进行提取，并不需要全部细节，所以需要压缩视频中的无用细节，也就是去除冗余。同样，在监控车辆的过程中，如何持续跟踪一辆车的运动轨迹，也属于视频结构化。由于视频信息复杂多维，现阶段天网系统视频结构化功能还需要进一步优化。

在人脸识别方面，现阶段的人脸识别技术依赖庞大的人像或比对数据库，而数据库中的一部分数据信息来自日常监控。当下，我国人脸识别数据库信息比较完备，技术较为成熟，尤其是在人证比对系统连接之后，大量数据反馈到人像比对系统，数据库的结构性关联进一步强化，数据库内容进一步丰富。

也正是由于公安数据库的内容越来越丰富，信息种类越来越多，异构性越来越强，能够更显著地体现数据关联性的公安知识图谱成为智能化的另一个重大需求。从图数据库到知识图谱，是数据库重构的问题，知识图谱以元数据关联性映射数据相关性，使数据在搜索调取时更加快捷直观。同时，知识图谱的建立，让更多的应用在未来可以通过 API（应用程序接口）调取资源的方式，对接多个外部应用。

## 智能巡检机器人

在智能安防领域，除了视频监控方面的业务，还有智能巡检机器人方面的业务。在人类难以触及或者到达的区域，可以安排巡检机器人来监控安全。工矿业在对一些故障进行监测时，传统的方式是根据元器件回收的数据判断故障出现的具体位置，比如电力行业在复杂环境下的线路。但如果可以用视频监控配合人工智能，就能够更加清楚地观察到设备细微的外观变化，如漏气等问题通常要到气压降低时设备才会报警，而视频监管有助于在第一时间、更加直观地发现问题。不仅如此，智能巡检机器人也可以通过视觉并结合机器人运动技术，到达复杂环境区域，或者在无人区域实现巡检监控。

智能安防巡检机器人的技术包括 AI 技术、低速无人驾驶技术和网络传输技术三个方面。

AI 技术方面包括人脸识别、人体检测、车辆检测及识别、烟火检测、异常行为分析、人证核验、语音交互和语义分析等。

低速无人驾驶技术方面包括底盘技术、传感器组合和自主导航同时定位与技术建构（Simultaneous Localization And Mapping，SLAM）技术，当前，由于 AI 视觉技术成熟度有限，SLAM 主要采用激光雷达来实现无人驾驶。

网络传输技术方面包括 Wi-Fi、移动互联网等多渠道传输，未来也将对接 5G 等多种传输方式。

从智能安防巡检机器人的三个方面可以看出，机器人在安防方面需要面对的重点问题依然是无人驾驶技术，国内巡检机器人多为轮盘履带带动。不过值得关注的是，波士顿动力主打商用的机器狗，通过视觉系统，采用四肢的方式行进，现已有多种用途，其中就包括安防。2021 年 3 月 4 日，美国太空探索技术公司（SpaceX）发射的星舰 SN10 落地后爆炸，3 月 5 日，波士顿动力研制的名为 spot 的机器狗到达事故现场检查残骸。

## 从智能安防到智能安保生态

智能安防产品占安防产品总产值的比重依然十分有限，但政府公共安全成为智能安防发展的主要推力，尤其是以人脸识别为核心的人像识别系统。人脸识别生态在企业层面有着大面积的应用，但是多数并非用于安防领域，而是用于金融支付领域，或者智能手机操控领域。新的《个人信息保护法》对公共安防领域的人脸识别提出了更高的要求。2020 年 11 月，国内人脸识别第一案原告方胜诉，事情的起因是原告郭先生购买了杭州野生动物园年卡后，园方要求其从指纹识别升级为人脸识别，否则将无法正常入园，杭州野生动物园单方升级人脸识别入园被一审法院认定为"超出必要，不具正当性"。在企业智能安防需求层面，随着用户隐私意识的提高，人脸识别在企业安防领域的使用途径可能将受到一定的影响。

另外，在企业安防领域，私有云的发展将是企业安防领域的工作重点之一。

智能安防的边界很宽，这让智能安防的分布非常碎片化，虽然智能停车场、智能出入口控制都是智能安防，但其整体占比小。而在 5G 时代，智能安防可能在更多领域拓展，比如下面几个场景。

港口智能安防：龙门吊智能监控、集装箱卡车远程控制、港口监控。

矿区智能安防：挖掘机和矿用卡车远程操控。

消防智能安防：视频巡检机器人、警报联动。

制造业智能安防：远程监控、AOI 检测、AGV[1] 物流、巡检机器人辅助。

配电房智能安防：配电房安全管理。

---

1　AGV（Automated Guided Vehicle）指装备有电磁或光学等自动导航装置，能够沿规定的导航路径行驶，具有安全保护以及各种移载功能的运输车。

　　物流智能安防：车辆运输监控。

　　基于系统化的需求，智能安防的集成商除了开拓物联网云平台服务，也在试图开拓全生态安防公司，从视频安防、巡检机器人单一的安防生态，向智能安保全生态模式转变。

# 个人物联网

　　个人物联网是以用户个体为中心，通过个人智能设备，按照约定协议，连接人、物与其他信息资源，满足个人用户高品质、便捷化生活需求的智能服务系统。物联网分为消费物联网与产业物联网，其中，个人物联网与家居物联网是消费物联网的子分类。个人物联网更强调以个人为中心的移动场景，家居物联网则更强调以家庭用户为中心的弱移动性家庭空间场景。个人物联网是 AIoT 时代的关键连接点，也是万物互联的关键入口[1]。

　　个人物联网的设备包括智能手机、智能手表或手环、蓝牙耳机、笔记本电脑、平板电脑、智能眼镜和智能跑鞋等，其统一的特点在于可移动性，这些设备依赖近端连接移动通信网络进一步收集数据，并结合平台和中台层面的大数据、人工智能的分析及挖掘，最终应用于家庭、工作、外出、校园、运动等多个场景。

---

1　艾瑞咨询 . 中国个人物联网行业研究白皮书（2021 年）[R]. 2121.

## 个人物联网市场状况

在智能手机方面，根据国际数据公司（IDC）的数据，2020 年，中国市场全年智能手机出货量约为 3.26 亿台，同比下降 11.2%（见表 6-1）。2020 年市场的下滑源自两个因素，一是新冠肺炎疫情导致的需求下滑；二是在 5G 迭代 4G 的过程中，部分消费者延迟了手机更新计划，想等待更加成熟的适配 5G 网络的智能手机的上市。根据国际数据公司数据，2021 年第三季度国内智能手机出货量同比下降 4.7%。而 5G 智能手机占整体市场出货量的 77.0%。用户对智能手机的依赖性依然十分强烈，所以，智能手机未来的需求依然十分大。早在 2019 年，中国手机网民比例就已经高达 99.7%，智能手机渗透率也已经达到 95.6%，所以智能手机在未来虽然是个人物联网消费的头部需求，但驱动智能手机销售量的最大动力是迭代而非新增，因为智能手机需求趋于饱和。手机迭代和芯片制造的摩尔定律关联，也就是说，SOC 新工艺往往会带动智能手机全产业链的迭代需求。

表 6-1　国际数据公司（IDC）2020 年全年智能手机厂商数据统计

| 厂商 | 2020 年全年出货量 / 百万台 | 2020 年全年市场份额 /% | 2019 年全年出货量 / 百万台 | 2019 年全年市场份额 /% | 出货量同比增幅 /% |
|---|---|---|---|---|---|
| 1. 华为 | 124.9 | 38.3% | 140.6 | 38.4% | -11.2% |
| 2. vivo | 57.5 | 17.7% | 66.5 | 18.1% | -13.5% |
| 3. OPPO | 56.7 | 17.4% | 62.8 | 17.1% | -9.7% |
| 4. 小米 | 39.0 | 12.0% | 40.0 | 10.9% | -2.5% |

续表

| 厂商 | 2020 年全年出货量 / 百万台 | 2020 年全年市场份额 /% | 2019 年全年出货量 / 百万台 | 2019 年全年市场份额 /% | 出货量同比增幅 /% |
|---|---|---|---|---|---|
| 5. Apple | 36.1 | 11.1% | 32.8 | 8.9% | 10.1% |
| 其他 | 11.5 | 3.5% | 23.8 | 6.6% | −51.7% |
| 合计 | 325.7 | 100.0% | 366.5 | 100.0% | −11.1% |
| 来源：IDC 中国季度手机市场跟踪报告，2020 年第四季度 | | | | | |

注：数据为初版，存在变化可能；数值均为四舍五入后取值。

来源：IDC 中国

在可穿戴设备方面，根据国际数据公司数据，2019 年中国可穿戴设备市场出货量约为 9924 万台，同比增长 37.1%。2019 年第四季度到 2020 年第三季度间，可穿戴设备市场出货量约为 10475 万台，其中基础可穿戴产品（即不能连接第三方应用的产品）约为 8553 万台，智能可穿戴设备约为 1922 万台。智能可穿戴设备占比 18.3%。2020 年，受新冠肺炎疫情影响，第二季度穿戴设备销售呈现短暂下滑，但在 2020 年第二季度后，需求基本恢复。

从可穿戴构成方面来看，占据可穿戴出货量主导地位的是手表及手环、耳机两个方面。手表及手环之所以占主导地位，一方面，受益于儿童手表市场的兴起；另一方面，受益于手环价廉物美。作为拥有运动健身和物联网入口双重身份的智能穿戴设备，手表及手环在智能穿戴中的份额还会进一步提升。

近几年，耳机需求的增速总体快于手表及手环，尤其是真正无线立体声（True Wireless Stereo，TWS）耳机的日趋流行，其原理是手机连接主耳机，再由主耳机以无线方式快速连接副耳机，实现真正的蓝牙左右声道无线分离使用。TWS 耳机的潮流起于苹果推出的 AirPods，此后有多个品牌逐步跟进。高通也进一步推出了 TWS+ 耳机，该耳机去除了主副耳机设定，两个主耳机可以同时进行无线通信，从而提高音质。

Strategy Analytics[1] 的报告称，2020 年，TWS 耳机市场增长了近 90%，2020 年全球蓝牙耳机的销量超过 3 亿部。市场由苹果公司的 AirPods 主导，其约占总销售额的 50%；小米排在第二位，三星、华为、Realme、JBL 和 Oppo 依次降序排列。

在 PC 和平板电脑方面，根据国际数据公司报告的数据，2020 年全球 PC（台式机、笔记本和工作站）销售量为 30260.5 万台，同比增长 13.1%。平板电脑全球销售量 16410 万台，同比增长 13.6%，基本同步于 PC 增长幅度。也就是说，平板电脑和笔记本电脑的规模在 2020 年达到约 4 亿台。

从市场规模可以看出，当今智能手机依然是个人物联网设备的核心和主流装备，而在 PC 和平板电脑领域，消费者越来越注重产品的可移动性，平板电脑和笔记本电脑因为可移动性，其产品销售情况远远好于台式机。而在可穿戴领域，手表及手环和 TWS 耳机成为未来主要的需求动力方向。

## 个人物联网的核心入口设备

个人物联网核心是智能手机。手表及手环的入口性质相较于智

---

1　全球著名信息技术、通信行业和消费科技市场研究机构。

能手机有所弱化，但由于其移动连接属性与携带便利性，正在逐渐成为新的入口级产品。而智能耳机在语音智能植入普及之后，也将成为一个不可忽视的入口端。但以入口性质角度来说，智能手机依然是超级入口，智能手表、手环和智能耳机依然是围绕智能手机这个超级入口而存在的。现阶段的手表、手环和蓝牙耳机本质上也是智能手机厂商生态业务的延伸。

不同场景下，个人物联网有较为丰富的入口设备。家居场景下，物联网的核心入口是智能手机。运动场景下，物联网的核心入口是手环及手表。工作场景下，物联网的核心入口依然是PC。用户对不同场景的时间分配导致了入口产品的销量波动，比如2020年新冠肺炎疫情防控期间，居家办公和学习的场景使PC和平板电脑需求有所增长。

## 生态为王：手机巨头主导生态

中国个人物联网行业仍然以智能手机、智能单品以及云平台三类厂商为主，智能手机品牌巨头已经逐渐形成个人物联网产品生态。

手机巨头基于其多年的技术积累、市场教育经验和品牌附着力，牢牢掌握了产品、用户及技术等核心优势，成为市场生态的引领者。手机巨头基于硬件与软件服务生态，向个人物联网强关联的应用场景横向拓展，比如从个人物联网到工作场景、家居场景。手机巨头也可以基于用户生态，纵向向下兼容其他个人智能设备厂商与软件服务企业；横纵向的同步发展，让手机巨头的生态优势不断获得强化。

一些智能单品制造商需要向手机厂商或云平台企业借力，才能获得相应的用户流量与技术支持，但在某些细分赛道，他们可以将产品功能做到极致，以全新的智能产品体验构建一定的竞争壁垒。

云平台企业未来将成为技术底座，提供技术支撑，而场景则交给合作伙伴来拓展。

从行业态势可以看出，手机巨头对智能单品和人物联网云平台的挤压已经渐成趋势。智能单品厂商多会因为手机巨头的渠道优势而被收割或收编，成为 ODM 模式（原始设计制造商）或者 OEM 模式（原始设备制造商）。而云平台中第三方云服务企业，则可能因手机巨头为强化自身生态自营云平台，而逐步被边缘化。

当然，手机巨头的闭环生态还远没有成型，从全球个人物联网市场态势观察，手机巨头还面临操作系统，如谷歌、安卓捆绑谷歌移动服务（Google Mobile Service，GMS）大生态的压制。和国内手机巨头、PC 巨头主导生态上下游的态势不同，海外市场上个人物联网领域多以操作系统为核心形成闭环生态。如苹果围绕 iOS 系统和苹果商城形成闭环生态，而谷歌围绕安卓系统和 GMS 谷歌套件形成闭环生态，微软则围绕 Windows 系列、Office 系列和应用商店形成闭环生态。对于国外生态垄断者来说，系统和应用 App 是关键；而国内手机巨头则通过智能手机切入生态。在这方面国内和国外不同，个人物联网和智能家居也有所区别。

另外，利用个人物联网收集数据实现盈利的模式依然是个人物联网的重要组成部分，早期这种盈利模式起源于智能手机通过收集用户数据、挖掘数据后形成用户侧写并推送产品；通过套件应用商店，推送应用给用户；通过商城售卖提成和中间广告获得利润。

## 个人物联网如何飞得更高

个人物联网新应用层出不穷，但出于各种原因，它的发展经历了潮起潮落，发展的关键在于便携性和应用生态。这几年，一些智能穿戴产品曾流行一时，比如早期的 AR 眼镜，后来的 VR 设备，以及智能跑鞋，或者在健康领域风靡一时的无创血糖仪等。这些虽然是行业发展一时的热门产品，但是总体上它们并没有成为智能手机、手表及手环和智能蓝牙耳机那样的入口级产品。究其原因有两个：一方面这些应用都没有人进行开源推动，应用内容太少。比如 VR 设备需要重塑如今的游戏生态，但显然，在 PC、智能手机游戏产业完备的情况下，VR 设备发展的阻力远大于推力，其供应链也不完备，很多 VR 产品依然是在借用智能手机的供应链条。另一方面这些个人物联网应用便携性不佳。PC、智能手机、智能手表及手环的经验告诉我们，便携性是人类需求的关键，越来越多人喜欢扫码支付而非携带现金，就是便携性的体现。共享经济中充电宝的成功，也是受到了现代人出门便捷性诉求的影响，对于个人物联网而言，便携性的分量毋庸置疑。

对于中国个人物联网产业来说，其未来蓬勃发展的着力点依然在于下沉和出海。遵循时间机器的法则，这点适用于很多和互联网相关的中国企业。中国手机巨头的市场，也在转向印度和非洲，大量国家依然需要我们的手机、PC。

但在个人物联网中，想要让手机生态企业形成闭环，必须攻克两个关卡，一是芯片，二是系统。虽然个人物联网的内容丰富，包括 PC、蓝牙耳机、手表及手环，但它们都是系统和芯片技术的延伸。

国内多是通过平移安卓系统，实现横向个人物联网设备的拓展。由于个人物联网的主题是便携性和小型化，所以芯片的小型化、低功耗、高性能成为刚需。如果芯片算力足够强大，手机功能可以移植到手表中，配合曲面屏，实现智能手表和智能手机的切换，增强智能手机的便携性。从手机到手表，必须足够薄、足够轻、能耗足够低，且可以无缝连接现有可用的所有手机 App，这一切都需要工艺先进的芯片和自创的具有良好兼容性的系统。

从 PC 到智能手机，其底层是芯片从英特尔的 X86 到 ARM，系统从微软的 Windows 到谷歌的安卓（苹果的 iOS）。那如果是从智能手机到其他智能设备呢？可以预料，同样，会经历一场有关芯片和系统的迭代。

# 智能车联网和无人驾驶

无人驾驶还没有全面商用化，有机构认为完美的无人驾驶技术的普及最早要到 2035 年才能实现，但在这之前，无人驾驶的初级版本和智能车联网将会率先进入商用市场。有人认为，2021 年是无人驾驶技术发展的元年。在观察这个行业时，笔者会从市场玩家和技术路线两个角度来分析这个行业。

# 智能网联汽车

智能网联汽车（Intelligent Connected Vehicle，ICV）是将车联网与智能车有机联合，搭载先进的车载传感器、控制器、执行器等装置，并融合现代通信与网络技术，实现车与人、车、路、后台等智能信息交换共享，完成安全、舒适、节能、高效行驶，并最终可替代人来进行操作的新一代汽车[1]。

无人驾驶汽车是智能汽车的一种，它主要依靠车内以计算机系统为主的智能驾驶仪，实现无人驾驶的目的。具体来说，无人驾驶汽车主要利用传感器技术、信号处理技术、通信技术和计算机技术等，通过集成视觉、激光雷达、超声传感器、微波雷达、GPS 位置传感器、里程计、磁罗盘等多种车载传感器来辨识汽车所处的环境和状态，并根据所获得的道路信息、交通信号的信息、车辆位置和障碍物信息做出分析和判断，向主控计算机发出期望控制，控制车辆的转向和速度，从而让无人驾驶车辆依据自身意图和环境进行拟人驾驶[2]。

简单地看，实际上车联网对应的是物联网，AIoT 对应的是智能网联汽车，而无人驾驶是智能汽车在自动驾驶方面的最高级形态，也就是替代人类进行拟人驾驶。据美国汽车工程师学会（Society of Automotive Engineers，SAE）对自动驾驶技术的定义，可将自动驾驶划分为无自动化（L0）、驾驶辅助（L1）、部分自动化（L2）、有条件自动化（L3）、高度自动化（L4）、完全自动化（L5）6 个阶段。

---

1 顾硕 . 智能网联汽车引领汽车产业变革 [J]. 自动化博览，2018（06）: 3.
2 李莎莎 . 基于文献计量学的无人驾驶汽车技术研究 [J]. 山东工业技术，2017（01）: 286—287.

比较直观的区别包括以下几点。

L1 和 L2 都是辅助驾驶。两者的区别是 L1 制动、加速或转向；L2 制动、加速和转向。也就是可以同时完成加速和转向的是 L2，只能在直线上行驶，保持车距、不能转弯就是 L1。

L3 到 L5 都是自动驾驶。L3 状态下的驾驶员在必要时刻必须接管车辆，L2 和 L3 的区别在于，L3 的驾驶员不用监控交通，需要时 L3 会寻求驾驶员接管；L4 和 L5 都不需要驾驶员接管系统，但是 L4 必须在有限制的环境下运行，比如城市中的无人驾驶出租车会在一定区域内运营。L5 没有限制，随时随地都能自动驾驶，是目前无人驾驶的最高形态。

国内有的厂商对自动驾驶级别有一些误解，且自动驾驶级别缺乏统一评判的标准，所以有时厂商会过高地宣传自己的自动驾驶技术。但实际上，目前在售的商用车领域最高实现的级别还只是 L3，谷歌 Waymo 在自动驾驶领域介入最早，但是 Waymo 最初也只是在凤凰城一个城市进行了由驾驶员监控的无人驾驶车辆试运行，直到 2020 年 10 月，Waymo 才宣布部分车辆完全摆脱驾驶员的控制，达到 L4 水平。可以看出，自动驾驶技术虽然有了长足进步，但它只是解决了头部问题，满足一般性路况运行的需求，而非常多的长尾问题、小概率事件以及人们对自动驾驶安全性的过度焦虑等问题无法在短期内解决，这些问题也阻碍了无人驾驶技术的快速推进。

## 无人驾驶的实现路径

无人驾驶是自动驾驶的终极目标，也是汽车智能化的终极目标，但无人驾驶未必一定要通过智能网联的方式实现。在封闭环境下，某些无人驾驶技术可以通过终端离线学习，了解环境并稳定运行。最简单的应用案例就是扫地机器人，它可以通过对室内障碍物进行碰撞的记忆，规划房间清扫路线。在一些封闭的工厂园区，亦可以通过输入路径的方式让无人驾驶车运行，这类似于为轨道交通叠加了防撞机制，只是无人驾驶并不需要轨道，而需要一种关于环境的记忆能力。但这种无人驾驶，最终只能到达 L4 水平。

所以说，L5 才是通用无人驾驶技术的最终目标，而 L5 需要通过联网和逐步智能化来实现。而据 IHS 预测，2025 年，全球无人驾驶汽车销量将达到 23 万辆，2035 年将达到 1180 万辆，届时，无人驾驶汽车保有量将达到 5400 万辆。

为什么当下会迎来自动驾驶技术的突破呢？因为一些国家的政策实现了一定的突破，无人驾驶上路最大的问题不仅是不确定系统是否可靠，还在于出了事故谁担负责任。

从 2012 年到 2020 年，美国颁布自动驾驶相关法律和行政命令的州从 6 个增长到 41 个，到 2020 年美国有 29 个州颁布了有关自动驾驶汽车的法律，11 个州发布了与自动驾驶汽车相关的行政命令。内华达州于 2011 年允许自动驾驶汽车运行，加州于 2012 年允许在公共道路上测试自动驾驶汽车。美国国家公路交通安全管理局 2013 年在北美国际汽车展上宣布了自动驾驶汽车的初步政策，承诺在 2013—2023 年这 10 年里投入近 40 亿美元，推动自动驾驶汽车的开发和应用。美国交通局 2020 年在国际消费类电子产品展览会（International Consumer Electronics Show，CES）上发布了第四版自动驾驶汽车指南《自动驾驶汽车 4.0（AV 4.0）》。

在中国，国家发展和改革委员会等 11 部委于 2020 年 2 月联合印发了《智能汽车创新发展战略》，提出到 2025 年，实现有条件自动驾驶的智能汽车达到规模化生产，实现高度自动驾驶的智能汽车在特定环境下的市场化应用。国家发展和改革委员会在 2020 年 10 月 18 日正式发布的《深圳建设中国特色社会主义先行示范区综合改革试点首批授权事项清单》中，赋予深圳无人驾驶先行试点权。同时，国内多个城市也已经同步开启无人驾驶车辆运行试点。

而在无人驾驶测试牌照获得方面，在 2020 年的路测中，Waymo、Cruise 与 AutoX 在接管里程 PMI 方面位列前三，它们也是加州无人驾驶牌照（可载人）的获得者。另外，2021 年 2 月，百度的 Apollo 也拿下了加州全无人驾驶测试牌照，而从国内多个试行点看，百度的无人驾驶技术排位也比较靠前。

## 无人驾驶的技术路线选择

无人驾驶汽车一般分为如下几个模块：感知、决策、人机交互和执行。

感知就是利用各种传感器（包括视频、声呐、激光雷达等传感器）对环境进行数据采集，获取行驶环境信息，并对信息中的数据进行处理。其主要依靠视觉图像的智能分析，以及雷达（主要是飞行时间法）测距。视觉图像用来理解道路边缘及路上标线标识，和雷达形成互补。

无人驾驶技术的决策基于两方面，一方面是基于规则的行为输出，包括加速、减速、保持、换到左边车道、换到右边车道、左转和右转；另一方面是基于部分可观察马尔可夫决策过程（Partially Observable Markov Decision Process，POMDP），这种算法专门应用在环境状态部分可知动态不确定环境下的序贯决策，根据模型的全域与部分区域观察结果来推断状态的分布。即通过不同的传感器信息，推断状态概率分布，根据其中概率最高的判断，从规则库中找出对应的行为，然后通过控制层执行输出。当然决策需要结合定位导航和路线规划功能。

人机交互界面一般指的是车辆前端的中控屏幕，当下语音交互和触屏操控依然是进行人机交互的主要途径，但未来在驾驶辅助中还需要添加诸如情绪检测、自适应人机交互、眼球追踪、语境语音等技术以提升汽车智能化、差异化的人机交互技术。在车联网发展与无人驾驶推进尚需时日的情况下，人机交互界面在未来也将担负起车内娱乐的重任，但总体上，车载人机交互界面的开发度有待提高。

无人驾驶的要素包括从感知到决策层和认知层，再到控制层和执行层。控制层和执行层是车辆的最底层，包括动力系统、转向系统、制动系统和灯光系统。随着这些系统执行完毕，车辆通过高精度环境信息采集形成信息反馈，测量实际动作和预期之间的偏差，并进一步调整车辆。

在总体框架下，推进自动驾驶的路径大致有三种。

路径一是特斯拉应用的视觉 SLAM 定位：以"低精度定位 + 低精度地图 + 高准确率识别"的模式实现自动驾驶。采用前置摄像头、前置雷达（毫米波雷达）、超声波传感器来同时完成定位与地图的创建。

路径二是 Waymo、Cruise 与 AutoX 应用的高精地图定位：以"高

精度定位 + 高精度地图 + 高准确率识别"的模式，通过激光雷达高速旋转时发射的激光，测量车辆与周边物体的距离，再根据距离数据描绘出精细的 3D 物体轮廓，并结合高分辨率地图数据进行建模，帮计算机做决策。

路径三是高通和大众应用的车联网定位：在车辆位置、速度和路线等信息构成的巨大交互网络中完成自身环境和状态信息的采集。在互联网信息库中，所有车辆将自身的各种信息都传输汇聚到中央云处理器，实现位置信息的交互共享。

路径一的成熟耗时较久，因为低精定位、低精地图会降低对自动驾驶的外部辅助，从而对高准确率识别的视觉系统提出了更高的要求；路径二基本已经开花结果，也是 2021 年落地的主流；路径三可能成为一个有力的场景补充，及时提供有关交通状况、事故和与当地环境共享的其他交通状况信息，从而让无人驾驶车跟随环境变量做出改变。

在车联网定位的基础上，城市智慧大脑也有可能在未来服务无人驾驶，因为相比车联网的信息采集，城市智慧大脑能够更好地补充环境变量，城市大脑解决方案能够链接现在孤立、片面、用途单一以及基础的单元，并基于智慧的计算平台与完备的数据采集构建全新的数据模型与计算模型，让系统层面的指令更加智能化，让基础设施的数据采集更完备。

## 无人驾驶的几个发展瓶颈

现阶段无人驾驶技术的发展依然有以下几个瓶颈不容忽视。

第一，法规和民众的接受度。现阶段法律对试点和发放牌照都做了规范，但民众对事故的敏感度较高。这就像尽管飞机事故死亡率远远低于汽车交通事故，但是我们往往对飞机事故更加敏感。人类经常产生这种认知偏差。虽然无人驾驶事故率可能低于平均交通事故率，但人们对无人驾驶类的事故还是过于敏感。

第二，激光雷达价格昂贵，且中国掌握车载激光雷达技术的企业不多。

第三，宏观经济的周期性风险。我们看到，历史上人工智能技术的潮起潮落和宏观经济周期不无关系，宏观经济周期一旦进入下行期，未实现商用的无人驾驶可能无法获得风险投资者的资金支持，行业整体有可能集体陷入发展瓶颈而止步不前。

第四，基础设施的配合。城市智慧大脑如果可以开放资源，高精地图的覆盖会更精准、全面，这些都会使无人驾驶技术有所提升。但部分领域基础设施的对接依然存在难度。

第五，无人驾驶的伦理问题。有个典型的伦理题：如果人工智能发现一辆车无论怎么做都会撞到人，一边是一个孩子，另一边是四个成年人，它会怎么选择？人类也许可以回避这个伦理题，因为人类本身性格上就存在不确定性，但自动驾驶无法回避，其选择最终来自算法，也许其以 4 大于 1 来做出回答，但是这个答案并不能被所有人接受，从而形成了伦理问题。

人工智能也许永远无法到达 L5 水平、实现完美无人驾驶。但是它的发展秉承一个原则：无人驾驶要比人类驾驶更安全。如果我们不求完美，只是相对更优，那么无人驾驶在提供合理安全性的同时，会让我们空出很多时间做其他事，在 AIoT 时代，用户时间最为珍贵，所以无人驾驶也是一项有意义的技术。

# 智能物流

人工智能的发展，最终都需要落地到商用。在强调稳定性的工业领域，或者在无人驾驶领域，人工智能现阶段所能触达的边界十分有限。但在相对封闭的物流领域，一些人工智能的方案变得可行。自动驾驶、视觉系统、深度学习和自然语言理解都广泛地嵌入这个行业。我们曾提及无人驾驶实际上可以在封闭环境中实现，比如港口、园区、仓库和高速公路等。而物流行业的特色，就是既有很大的运输量，同时又有封闭稳定的环境变量。因此，想要无人驾驶在园区内或仓库内稳定运行，实际上完全可以做到。

## 智能物流市场状况

物流是物品从供应地向接收地实体流动的过程中，根据实际需要，将运输、储存、装卸、搬运、包装、流通加工、配送、信息处理等功能有机结合起来实现用户要求的过程。中国物流行业长期处于高景气状态，可以说，我国电商的成功有一半要归功于物流行业的蓬勃发展。国家发展和改革委员会与中国物流与采购联合会共同发布的《全国重点物流企业统计调查报告》中的数据显示，2019 年，全国社会物流总费用达到 14.6 万亿元，占我国 GDP 的 14.7%，2007 年—2016 年，国内重点企业物流业务收入年均增速为 9.8%。可以看出，物流不仅是我国国民经济的重要组成部分，更是我国经济高速发展的重要基石[1]。但物流行业的发展一直存在一个难以回避的问题，那就是物流成本中人力成本占据主导地位，而人力成本随着我国经济发展水平的提高逐渐上升。对于物流行业来说，在人口红利逐渐消失、人员工资不断攀升的大背景下，寻找廉价劳动力的难度越来越大。在 2007—2016 年这 10 年间，重点企业物流业务成本年均增速为 10.5%，收入年均增速 9.8%，成本平均增速比收入平均增速高出 0.7%。这促使物流行业从业者开始"求变"，这个变就包括利用人工智能和高度的自动化替代一部分人工。人工智能对于物流业来说，是成本降低的希望，也是各家物流公司未来的主要竞争焦点之一。

物流行业下游需求包括快递、快运、整车、零担、即时、仓储、冷链、园区、电商等，总体业务流程可以分为运输、仓储、装卸、搬运、分拣、配送、客服等环节，流程清晰且各个业务场景之间相对独立，引入人工智能技术的过程中既可采用整体解决方案，也可采用灵活性更强的适合单个场景的解决方案，并进行局部优化和调整。人工智能在物流领域可以承担多个角色，比如智能运输、智能配送、智能仓储、智能客服等。进一步细分，在智能配送端可以引入无人机配送、无人车配送和智能调度等，也可以横向拓展智能港口运输、园区物流。

---

1 艾瑞咨询 . 中国人工智能 + 物流发展研究报告（2020 年）[R]. 2020.

在诸多智能物流应用中，人工智能的应用主要集中在仓储和运输两个方面，根据艾瑞咨询报告的数据，在智能物流中，当前智能仓储占智能物流市场规模的 42.8%，智能运输占智能物流市场规模的 38.4%。两者结合占据了市场 8 成的份额。2019 年，我国智能物流总规模为 15.9 亿元，预期将在 2025 年达到约百亿元；2019 年，我国智能物流领域中智能运输达到 6.1 亿元，预期在 2025 年达到 30 亿元。

## 智能运输

在智能运输方面，卡车智能管理是人工智能在智能运输领域的重磅应用。人工智能在卡车运输业务上有两个方面的运用：其一，无人卡车技术集中在园区和港口，无人卡车可在相对封闭的环境中实现运送，有时候还能对接工业制造企业的供应链，但由于当下自动驾驶技术的技术瓶颈，在开放环境中尚不能实现无人驾驶，所以无人卡车并不普及。其二，运输车辆管理系统集中于主干道运输，计算机视觉与 AIoT 技术为运输车辆管理系统提供实时感知功能，对卡车运输实施车辆状态监测、驾驶行为监控等行为。运输车辆管理系统在车辆出现行程延误、线路异常和司机出现危险行为（瞌睡、看手机、超速、车道偏离等）时进行风险报警、干预和取证判责，并最终达到提升车队管理效率、减少运输安全事故发生率的目的 [1]。

无人卡车技术短期内难以普及，在现实中，智能物流的供应链体系一般通过 AGV、输送线及机器人等方式实现物流智能化，AGV

1　艾瑞咨询 . 中国人工智能 + 物流发展研究报告（2020 年）[R]. 2020.

机器人类似一种有规划线路的物流机器人，对自动驾驶的性能要求相对较低，对稳定性要求更高。

企业整体使用物流自动化设备可以优化制造业运营，不过遗憾的是，天睿咨询的调研显示，AGV、输送线及机器人与使用率较为广泛，但仍有近一半企业尚未引入物流自动化设备。那些没有使用智能物流的制造企业往往忽视了智能物流对工厂运营的重要性，仅在局部及某些节点使用智能物流设施，这往往无法使工厂整体运营系统得到优化。实际上，将生产或产品线嵌入智能物流系统，基本可以实现"制造工厂物流中心化""零断点、快交付"。智能物流设施是智能制造的重要构成，其是否合理、有效地进行配置决定了智能制造能否有效运营。

## 追求无人化的智能仓储

智能仓储即通过物联网、大数据、人工智能、自动化设备及各类软件系统的综合应用，让传统静态仓储朝着动静结合的方向进行转变。智能仓储属于高度集成化的综合系统，一般包含立体货架、有轨巷道堆垛机、出入库输送系统、信息识别系统、自动控制系统、计算机监控系统、计算机管理系统及其他辅助设备组成的智能化系统等。因此，在智能仓储中，商品的入库、存取、拣选、分拣、包装、出库等一系列流程，都有各种类型物流设备的参与，同时需要物联网、云计算、大数据、人工智能、RFID 等技术的支撑 [1]。

---

[1] 艾瑞咨询 . 中国人工智能 + 物流发展研究报告（2020 年）[R]. 2020.

　　智能仓储系统已经逐步在一些物流企业中得到普及，但问题在于，智能仓储建设和运营成本相对较高，一次性投入之后需要较长时间才能实现成本回收。近几年，电商对其依托的快递业物流逐步开始整合方案，将其中关键的成本节点分为两步打通：其一，本地仓的模式，在接近人口密集区的城市设立货物仓储，就近出仓发货，通过智能调度布局商品，对接电商平台，将货物放在最靠近用户的地方，又或者通过智能调度结合线下商超网点，这样做既满足线下业态的需要，也让线下商超网点在必要时成为物流中转站，一举两得；其二，通过无人仓的模式，减少仓库中人工的使用，从入库到分拣出库都采用自动化、智能化物流体系。智能仓库通过智能化改造，在零售配送的同时甚至可以直接对接制造业工厂的供应链。

　　可以看出智能仓储系统有两个层面，一个是物的层面，智能仓库管理系统包括入库、搬运、上架、分拣出库的智能化管理；另一个是中控层面，通过智能调度相应的智能设备来实现无人化仓储。

　　在智能仓库管理系统中，又可以细分为以下几个方面。

　　其一，仓库管理现场系统。仓内现场管理主要通过视觉智能监控仓内员工的分拣情况，同时监控物流件的破损情况，及时发现问题并预警。场园现场管理包括识别进出车辆车牌、装载率分析、车辆时间判定和能效分析、优化运力。

　　其二，自动分拣和搬运的自主移动机器人。自主移动机器人（Automatic Mobile Robot，AMR）与传统 AGV 的不同之处在于，AMR 的运行不需要地面二维码、磁条等预设装置，而是依靠 SLAM 系统进行定位导航。我们前面提及的 AGV 需要一定的标示，更像是轨道化的智能驾驶，而 AMR 是一种准自动驾驶。由于仓库内环境较为稳定，这种类型的机器人和轨道化的 AGV 都可以应用于分拣和搬运工作，但从长期趋势来看，相比于视觉导航 AMR，激光导航 AMR 和环境交互更好，能够更好地运用于仓储物流。根据艾瑞咨询的报告，2019 年，国内仓储 AMR 的市场规模为 6.8 亿元，未来数年，AMR 的市场规模将以高速增长状态迅速扩张，预计到 2025 年，国内仓储 AMR 的市场规模将超过 40 亿元。

其三，智能调度在智能调度方面，主要是设备调度，包括 AS/RS、AGV、AMR、穿梭车、激光叉车、堆垛 / 分拣机器人等。仓储智能调度面临两个问题，一是短距离高密度设备间的通信问题，未来可能需要通过 eMTC 技术来实现多设备链接，当下普遍采用 LTE 和 Wi-Fi 结合的组网方式；二是智能调度本身智能性的问题，传统设备调度根据上层 ERP 企业管理系统或者 WCS 仓库控制系统来下达命令，而如今的 AMR 更加智能化，使用诸如基于大规模聚类、约束优化、时间序列预测等底层算法。比如 AGV 智能调度系统能够灵活指挥上千台 AGV 完成任务匹配、路径规划、调整货架、生成补货计划等多项业务，并随数据积累与学习，不断自主优化算法。这些底层算法主导的智能调度会进一步优化仓储运行效率。

智能调度系统未来还将进一步普及，不过出于对自身技术壁垒的考量，物流企业多是自营建设智能物流系统，也正是因为大多数物流企业之间树立了技术壁垒，智能物流系统之间的标准化接口一直无法实现，这导致各物流企业的智能调度系统无法通用，连自主移动机器人（AMR）之间接口通用都很难实现，这在一定程度上限制了智能物流的发展。

最后，仓储物流行业还有智能配送的分支，主要是无人配送，包括无人车配送、无人机配送、智能配送辅助、优化配送路径、优化配送过程。作为"最后一公里"的优化，其涵盖了智能订单分配功能。智能订单分配功能在即时配送领域将发挥巨大作用，订单分配本质上可以看作带有若干复杂约束的动态车辆路径问题（DVRP）。即如何用最快的时间，通过最短的距离，将货物从 A 运送到 B。这套系统用于外卖送餐行业，数据平台收集骑手的轨迹信息与环境数据，通过机器学习算法可以得到预计交付时间、预计未来订单、预计路径耗时等数据，平台结合收集的数据和预测的结果，进行系统派单、路径规划、自动改派等决策，从而缩短配送时间，提高配送效率。

## 智能物流遭遇的阻力

智能物流面对的阻力不仅仅来自快递行业，还来自供应链中的其他环节。在相对封闭的环境下，物流现阶段在 AIoT 时代受益将最为明显，其成本将得到有效的压缩，整体也变得更有效率。但智能物流也面临几大阻力。

首先是物流模式没有标准化，不同的自营物流都将有 AI 融合的物流体系作为自己的竞争优势。

其次，无人驾驶还无法在开放环境中为物流业贡献价值。如无人卡车在开放环境下依然有运行瓶颈。

再次，使用人工还是智能？这是个问题。部分国家为了就业限制人工智能进入物流领域，但事实上这并不符合经济发展的要求，人工智能的运用也在一定程度上提高了物流配送人员的收入，但物流行业总体上人员需求量会下降，而这也是我们未来要在很多领域需要权衡的问题。由于快递业自动化程度参差不齐，快递行业现阶段依赖于电商的发展，两者深度绑定。而电商自营的智能物流相较于独立运营的第三方物流，其优势更加明显。因为电商自营可以将货物预先下发到本地仓库，并可以通过合理调配仓库中的商品，优化物品运送路径、就近配送，同时通过智能化、网联化降低本地仓的运营成本。简单来说，由于电商自营，电商自身快递订单量有保障，规模化快递单量摊薄了成本，智能化让本地仓网点运营成本获得有效降低。进一步来说，电商自营物流通过缩短配送距离，减少了运输延迟，多项叠加后，其规模越大，电商自营物流的成本越低，相较于其他快递企业而言，竞争优势更为明显。

# 其他智能应用

## 智能商业物联网

AIoT 时代对商业赋能的模式很多，比如智能家居进入智慧酒店，能够更加便捷地提供短租式酒店公寓服务，酒店甚至不再需要前台，用户可以直接通过网络预定，拿到房间号后刷门卡自助入住；比如共享充电宝，在商业物联网领域，共享充电宝是最近数年最成功的共享经济之一，也是一款智能物联的新增终端产品。在 AIoT 时代，我们比较常见的终端包括智能金融 POS 机、安卓收银机、手持非金融设备（比如超市的条形扫码器、饭店排队叫号机）、摄像头等。物联网平台从这些常见终端获取数据，在云端叠加经营分析、资金管理、营销等方面的支持服务，使这些终端能够对用户实现用户画像或侧写，从而实现更精准、更个性化的客户服务。

商业物联网的智能终端现阶段多使用 Android 系统，这些终端尤其是支付终端最早使用的是嵌入式系统，在线上电商普及后，支付终端转向 Windows 系统。而在 AIoT 时代，线上线下模式成为商业主流，安卓系统具备可移动、操作便捷、快速迭代等优势，可以预见，它将逐渐成为智能商用物联网终端的主流终端系统的操作系统。另外，在智能商业物联网领域，非金融手持设备现阶段增长迅速，这主要是受益于非金融手持设备携带便利的特点，可以在排队、点单、充值、缴费等多个履约场景中使用。

智能商业物联网逐渐出现了平台服务商，这些云平台服务早期围绕终端发展起来，线上平台在向线下扩张时，逐步结合了这些终端商，并将他们改造为商业物联网平台服务商。所以，当下的商业物联网平台服务商大多背靠互联网大平台，横向多元对接，从单一终端、到终端生态、再到多个生态打通成为解决方案。当下，这些商业物联网云平台的服务主要有以下几类。

基础的云平台服务包括基于软硬件需求的设备管理云服务、基于物联网协议的多种物联网协议组件服务、基于空间下载技术（Over-the-Air Technology, OTA）等针对商业物联网终端的升级服务。

进阶的云平台服务包括开放平台服务、经营分析服务（比如通过对用户侧写进行精准推送）、智能决策服务（采购、调配、订单合并、产品或服务下架、前台销售策略调整等服务的集合）。

物联网云平台主要收入来自软件销售服务分润、管理费及广告收入、金融科技服务等。云平台也逐渐从 PaaS 过渡向 SaaS，并逐步结合成为 aPaaS[1]。此类现阶段具有代表性的平台企业包括有赞、微盟、客如云、二维火等。

在当下智能商业物联网中，最为核心的两个云平台应用集中在两个场景，一是零售场景，二是餐饮场景。

在零售场景中，线下店铺结合线上平台，在云平台的帮助下实现线上线下模式。

在线下销售渠道环节，云平台通过接入终端实现应用赋能。比如通过智能摄像头接入平台，对客户进行分析和侧写；或者通过电子标签条形码，获得二维码和 RFID 芯片，进行货品管理，甚至实现无人商店；以及通过交易终端金融 POS、收银机和扫码盒子，对销售情况进行反馈和分析。

在线上平台销售环节，云平台通过接入线上交易数据的方式，帮助线下零售商店实现网上订单管理，对接在线支付、订单跟踪、配送、售后服务。

而在实体零售店的后台管理方面，云平台提供了智能选品、智能组货、智能定价、智能补货和智能选址等多项目任务的技术支持。

在餐饮场景中，线下店铺结合线上云平台同样可以同时实现线上线下模式。

在线下餐饮前厅环节，手持非金融设备包括排队叫号和自助点餐设备等完善了前厅的排队点餐的场景，同时通过 POS 机和收银机可以实现移动支付和自动开票。

---

1 一套应用程序整体解决方案，用户只需要低代码和零代码就可以应用。

在线下餐饮的后厨环节，通过厨显设备将客户点单传导到后厨，进行订单聚合、分单、传菜划单等流程，从而让后厨有序、高效地出餐。

在线上引流环节，平台通过团购、预定、预点餐、会员营销积分等多种方式强化餐饮品牌，实现引流。同时，通过对接外卖凭条、外卖平台、餐饮配送和评价实现对外餐饮配送。

更进一步，云平台还为餐饮店铺引入了连锁管理、供应链管理、财务管理和经营分析模式。

以上是商业物联网云平台在线下零售和线下餐饮方面的应用。如今很多人已经习惯了扫码点餐，排队点餐的场景也有了一些改善，这是商业物联网逐步渗透线下零售场景的结果。而这种线上线下的赋能模式还在进一步延伸，诸如 KTV、健身房、美容医疗机构、汽修店、宠物店、洗衣店等都在逐步涉入商业物联网平台。开拓一个成功的行业至少能够成就一家初创企业。

智能商业物联网未来拓展的方向依然是横向融合，以解决线下实体店的诸多需求，为实体店线上线下生态提供整体解决方案。

## 智能工业物联网

智能工业物联网有更强的综合性，我们很难通过单一终端来表述。工业物联网平台多是从自动化综合提供商演化而来，解决工业的多个现实问题，其提供的支持包括设备管理、集成软件、工具和技术、应用支持和管理、安全等诸多方面。而横向的工业互联网概念还要涵盖通过数据分析实现以需定产、定制化自动生成、智能物流体系等诸多方面，这些方面经常和其他 AIoT 领域重合。在最后一章，我们会通过展望未来的方式，再次分析由 AIoT 引领的未来工业的形态。

## 智慧金融

AIoT 时代围绕物，也就是终端而展开，在金融科技领域，金融科技投资集中于云计算、大数据、AI、区块链、流程自动化、文字识别等。在终端侧，实际上金融机构正在逐步走向简化。由于现金的使用渐渐减少，自动取款机（Automated Teller Machine，ATM）正在逐渐被淘汰。央行数据显示，截至 2020 年 9 月底，全国存量 ATM 为 102.91 万台，与 2019 年同期相比减少 6.86 万台。而另一方面，2020 年 12 月中国移动支付用户规模达 8.53 亿，二维码支付逐渐成为金融支付的主流。如今银行网点也逐渐迈向无人化、微型化，线上业务越来越普及。

在金融领域，智慧金融可以通过对用户终端收支数据进行分析，结合征信来实现风险控制。金融领域也通过终端附带的摄像头进行人脸识别来实现在线认证。金融更多和数据、AI、云计算融合，但在这些融合的基础之上，AIoT 围绕物的应用也存在，主要在以下两大方面：AIoT 时代的供应链金融和市政结算金融。

供应链金融是指银行围绕核心企业，管理上下游中小企业的资金流和物流，并把单个企业的不可控风险转变为供应链企业整体的可控风险，通过获取各类信息，将风险控制在最低水平的金融服务[1]。

---

1 张保国. 关于"互联网 +"供应链金融发展 [J]. 商情，2019（27）：85—86.

在供应链金融场景中，银行向客户（核心企业）提供融资和其他结算、理财服务，同时向这些客户的供应商提供及时收达贷款的便利，或者向其分销商提供代付预付款及存货融资服务。

在供应链金融中，当下存在几个方面的问题。

第一，银行对小供应商缺乏信任。核心企业信用只能传递至一级供应商，其他供应商无法利用核心企业信用进行供应链融资，造成应收账款融资渗透率较低。

第二，银行获取供应链信息难度大，信息不对称。企业间系统不进行互通，形成信息孤岛（四流难合一），增加资方（银行为主）获取信息成本，风控难度提升，并导致融资难度增加。

第三，票据造假骗取信贷的风险。贸易信息主要依靠纸质单据传递，容易出现仓单、票据造假等情况。

第四，贷后问题多。单凭合同约束，融资企业的资金使用情况及还款情况不可控，可能会出现融资企业贷款资金被挪为他用、故意拖欠及违约等情况[1]。

上述问题的解决方法是银行监控供应链运行情况，运用 RFID、AGV、视频分析等 AIoT 技术监测商品进出库等动态、读取商品信息，然后利用区块链技术防伪，保证仓单、票据的真实性。通过物品和单证的相互印证，对供应链上的信贷主体进行增信。

AIoT 在供应链金融领域的应用大体上和其在智能物流领域的应用类似。AIoT 在银行业供应链金融上的应用对保险业来说也同样有效，比如存货财产保险需要监控物品的流动等。

---

1  操群,张卓,丁永强,等. 基于区块链的社会化企业的供应链协同与融资[J]. 产业经济评论, 2020（003）：38—62.

市政结算金融指的是：水费、电费、燃气费、供暖费、上网费等，这些也可以通过 AIoT 的方式对接到互联网。一方面，利用远程抄表技术，将实际使用数据录入物联网云端；另一方面，将数据对接支付系统，实现远程金融直接结算，打通公共物联网之间的联系。

进一步来说，如果可以结合区块链技术，将每一度电看作一枚数字货币，那么就有可能将电力这种虚拟物纳入 AIoT 网络。当前，我国电网对于发电企业电力的购买模式是统一上网电价，电网企业无法计算电网输电的确切损耗，电网损耗不是根据发电企业距离的远近来分摊，而是将损耗平均分摊给所有电力企业，这阻碍了分布式电站的发展。而如果通过区块链的方式对接到每一度电，就可以将电力货币化。比如你家楼顶有个光伏电站，你就可以将多余的电力出售给你的邻居，由于距离短、损耗小，你的邻居因此可以获得便宜的电。再比如电网系统可以通过电力跟踪，了解某一条供电线路到底有多少损耗产生，整个供电网络将因此而得到优化，选择最短的供电距离来减少电网损耗。区块链和电力的结合可以实现电力的分布式共享，实现零边际成本的生产，这和我们本书开头讲过的"零边际成本社会"也是相关的。

第 七 章

AIoT 的未来

AIoT 未来的发展方向在哪里？本章我们将抛开那些算法、技术，打开更广阔的想象力来探讨三个问题：其一是关于 AIoT 未来拓展的问题，AIoT 在什么领域将较快落地，又将如何挑战我们当下的认知；其二是探讨 AIoT 的几个科技伦理问题；其三是 AIoT 时代企业要做的选择题。

# 未来农业

## 当下的农业：各国农业横向对比

中国的农业足够强大，以少量的可种植土地养活了数量庞大的人口。中国人的饮食结构较为多元化，不仅农业种养品种繁多满足了市场需求，而且相比于欧美，中国的农产品价格尤其是蔬菜价格更低。横向比较来看，中国农民的人均产量虽然不如欧美，但中国的农业相对来说更加多元，有小面积、精细化、轮作的种植地，也有大面积、机械化、规模型的农场。但在肯定中国农业成就的同时，也要看到中国农业当下的不足。比如，农业依然依赖于一定程度上的劳动密集，平均单个农民的产出不高。

从 2018 年人口普查看，我国总人口 14 亿，农民数量 5.6 亿，但事实上很多农民并不从事农业劳动，真正从事农业劳动的人口大概有 2 亿～3 亿，所以大约可以推算我国平均 1 个从事农业的农民可以养活 5 个人。根据美国农业部数据，过去的 20 年，美国农业从业人口数量没有发生太大的改变，美国总人口是 3.32 亿，从事农业劳动力的人口是 204 万人，所以平均 1 个美国农民养活了 162 个人，故而，可以看到在农业效率上我国还有一定的差距。

当前，我国粮食自给率尚未到达安全水平。我国三大主粮（稻谷、小麦、玉米）的自给率比较高，但豆类自给率比较低，我国每年要进口大约 8000 万吨大豆。进口的大豆除了制成豆制品，主要用来加工制成豆油和豆粕，其中豆油是我国居民重要的食用油脂来源，关系着我国的食品工业和餐饮业，而豆粕则是猪饲料的重要组成，关联着我国庞大的生猪养殖业，而生猪是我国居民重要的蛋白质来源。正因为我国对进口大豆存在依赖，国际大豆价格波动或供应链问题都将直接影响我国的粮食安全。要守护国家的粮食安全，必然要提高大豆的自给率，在当前耕地面积总体有限的大背景下，提升三大粮食和大豆的亩产量成了重中之重。而提高亩产量，一方面依赖于选育高产良种，另一方面必然要依赖农业数字化带来的农业生产效率的提升。

但我们也要看到现实问题：我国的可用耕地面积不大，且人均可耕地的数量还在逐年减少，如果盲目开荒增加耕地，则会占用水泽、湿地面积，破坏自然生态。并且我国的地势西高东低，适合大面积种养的平原较少，能够大规模机械作业的土地有限。我国农村务农人口并非壮劳力，对提高产量的贡献不大。虽然种子、化肥、农机的大规模使用促使我国农业效率有所提高，但提升水平还很有限，且不同地区的差异巨大，虽有不少全自动化的农业生产组织，但零散的、靠天吃饭的农业种植也普遍存在。值得注意的是，我国小麦单产量在全球排名最高，但蔬菜、水果等经济作物单产在全球并不占优。

对比美国，美国的农业基本建立在标准化之上。其售卖的瓜果蔬菜一般大小统一，且美国的供应链往往牵一发而动全身。这是美国农业标准化、商业化生产的必然结果。也可以说，美国的农业其实更符合工业化的供应链体系。比如洋葱标准大小是 3.5 英寸，大于这个尺寸和小于这个尺寸的洋葱都会被丢弃。这源于连锁店在售卖一道名为"开花洋葱"的菜时，客户会因为洋葱大小不一而起争执，于是最后将洋葱的尺寸统一定为 3.5 英寸，继而整个产业链包括所有农机设备都围绕这个尺寸进行生产。

美国工业化、规模化、标准化的农业体系为什么会形成呢？原因有两个：其一美国农业受到了工业革命的影响，大规模使用机械代替人工。农业机械需要能源驱动，而美国恰恰是能源开采大国，近几年页岩油气技术的发展还让美国的能源产量有了进一步增加，因为能源供应充沛，美国农民已习惯了高耗能的农业生产方式，也造就了美国高产出、高耗能的农场经营模式。其二美国农业受益于平坦的东西地势，平坦的地势一方面意味着美国有大量可耕种的土地，另一方面也意味着有利于农业机械化。综上，得益于美国充足的自然资源，美国的农场更像工厂，粗放、高耗能、高产出。

以色列农业的情况又和美国有所不同。充足的阳光是以色列农业唯一的自然优势，以色列的可耕种面积很少，且土地贫瘠，尤其缺少淡水。但在贫瘠的土地上，以色列农业却取得了不错的成就。以色列在产奶量、产蛋量、玫瑰单位面积产量、棉花亩产量、柑橘、西红柿和渔业养殖方面都获得了不错的成绩，其蔬菜和花卉在自给的同时还可以实现大量出口。以色列之所以有如此高的农业成就，一方面是靠发达的农业科技。以色列每年投入 8000 万美元用于国家层面的农业科技研发。通过科技创新，以色列拥有强大的育种科技、生物防治技术、滴灌技术、水循环技术、高产种养技术、多倍体繁育技术等农业技术。而另一方面，以色列农业获得成功还因为一种全新的农业模式——精准农业信息化技术。

以色列农业多为封闭式，比如蔬菜多是轻量化大棚，在隔绝昆虫减少农药的同时，精准地做到滴灌施肥，蔬菜棚内多由计算机控制。当发现有病虫害时，农民可以用手机拍下害虫，发到数据中心，进行精准的农药匹配，从而确定农药的使用量。以色列农业服务科技企业众多，它们开发的气候监测系统可以控制温室大棚的温度、湿度和通风。同时也开发了一套结合视觉系统的农场地图，用于准确观测和测量植物生长所有必要的参数，选择最佳匹配种植区域，以在最大程度上节省和利用资源。如今，以色列的无人机和视觉智能正大规模地介入农业生产。

欧洲农业的代表性国家有两个，一个是法国，其农业模式和美国相像，由工业化、机械化推动大小农场主进行大面积的规模化种植，工业化使法国成为欧洲最大的粮食出口国；另一个是荷兰，它地处低洼、雨量大、可用土地稀少，荷兰十分重视农业科技，其多采用面积较小的庭院式农业，也由于面积较小，因此多采用封闭式生态循环模式。荷兰的农场较小，信息化技术的使用十分密集，甚至用海上的漂浮农场节约占地，2018 年，荷兰农产品出口额高达 903 亿欧元，还出口了 91 亿欧元的农业机械和化肥等相关产品。荷兰玻璃温室总面积超过 1 亿平方米，占全世界玻璃温室面积的 1/4，其中的 60% 用于种植花卉，剩下的则种植以番茄、甜椒和黄瓜为主的果蔬类作物。当然，荷兰最出名的农产品还是牛奶，荷兰皇家菲仕兰（Friesland Campina）拥有荷兰的 8 成牧场，是全球主要益生元供应商、乳糖供应商、酪蛋白酸盐供应商。在能源方面，根据荷兰政府公开的数据，2018 年，荷兰可再生能源占电力结构的比例为 17%，可再生能源占总能源消耗结构的比例为 7.3%。

　　从上述几个国家的农业状况，可以看出法国和美国采用的是大规模标准化工业生产，对资源依赖度较高；而由于自然资源贫乏，以色列和荷兰的农业都走向了精细化。以色列缺水，荷兰缺地，贫瘠的自然资源迫使以色列和荷兰等国家推进精准农业和生态农业，通过低耗能、高单位面积产量的方式来发展农业。他山之石可以攻玉，探讨他国农业是为了找到中国农业未来的发展道路。针对不同作物，我国需要采取不同的农业发展模式。

　　我国农业若要向现代化发展，需要兼收并蓄。目前，我国小麦单产已经全球最高，继续采用连片规模化种植，通过机械化采收、规模化生产来摊薄单价，是最适宜的方式；而其他零散性经济作物种植，比如多品种的蔬菜，未来可以考虑仿照荷兰和以色列的模式，通过引入更多技术，合理利用空间、水源、能源等资源，推进生态农业、封闭农业、工厂化农业和精准农业。其中，荷兰的庭院式生态农业更适合我国蔬菜等经济作物的生产，理由如下：

其一，农民需要更高的收入。在中国传统的农业生产模式里，农民很难获取高收入。一方面受限于人均土地面积，例如我国山东寿光虽是"中国蔬菜之乡"，但山东也是人口大省，因此农民人均占有的耕地面积其实并不大；另一方面农民受限于生产效率，蔬菜需要季节性轮作，但在全人工环境下土地闲置是常态，而且随着我国劳动力价格的上升，当前农场已经越来越难雇到人了。综上，要实现农业领域农民增收，只有通过在有限的土地上利用技术提高单个农民的产能。

其二，通过 AIoT 智能物联网为核心的智慧农业，可以有效地降低资源消耗、提高产量、降低成本。而实际上，传统农业建立在粗放管理的基础上，虽然便宜，但以牺牲自然资源为代价，且食品安全问题较多。

其三，商业模式正在改变。我国农业正在从零散的小农生产步入供应链模式。供应链模式和小农生产最大的区别在于：供应链模式下，下游销售端对农产品的品质和供应规模要求更高。比如在 2020 年至 2021 年逐渐崛起的社区团购模式，社区团购需要农产品供应具备一定的规模，因为只有达到一定的规模才能摊薄中间成本，对于消费者来说才会有性价比；再比如餐饮业的连锁模式，餐饮连锁最重要的是可复制性，如果菜品品质参差不齐，就会打击连锁餐饮的品牌口碑，所以餐饮品牌会要求供应链保证菜品品质稳定。下游销售端的要求越来越多，上游种植者就需要按照要求主动转向定制化生产。为了满足销售端的需求，农业生产必然要向精细化、标准化转变。

世上并没有完美的经验可用于复制，应针对环境特点提供不同的解决方案。比如在我国西北可以发展节水农业，东北可以发展温室生态农业等。但有一点可以确定，智慧农业最终将改变我国的农业生产模式，当然，这是个漫长的过程。我们需要在农业科技方面进行长期的投入，最终才会结出智慧农业的果实。可以通过产学研模式，让农业大学与科研机构带动科研并商业化地运作应用到农场。

## 正在进入的时代：智慧农业

什么是智慧农业？智慧农业包括农业物联网、农业大数据和农业云平台，但其核心本质是基于 AIoT 智能物联网的农业。智慧农业通过传感器和农业终端收集数据，再将数据反馈到云端进行数据分析，并通过云端 AI 系统进行农药化肥的定制，最后又通过滴灌设备、温控设备等农业终端实施农业管理。

在温室中，可运用物联网系统的温度传感器、湿度传感器、pH值传感器、光照度传感器、二氧化碳传感器等设备，检测环境中的温度、相对湿度、pH 值、光照强度、土壤养分、二氧化碳浓度等物理量参数，保证农作物有良好的、适宜的生长环境[1]。通过远程控制在办公室对多个大棚的环境进行监测控制，采用无线网络进行测量，并获得作物生长的最佳条件。

在智慧农业方面，我们列举了几种比较普及的应用。

---

1 张开生，田开元，吕明，等 . 基于物联网技术的农业大棚环境监控系统设计 [J]. 西安科技大学学报，2015，35（06）：805—811.

农业机器人——进行杂草控制和农作物收割（代表企业：蓝河科技，约翰迪尔旗下企业和 Harvest CROO Robotics）。杂草控制是运用计算机视觉监测植株，实现精准喷洒除草。精准喷洒一方面可以节约除草剂，另一方面可以降低杂草对除草剂的抗性。而农作物收割则大大降低了企业对人工的需求，随着技术的发展，农作物收割工具在收割的同时可以直接自动打包农产品防止损耗。

农作物及土壤健康监测——基于机器视觉的虫害与土壤缺陷诊断、基于无人机与计算机视觉的农作物分析（代表企业：PEAT、Trace Genomics 和 SkySquirrel Technologies Inc.）。通过计算机视觉给昆虫拍照，上传数据，获得具有针对性的农药，再进行精准喷洒减少残留。同理通过计算机视觉，分析土壤，匹配定制的化肥，在保证土壤肥力的同时减少浪费。

预测分析——基于卫星的天气预测、农作物健康及可持续性监测（代表企业：AWhere 和 FarmShots）。通过卫星从太空持续观察农作物并预测可能出现的病虫害，并结合天气预测，通过大棚温度与湿度控制系统调节大棚内的环境参数，科学预测保证单产提升。

农业的智能物联网时代正在到来，互联网平台的一些企业已经开始介入，比如网易的未央猪、阿里和京东的 AI 养猪解决方案。养殖工业化的阻力比种植工业化要小，种植中土壤、气候的不确定因素更多。未来智慧农业落地，需要基础设施方面进一步的投入，也需要农机设备、互联网平台企业多方发力，努力降低设备、智慧农业云服务、基础设施等方面的成本。当智慧农业相较于传统农业产生了巨大规模优势和成本优势时，我国农业的现代化将真正得以实现。当然，我们并不会仅仅局限于实现智慧农业，我们期待着更加智能化的未来农业。

## 未来农业：家庭农业

　　未来的农业会是怎么样的？个人认为，未来农业最终一定回归以家庭为单位的自给自足。因为农业的一切都已经工厂化、自动化和智能化，如果农业人工智能系统能够完美地监控农业的每个环节，从种子基因库到肥料，从天气预测到种植棚的温度湿度调节，基于如此先进的智能化和自动化，我们甚至完全可以在自家阳台种菜，实现自给自足。未来也许会出现一类定制服务，人们通过购买某个互联网平台的服务，就可以在阳台上建设自己的生态农业蔬菜暖棚，自己除草施肥。如果懒得操作，互联网平台可以在云端进行种植控制。

　　再进一步，如果人类要登上别的星球，比如移民火星，我们的飞船首先要解决的就是如何构建自给式循环农业系统。我们要能够在飞船上通过循环系统制造食物，维持生命所需，只有这样人类才可能走得更远。当年，促使马斯克成立 SpaceX 的，是有个公益组织相关人员对马斯克说，想要将一盆绿色植物带上火星，使其成为火星上的第一抹绿色。如果人类要登陆火星，一盆绿植是不够的，一个完整的农业生态箱则可以帮助人类在火星上生存。

# 未来工业

## 当下工业：自动化时代

当下的工业，一半是智能物流，而我们在前一章已经谈过其现状；另一半是自动化，标准化和自动化是当前工业推进的主流，一个国家工业的先进程度，往往可以直观地用工业机器人密度来表示，即每万名工人拥有工业机器人的数量。

根据 IFR 发布的《2020 世界机器人报告》，2019 年，我国工业机器人的密度为 187 台 / 万人，高于世界平均水平的 113 台 / 万人，但是相比于新加坡（918 台 / 万人）、韩国（855 台 / 万人）、日本（364 台 / 万人）、德国（346 台 / 万人）还有很大差距。限制自动化水平发展的，一是自动化机械本身的研发难点，比如关于伺服机、减速器、控制器等的研发，二是自动化对工人素质的要求比过去对普通流水线工人的要求更高，在控制工业机器人的工人方面，虽然需要的人员数量更少，但这类工人相对普通工人来说更为稀缺，工资也更高。相比之下，一些低自动化水平的代工厂，U 型流水线能够容纳更多的普通工人，稍加培训即可上岗，劳动力来源反而更加稳定。

当下，自动化的趋势还在逐步地向非标自动化发展。非标自动化是相对于标准化工业设备而言，在汽车制造、食品输送和包装、物流行业存在大量的非标自动化产品，用来帮助企业形成产品差异化的竞争壁垒。

## 正在进入的时代：智能制造

而 AIoT 时代的工业会是怎么样的呢？

现阶段深度学习等人工智能算法在工业制造领域的渗透并不深，这是因为在深度学习等人工智能算法形成之前，工业领域已经实现了自动化。工业自动化起源于控制论，由控制论主导的自动化依然是工业制造智能化的主流。深度学习、神经网络算法等只在制造业的某些领域尝试解决一些难点和痛点。

神经网络算法的尝试主要有：

代替肉眼的检测：工程岩体分析本来依赖于工程师的肉眼，而通过视觉学习算法，最终可以使机械达到比工程师肉眼更高的精度。

改善自动化：控制论下的自动化技术会实施单一、重复的动作，但是面对复杂情况时则无计可施，比如面对不规则摆放的零配件，自动化技术时，需要工人将零配件手工码放整齐才能进入流水线。而通过机器学习，智能机械臂会针对不同摆放角度的零配件，采用不同的"捡拾手法"，从而彻底解决这个问题。

异常检测：一般的机器故障报错要在发生故障之后，而如果可以通过机器人实时监测工作波形和电流等，就可以提前预测故障并报错，提前处理并减少损耗。

辅助工业设计：完成 3D 设计，需要匹配参数零配件时，可以通过机器学习寻找匹配参数的部件。

神经网络在工业控制方面有一定的场景限制。之前有一家企业试图通过视觉 AI 辨别手机壳生产线中的残次品，但视觉 AI 对残次品的图像拍摄精度要求很高，因此出现了图片拍摄终端算力不足、识别延迟的问题，而如果利用云算力，物理距离影响延迟同样存在。所以在工业控制领域，更多地会选择自动化和传统的机器学习算法，比如基于统计回归的机器学习。在精度控制方面，神经网络当下依然有短板。

在 AIoT 时代，柔性化和私人定制生产将成为主流。市场有头部需求，也有长尾需求。头部需求是主要需求，属于标准化工业零部件的需求。长尾需求是次要需求，一般情况下，长尾需求无法得到满足，但如果标准化商品和私人定制商品以同样的价格出现，大多数人的长尾需求就会被唤醒。柔性制造的对立面是大规模量产，柔性制造以需定产，消费者要什么就生产什么。其考验了两个方面：一是机器设备的小批量生产，二是供应链的精准性、敏捷度。如果柔性制造单品成本和标准化单品成本基本相同，那么工业制造将覆盖更广泛的长尾需求，同时结合前端销售的用户数据收集，柔性制造可以通过用户画像为每个用户打造符合其个性特征的商品。可以预见，未来可能会出现如下场景：一件商品寄到你家，你可以选择购买，或者不购买，但由于算法已经把握了你的喜好，你有很大概率会买下这件商品达成交易。

## 未来的工业：黑箱工厂

未来 AIoT 时代工业会是什么样子？可能就像游戏《戴森球计划》那样，有全自动的传送带，全自动的制造台，人类只负责安放制造台，并且用传送带连接制造台，所有生产环节都会自动推进。制造台自身也许采用 3D 打印系统，或是一整套自动化生产的体系，这套自动

化生产体系十分复杂，从图纸到机器控制行为，再到产出成品完成
打包，并通过传送带送达。这是一个技术黑箱，我们从一边用传送
带送入指定的原材料，然后在另一边传送带等待即可。这个黑箱工
厂进一步通过联网化，根据个性化需求产出个性化商品。最终形成
一个分布式的制造网络，和前面提到未来农业一样，家庭可以独立
制造产品，并通过自动化物流系统在整个制造网络中交易、分配这
些商品。

# 未来医疗和未来人

## 未来医疗

论起人工智能对人力的替代程度，可能没有哪个领域能够超过
医疗行业。因为医生诊疗实际上也遵循一定的经验，这些经验甚至
有时候并不太准确，比如对待生理指标的细微差异，医生会被主观
因素误导得出不同的结果。当然，要求机器发现所有疾病可能很难，
但是在数据充分的情况下，机器能够比人类医生做出更精准的判断。
不论是通过规则库的专家系统，还是根据人工智能视觉识别的影像
图像分析，机器在一些领域都能够比人类更出色。甚至在药物分发
领域，人工智能对药物分发的精确性更是远远超过人类。所以，在
医疗专家决策支持系统、影像解读系统、药物自动分发系统方面，
AIoT 时代的智能和联网都能够带来更好的使用体验。只要有充足的

数据，机器在这方面甚至会学得比一个医科学生快。

当然，这方面的发展如今也存在一个瓶颈，即电子病历数据流转问题。现阶段，病人的健康数据可以存储在计算机中，但是各大医疗机构往往会选择将数据完全存储在自己手中。一方面，医疗电子病历并不通用，你在 A 医院检查后得出诊断，到了 B 医院要重新检查一次，这既是浪费，也让诊疗不连续，很多疾病在当时看来可能是某种病的特征，但是结合历史诊疗记录，最终有可能发现是另一种疾病。而在医疗系统的病例上报方面，当下各医院往往仅针对罕见病或者未见病进行上报，但有的时候如果存在交叉症状，系统就容易陷入混乱。对于人工智能来说，现如今一切问题都是数据不够充分，或数据不共享、数据采集维度不同、学习数据不足导致的。

而在手术方面，虽然人类医生依然占据主导权，但辅助手术的机器人已经开始进入市场。比如达·芬奇机器人。达·芬奇机器人手术系统以麻省理工学院研发的机器人外科手术技术为基础，Intuitive Surgical[1] 与 IBM、麻省理工学院、Heartport 公司联手对该系统进行了进一步开发。2000 年食品药品监督管理局（Food and Drug Administration，FDA）批准将达·芬奇机器人应用于微创手术。当下，FDA 已经批准将达·芬奇机器人手术系统应用于成年人和儿童的普通外科、胸外科、泌尿外科、妇产科、头颈外科以及心脏手术。达·芬奇机器人的核心优势是微创，手术创面的大小在一定程度上也能体现出手术本身对人体的损伤程度，如果可以降低损伤程度，就可以让人更快地恢复，并减少手术风险。

---

1　达·芬奇机器人产品开发商。

除了精准诊疗和手术，其实当下生物医疗结合基因数据形成的靶向治疗，也有可能通过数据和智能的方式，颠覆现有医疗技术的底层逻辑。

在 AIoT 时代，AI 和数据技术本身，能够加速对基因位点和人类特征的关联性的探索和分析。

2018 年 12 月 2 日，谷歌宣布其最新的人工智能 AlphaFold 成功根据基因序列预测了生命基本分子——蛋白质的三维结构。AlphaFold 脱胎于 AlphaGo，它寻找到了 DNA 和蛋白质之间的关联性，未来也将进一步帮助人类了解基因位点和人类特征性状的关联性。

人工智能在探索人类基因方面，已经开始逐步深入基因图谱，即将我们人类的遗传物质变为数据。而只要有数据，我们就能通过人工智能找到最终的答案。未来的医疗系统中，我们可能一出生就知道，这辈子需要重点预防哪些病。当然，也有可能未来每家每户都有一个"大白"，它会对你的健康状况进行采样，然后每天给你一个健康建议。

## 未来人

未来人和未来 AI，最终都将成为 AIoT 网络的节点。

在本书的开头我们提及了脑机接口，而对于未来人来说，脑机接口会不会成为标配呢？如果我们要在认知方面更上一层楼，那么就必须建立知识图谱，我们需要通过语义网和知识图谱提升自身的认知水平，但未来知识图谱对于人类认知的提升程度的帮助是有限的，因为知识图谱只是已知知识的总和。在未来的 AIoT 时代，人类需要通过一定的方法超越自身认知极限。

然而，人类的记忆力不如 AI，感知灵敏度不如 AI，甚至在未来，我们的逻辑能力可能也不如 AI，虽然我们还有情感这项优点，但情感反而有时候会暴露人类的弱点，如果人类在诸多方面不如 AI，最终被边缘化的可能就会是人类。所以人类需要更多的方案来提升自身的认知水平，只有超越了人工智能，才能统御人工智能。如果脑机接口能够在人体内安装强化智能设备，通过强化智能设备提高人类记忆力，提升人类感知能力、学习能力（比如直接将知识库植入大脑），那么人类将在植入智能设备的帮助下强化自身智力，提升自身认知，当人类的认知和智力极限被打破，那么人类的科技天花板也会随之被打破，人类将缔造出更高级的文明。而更重要的是，通过安装强化智能设备的方式，人类的智力和认知可以继续领先人工智能，延缓人工智能"奇点"的到来。

我们再谈一谈技术黑箱，很多复杂的东西都会形成技术黑箱。人类最大的特点就是善于利用工具，并且可以想象出本不存在的东西，在此基础上，我们逐渐接受了技术黑箱的概念。你不需要懂得游戏代码，但是你可以玩游戏；你不需要懂得菜怎么种、怎么烹饪，你只需要懂吃就行。人类在某个领域的专业化、复杂化，最终会形成一个技术黑箱。过去我们应对技术黑箱的办法是协作：我会做饭不会种菜，而你会种菜不会做饭，我们通过协作就可以做出可口的菜肴。

但神经网络是个技术黑箱，它一边输入数据，一边输出结果。神经网络技术黑箱和其他技术黑箱在本质上有所不同。在过去，所有黑箱本质上是人类协作的结果，虽然复杂，但对黑箱技术的谜团，总会有人可以解开。但神经网络下的技术黑箱不同，因为 AI 本身会参与到人类协作中。如果 AI 来自技术黑箱，那么 AI 主导创造的人类物质和文化文明，最终都会成为技术黑箱。当黑箱技术充斥人类社会时，人类社会本身是否还属于人类呢？

换个角度，未来如果将人工智能植入脑机接口，那植入脑机接口的人类，是属于人类，还是一个人类 +AI？当脑机接口既有 AI 又有联网功能时，人类意识和辅助人类认知的 AI 会一起被连接到互联网。这会不会产生一个更高层次的 AIoT？在这个层次的 AIoT 上，每个人其实和每个 AI 都只是互联网上一个个带有 IP 的节点。电影《阿凡达》中，蓝色皮肤的 Na'vi 族有共生意识，可以进行意识传输，人类是否最终会因为互联网连接成为一个整体，甚至发展为一个新的"物种"呢？

# 科技伦理

AIoT 时代未来想象的背后，充满了各种社会问题，科学伦理是其中最大的问题。

## AIoT 和就业的矛盾

在第一次工业革命中纺织机械出现时，就有工人进入工厂砸坏机器，当时这批人被称为"卢德主义者"，有的人认为，机器的出现减少了对纺织工人的需求，最终导致失业率上升。

可以说，在任何时代，机器替代人工的情况都在发生。但同时我们发现，其实每一代人所从事的产业结构都发生了很大的改变。我们真正需要担忧的不是新生人口，而是形成路径依赖的那一代人。比如20世纪90年代，钢铁工人1000元以上的月薪让这一岗位成为"香饽饽"，但是到了2018年左右，7000多的月薪却也让钢铁工人面对诸多窘境，因为同时代互联网从业者几十万、上百万的年薪屡见不鲜。可以看到，科技和就业的关系其实非常复杂，科技在消灭岗位的同时，也在创造岗位。

人类总希望，有一天机器可以负责"赚钱养家"，人类只需负责"貌美如花"。但实际上，一方面，我们离到达物质满足还有距离，即便我们真的摆脱生产力的束缚，就能够想要什么就有什么了吗？人类社会暂时还做不到。另一方面，人类会创设需求，比如当大米过剩时，我们可能会想吃海鲜。2021年，有一幅画叫作《日常：第一个5000天》，它由5000张画拼贴而成，由美国画家迈克·温科尔曼（Mike Winkelmann，又名 Beeple）耗时13年多完成。这幅数字艺术品的一大特点是使用区块链技术加密，这确保了它的独一无二，网上找不到翻版，只有买家能够"独享"画作。这幅电子画最终在佳士得拍出了6934.625万美元的高价。人类能够创设出需求，并且给予这类需求很高的价值。财富不仅仅可以被掠夺，被分配，更可以被创造。20世纪90年代没有的东西，2021年有，而且还有很多。人类的欲望是无止境的，而且还在不断创造新的欲望。而新的欲望需要有供应，这些供应就产生了就业。

所以事实上，不是科技替代了就业，让失业率上升，而是路径依赖的产业工人无法适应变化，或者说我们要用时间消化一代人的产能，因为人类是有路径依赖的。20 世纪 90 年代进入钢铁厂时的小伙子可能 20 多岁，2021 年他们已经 50 多岁，无法再到互联网行业学习编程，于是他们就会被科技抛弃。不仅仅是工人，甚至科学家的一生也有可能跑错方向，有人为了某个药物，耗尽 10 ～ 20 年的心血，最后发现自己走在一条死路上。

所以大多数情况下，不是科技消灭了就业，而是我们习得的技能本身具备一定的生命周期，很多职业的学习本身是终身的。没有所谓的铁饭碗，也没有必然的稳定，貌似稳定的工作往往是最不稳定的。当科技变化缓慢时，农民的孩子做农民，工匠的孩子做工匠，我们可以传承工匠精神，但当科技发达时，工匠精神在一些领域需要，在另一些已经改变的行业则会被淘汰。

日本人推崇工匠精神，讲究手工匠们的传承，日本政府也在很多领域支持工匠精神。一些没有观众的表演，一些已经没落的手工艺品，甚至人工锻打的武士刀，也有人传承。但最近几年，越来越多的日本人发现工匠精神成为阻碍日本经济发展的一道高墙。崇尚工匠精神的结果出现了两极分化：一方面，日本的硬科技走上了轨道，尤其在传感器芯片设计方面，有的芯片的设计需要 8 ～ 10 年的周期，这对于一个人的职业生涯来说是很长的时间。日本有很多 60 岁左右的工程师依然奋斗在研发的第一线，随着年龄的增长，这些人在设计上积累的经验也越来越丰富，所以，日本人在完成长周期研发方面非常有耐心。但另一方面，日本在软科技及技术更新方面往往不能适应市场，这是因为他们在一个方向上习惯于路径依赖。甚至由于过度深入某一领域却迟迟得不到回报时，一些日本人就因此失去信心而造假。高田的安全气囊、三菱的燃油数据、神户制钢的质量数据，这些企业都在吹捧自身有工匠精神的同时出现造假行为。

回到科技和就业，我们发现：科技一方面创造就业，一方面也在替代原有职业；科技和就业的矛盾，仅仅局限于一或两代人的劳动属性切换，由于科技发展越来越快，终身学习才是战胜就业瓶颈的主要方式；工匠精神和随机应变在 AIoT 时代同等重要，不能过度强调一点而忽视另一点。

## 未成熟科技的商业化

我们要不要接受一种新技术？如果这个技术的稳定性不佳怎么办？

理性的做法是建立一个成本和收益假设，计算当执行这项技术带来的整体社会成本是否小于执行这项技术带来的整体社会收益（成本收益原则）。我们在决定是否采用一项技术时，考虑成本和收益是最实际的。在自动驾驶技术中，如果我们考虑的是自动驾驶比人类驾驶车辆安全，那我们有可能会达到目标；但如果我们考虑的是用自动驾驶来完全杜绝风险，不出事故，将不可能达到目标。当然除了安全性还要考虑效率，很多自动驾驶可以在低速下行驶，比如以20 千米 / 小时的速度在城市道路运行，这是不实际的；但是如果作为公园游览车，这个速度将非常合适。因为公园本身是慢节奏生活的环境，而城市生活是快节奏的，如果缓慢地在城市道路运行，是会造成城市拥堵的。而是否以慢来换取安全性，则依然要遵循成本收益原则。

未成熟科技需要商业化吗？不仅需要，而且要迅速商业化，很多人不懂商业化对科技的重要性，科技如果可以被推向商业化而落地，就成功了一半。当第一批吃螃蟹的人成功以后，资本往往会加大投资剂量，去缔造同类型的企业参与竞争。同样的，谷歌当年为什么要开源谷歌人工智能的算法框架，派 AlphaGo 去横扫围棋界，从某种角度来看是为了推进 AI 的商业化，因为只有商业化，资本才更乐于跟进，热度才会提高，产业链才会有配件规模化的供应。

但是将未成熟科技推向商用，一方面要面对科学伦理的问题，因为有些科技是有风险的；另一方面要考虑用户市场问题。

综上，判断一项科技是否可以商业化，必然要遵照成本效益原则，如果效益明显大于成本，就推进。但如果我们一时间不确定这项科技技术的成本效益，在不伤害伦理的情况下，可以先推向市场，要敢于试点，要学会试错。很多创新都起源于不经意的尝试。换个角度看，新技术如果不进行商业化，就很难看出其作用和能量。

## 关于区块链防篡改的相对论

区块链的防篡改功能值得一提，我们在前文中说了，因为分布式账本是连续的，你很难伪造以前生成的账本，因为改了一页，后面的账本都需要修改。所以区块链是刚性的。但是我们要知道，工作中一定的弹性化是可以给我们带来便利的，很多时候，我们总是希望系统能够刚正不阿、铁面无私，但是如果真的无法修改，也会带来诸多麻烦。有时候甚至会拉低效率。

比如用区块链对接税务和账目，如果你的报表出现了一个错漏，你就不能反追溯到历史中进行修改，当然你可以设计一种赤字冲销的模式来处理以前做错的账目。但在工业流程领域，如果使用了区块链，一旦某个环节出现了误差，接下来的错误将会是连锁性的，这种连锁性的错误降低了系统的鲁棒性。所以，防篡改是好的，但仅仅适用于需要建立时间序列的事件的领域。比如对登记许可事项进行区块链编码。

# 企业的选择题

AIoT 时代将是个创业机遇遍地的时代，从 PC 和智能手机互联发展到万物互联，需要无数的硬件和软件，小到服装鞋袜，大到飞机轮船，甚至太空上的卫星、航天器，都会是未来 AIoT 时代中的机会。但对于进入 AIoT 时代创业的人来说，需要将经营落地到每一个细节，创业是由一个个选择题组成的，选对了，迎风而上；选错了，顺流而下。选择在 AIoT 时代初创公司，需要了解以下几点。

## 标准化向左，差异化和个性化向右

很多的 AIoT 领域都有非标准化的问题，一方面，这是因为这些行业是新兴行业，标准尚未建立；另一方面，行业的参与者并不想推进标准化，因为标准化意味着引入更多竞争对手，传统企业往往寄希望于通过差异化建立行业进入壁垒。比如在传统汽车领域，很多配件的工艺极其复杂，甚至有德国车企的一个螺丝钉的工艺标准说明书就长达 300 页。

AIoT 时代的企业进入新兴领域，谋求壁垒获得优势往往有两条路。

一条路是开源和倡导标准化。在推进标准化的基础上，要么通过主导标准来引领整个行业，制造壁垒，立专利墙；要么让大家进入这个行业，自己从事相关辅助行业，比如谷歌推进了人工智能算法开源，但是开展了结合 TPU 云服务器的 AI 云计算服务，即谷歌发现一个金矿，然后在淘金者旁边卖水盈利，这种方式需要有一定的技术自信。

另一条路是提高差异化壁垒，这在投资上叫作建造护城河，以自身的品牌、工艺和技术造就城墙，阻止竞争对手进入。这种做法在传统企业中更加普遍，这在一定程度上限制了通用性设备在行业中的产生，减少了竞争对手，但它容易被新产品颠覆，被弯道超车。

比如在特斯拉之后的新能源汽车行业实现了对内燃机的弯道超车，很多传统车企在内燃机上面建造了专利墙，但新能源汽车由于不需要内燃机，绕过了这些专利，因此电动车时代的专利重点从内燃机转向三电系统和锂电池正负极材料的开发。又比如微软和英特尔对个人 PC 系统和芯片的嵌入颠覆了 IBM 大服务器市场，而 ARM 芯片架构如今在嵌入式市场又压倒了英特尔 X86 芯片架构，尤其是在单片机和智能手机市场，智能手机的 SOC 和 STM32 都是以 ARM 架构为主。如今，ARM 甚至已经进入 PC 端，比如苹果的 M1 芯片在 2020 年 11 月发布，其用于苹果的 Mac 电脑 PC，但 M1 使用了 ARM 芯片架构，ARM 通过苹果 PC 进入了 X86 芯片架构统治多年的 PC

端领域。

综上，AIoT 时代的企业应该更加注重推进行业的标准化。和传统的规模经济、差异化竞争战略不同，AIoT 时代的企业大部分集中在新兴行业领域，其发展主题是替代，通过智能设备替代传统设备，通过数字设备替代模拟设备。在这个过程中，标准化会导入竞争对手，但同时也会让市场发展。

在 AIoT 时代，一味强调差异化壁垒很难获得长期的竞争力，引领标准化才是这个时代企业的取胜之道。而主导标准的企业，除了可以谋求在淘金者边上卖水，也可以谋求带领淘金者一起发财。

差异化的企业是不是没有出口呢？非也，AIoT 时代的差异化依然能铸就壁垒，但不是一两个差异化，而是批量的差异化，也可以被称为个性化。

2020 年，阿里巴巴尝试了犀牛智造，其做法是对接小规模订单，面向商家进行私人定制。商户可以对接犀牛智造的供应链，自己设计服装，然后在犀牛智造平台上小批量生产。这种模式和面向用户私人定制的销售模式还有一定的差距，但对于现阶段市场来说，这种模式可以减少小商家的试错成本，即使设计不被市场接受，也不会造成太大的库存积压，而这种设计如果获得了市场的认可，就有可能形成饥饿营销，其后可以一边加量生产，一边试探市场真正的需求量。这种模式并非新兴模式，它起源于快消品牌，随后小米将快消品牌的小批量和饥饿营销模式引入了智能手机销售领域。很多人当年不理解小米的饥饿营销，认为它仅仅是营销的噱头，其实问题并没有这么简单。小米采用小批量产品投放模式最大的好处就是减少了库存的占用，而且可以在芯片迭代时，第一个推出新产品，让自己在整个市场同类产品中最早出现。新品早期较小的投放量可以带来两个好处：一方面，小批量产品投放让早期新品具有稀缺性，形成了饥饿营销；另一方面，小批量逐次投放产能，可以逐批次地探查市场真正的需要量，这样新产品即使没有被市场认可，也不会造成太大的库存积压。这种模式使小米积累了足够的现金流来推出下一个新产品，这是小米产品线扩张的真正奥秘。

犀牛智造本质上就是满足了这种快消时尚的需求，但这并非 AIoT 时代制造业的终极形态，实际上，真正的商品是个性化定制化的，未来商家会读取你的喜好，推送你喜欢的定制商品。这是一种制造差异化的能力，不是单个差异化的产品，而是一大堆差异化的产品。

在 AIoT 时代，是推进标准化，还是推进个性化生态，要看企业所处的位置。当你在一个行业中横向面对诸多竞争者时，你会想要使产品更加个性化，在技术、设计、工艺等方面和你的竞争对手有所不同。而当你在建设一个生态时，要考虑的是行业整体，要把大量资本和人才吸附到这个产业当中，此时推进标准化是个好办法。但无论是个性化还是标准化，企业的发展方式都会有所变化。几十年前，我们通过一个设计和一则广告就能打造爆款，但当下，长尾需求逐步成为主流，人们要的不是一模一样的商品，而是谋求"和而不同"、张扬个性。所以，往往一两个差异化的爆款并不能长久，企业想谋求创新优势，必须采用广撒网的方式。出一个爆款不是能力，要的是持续不断地产生爆款。

## 免费思维和成本思维

2021 年上半年，资本对于新兴领域的投资依然火爆，随着 AIoT 时代的到来，机遇太多，新兴行业太多，相比于一个好点子和一个好专利，钱是"最不值钱"的。本轮科技投资浪潮已经持续了很多年，因为互联网模式的成功，尝到甜头的风险投资家开始进一步加大投资力度。不需要企业盈利，甚至不需要企业拥有收入，而只需要流量。资本的宽容，造就了一种通行的互联网模式——免费。

在 AIoT 时代，科技企业更多地参与到免费和分享中，它们不谋求短期的利润，长期来看，它们最终都会找到买单者。商品的极其丰富也促使免费风潮愈演愈烈，并成为互联网思维的代表形态。当下，很多和互联网有关联的创业企业都在前期强调"烧钱"的重要性。

但最终，还是要回到企业的本质。企业存在的价值在于给这个社会提供了价值增量，这个价值增量所指的，或是全新的产品，或是减少了中间成本。比如有的互联网平台主要业务是卖房、卖车、卖货，它们存在的价值不是打折，而是"没有中间商赚差价"，将这部分差价没收后，实惠由厂家、平台和消费者瓜分。电商直播和团购的核心价值在于性价比。电商直播头部的主播通过自身流量和厂家谈判，由于销量大，厂家乐意给优惠，甚至为了赚吆喝，有的厂家会亏本卖一批产品，权当广告费。团购也是如此。过去，消费者和商家两者中，商家更为强势，因为消费者零散、分散、没有凝聚力。而团购和直播带货的存在本质就是凝聚零散消费者的购买力，从而获得一定的议价优势。所以，虽然是新兴"烧钱"产业，但这些产业也在提供价值。当然蔬菜社区团购遇到阻力，是因为其出现最终影响了小商小贩的就业。但如果仅仅从经济层面来看问题，其实互联网平台在很多层面中提供的是一些社会价值，比如低成本直接匹配供需。我们知道，一个交易供方和需方达成一致才能成交，但市场太大，信息不对称，报价就会五花八门。但如果有人以低成本将供方和需方捏合起来，整体社会效益就会得以提升。

所以，在 AIoT 时代，颠覆以往模式的互联网思维经营模式，必须考虑企业自身有没有提供社会整体的价值增量，也就是存在价值。而大多数价值增量需要成本支撑。在平台经济领域，这种价值增量大部分在于交易成本的降低。而在其他商品制造领域，则体现为生产效率的提升和产品成本的下降。

比如美国的页岩油。页岩油技术是从页岩层开采石油，美国《油气》（ *Oil & Gas Journal* ）公布的统计数字显示，全世界页岩油储量约 11 万亿～ 13 万亿吨，而全球探明的石油储量仅仅 0.23 万亿吨。所以，页岩油储量是探明储量的 50 倍。但问题在于，页岩油的开采受制于地质因素，成本较高，成本区间是每桶 40 ～ 140 美元，其中大部分成本集中在 60 ～ 80 美元附近。华尔街在页岩油上投入巨大，但在开采之初并不赚钱，因此油价一直在低位徘徊，油价在 2014 年触顶下跌之后，在 2015 年到 2020 年长期徘徊在 40 ～ 60 美元区间。但页岩油的成本却在这 5 年中不断被压低，从早期的 80 美元到 2016 年的 65 美元，再到 2020 年的 45 ～ 50 美元。页岩油企业在低油价环境下，利用华尔街的支持"烧钱赚吆喝"，这种做法也是有作用的。一方面，蓬勃的页岩油产业倒逼页岩油供应链优化，当一个产业立起来，其供应链渐渐达到了一定的规模化使生产成本降低，同时技术"标准化进步"也在小步推进成本降低。另一方面，页岩油企业主动关闭了高成本的油田，在止损的同时优化页岩油分布结构。页岩油产量的提升改变了世界格局。美国当下页岩油开采的平均成本要低于全球其他的一些产油国，现下"欧佩克＋"依然主导着能源市场的供给，但主导能力已越来越弱，一旦开启市场化竞争，开采成本高者可能会率先被挤出市场。

比如爱迪生时代每个灯泡的成本是 2.5 美元，爱迪生完成了对灯泡的改良后，果断地签订了 17 年的合同，每个灯泡只要价 40 美分，由于良好的规模效应，爱迪生生产的灯泡在推出市场的第 4 年，其成本就降到了 22 美分，获得市场规模优势。这样做的好处是在培育市场的同时，也实现了盈利。

比如特斯拉在造车早期，先收定金，但是当时 Roadster 的定价在 10 万美元左右，从设计到交付需用时 4 年。当 2008 年交付第一辆特斯拉纯电动汽车 Roadster 时，因为成本大规模超支，最初 50 辆 Roadster 的成本都超过了 10 万美元，除了汽车研制费用，企业还需要承担大量其他成本，又遇到了全球金融危机，最终特斯拉的 Roadster 只出货了 2500 辆，2012 年，特斯拉靠降低成本后生产的 Model S 翻身。也正是因为 Model S，特斯拉走通了供应链，配件、代工等都开始因为规模采购而降价，同时，特斯拉的发展重点也从汽车销售端转向了建设超级工厂。通过供应链自营，特斯拉降低了成本；而成熟的上下游提供的更多配件竞争者也降低了成本。特斯拉来到了中国建厂后，进一步压缩成本，价格也因此得以进一步降低。

比如，SpaceX 通过火箭回收技术，几乎颠覆了商用航天领域的格局。要到火星最大的难题就是找到一枚大型火箭。马斯克和俄罗斯洽谈了一年多，最终也没有将价格谈拢。洽购火箭失败后，马斯克试图搞清楚一枚火箭的成本。他发现建造火箭的基础成本其实很低，而火箭制造商不断提升火箭发射价格的原因是，火箭是以成本叠加利润率的方式定价的，也就是火箭成本越高，火箭制造商的利润就越高。马斯克由此发现火箭的精简制造具有商业前景。虽然目标是火星，但马斯克很快就进行了调整，先从小载荷火箭开始。随着技术的成熟，SpaceX 压缩火箭成本的技术能力逐渐走向极致，尤其值得称道的是 SpaceX 的"火箭回收技术"。如果火箭的所有部件都能重复发射使用，那么火箭发射一次就只需要消耗燃料，马斯克的猎鹰 9 发射一次的燃料费只要 6 万美元，而以前一次性的火箭成本造价就高达数千万美元。最终，马斯克成功了。2021 年 3 月 14 日，B1051 猎鹰 9 火箭完成了九飞九回收；2021 年 12 月 18 日，B1051 猎鹰 9 完成了第 11 次太空运输任务。在此之后，SpaceX 展开了更加宏大的星链计划，通过向太空发射 4.2 万颗卫星来组建星链网络。很显然，如果没有火箭回收技术，SpaceX 根本没有办法负担如此庞大的发射项目。

综上，免费思维是一个切口，但不是 AIoT 时代成功的关键，进入行业的创业者需要建立成本思维，通过技术和供应链孵化来降低成本。新兴行业如果成功商业化，则会推进供应链的成熟，而供应链成熟的重要标志就是供应链企业规模化，继而实现成本的降低。

换个角度看，在新兴行业中的供应链企业，沉醉于果链、车链是不行的，主导行业才是关键。而如何主导呢？通过无人能敌的成本压缩策略。国内也有很多成本压缩模式，但是我们要避免通过增加劳动强度来降低成本的模式，压缩成本的关键在于规模和技术。

## 开源和闭源生态

此处所说的开源，并非公益性开源，公益性开源本身并不是为了盈利。

1991 年，林纳斯·本纳第克特·托瓦兹（Linas Beredict Torvalds）尝试为 386 电脑撰写操作系统，起先这个系统被叫作 Freax[1]，后来他的同学觉得这个名字不好听，就改为了 Linux，1991 年 9 月 17 日，Linux 正式发布了第一个版本。林纳斯·本纳第克特·托瓦兹因此被称为"Linux 之父"，林纳斯目前受聘于开放源代码开发实验室（Open Source Development Labs，OSDL），全身心地投入开发 Linux 内核。但是他并没有获得研发 Linux 带来的生态利益。

吉多·范·罗苏姆（Gudio van Rossum）通过闲暇时间编写了 Python，虽然他后来受雇于谷歌，谷歌的 TensorFlow 也基于 Python，但 Python 本身不涉及任何企业的生态，只是一种被广泛使用的编程语言。

我们此处所说的开源，其实是指如谷歌、安卓那样，目的是自身的经营生态的开源，并非公益性开源。谷歌还有很多开源操作，比如在人工智能方面，为了推进深度学习算法，谷歌让 DeepMind 旗下 AlphaGo 挑战李世石。毋庸置疑，那场围棋赛是本轮人工智能的起点。而谷歌却在 TPU 上发力，推出了更多关于 AI 的云计算服务，同时开源了 TensorFlow 这个 AI 算法学习框架。不仅如此，有人统计，谷歌的开源项目超过 60 个，包括：前端开发工具组 MDL、

---

1 Freax：free（免费）+freak（疯子）。

Web 前端框架 Angular、容器集群管理系统 Kubernetes、数据描述语言 protobuf、高质量压缩图片算法工具 Guetzli、最小系统加载工具 systemjs 等。从开源本身来说，开源者常有三种开源初衷：荣誉感、经营生态、兴趣爱好。对于谷歌来说，其开源多基于经营生态的需要。

比如安卓系统的开源，谷歌采取安卓开放源代码项目（Android Open Source Project，AOSP）进行社区开源，但是谷歌保留了两个生态途径。

一个是 GMS 功能性套件，成立了一个开放手机联盟（Open Handset Alliance，OHA），在国外，消费者很难摆脱 GMS 功能性套件，包括谷歌浏览器、谷歌地图、谷歌翻译、优兔（YouTube）等，不过国内手机企业在开源的基础上开发了一套类似于 GMS 的功能套件，但结合 GMS 功能性套件的安卓手机在体验上仅仅是略有提升，所以国外用户中使用 GMS 的人依然占大多数。

另一个途径是谷歌掌握着 Android 平台的软件开发工具包的开发权，其新特性和 API 接口由谷歌说了算。

另外强调一点，谷歌宣布，将在 2021 年 10 月以后，模仿"苹果税"的做法，对谷歌商城 App 内购实施"谷歌税"。

可以说谷歌在安卓开源方面，的确降低了自身的话语权，使其他各方在开源时拥有很高的自由度。但开源依然围绕谷歌的生态进行。国外用户无论使用安卓系统还是苹果系统本质上都无法摆脱谷歌 GMS 套件。

谷歌的对立面就是苹果，虽然苹果公司也有一些开源项目，但苹果公司总体上是一个闭源生态。苹果曾在高端智能手机市场占近一半的份额，在全球所有智能手机中所占的份额大约是 15%。安卓系统手机的份额相对较高，占全球智能手机超过 80% 的份额。同时，苹果更加依赖于内生增长。

综合各方面因素，开源和闭源各有优劣。

首先，闭源时用户体验更好。

一个有趣的现象是，谷歌开发者的账号比苹果开发者的账号便宜。谷歌开发者账号需要一次性支付 25 美元，并可以终身使用；而苹果需要每年缴纳 99 美元。但反而苹果的开发者更多，人们更愿意付钱开发。在 App 体验方面，闭源生态的优势也体现在这里。原因在于，一方面，同样的 App，苹果用户付费意愿更高。而安卓系统由于开源，并不一定要通过 GMS 中的谷歌商城购买 App，分发渠道更为多元。开发者可以绕行，通过非官方渠道发布自己的 App。甚至一些品牌手机是在安卓开源的基础上自己优化的 UI，且有自己的一套套件，其中包括应用商城。这是谷歌的开发者账号比较便宜，而苹果开发者账号比较贵的原因之一。而另一方面，苹果商城的 App 索要客户信息的情况少了很多。同时，苹果自身提供很多 App 开发工具，开发环境较为友善。苹果在闭源生态下更加强调隐私保护，而安卓背后的谷歌公司更加注重信息的分享，所以其对隐私保护的支持力度相对较弱。

其次，开源时参与者更多。

虽然谷歌开发者账号更便宜，但安卓系统更像是一个联盟体系，这个联盟体系包括了手机厂商、芯片厂商，以及其他很多小工具的开发者。相比于苹果，安卓在商业化 App 上处于劣势，但是在开源的、易用的小型 App 应用上则显示出很大优势。尤其是免费的 App 方面，25 美元的开发者账号，再叠加谷歌赋予的 App 植入广告流量分成，使免费软件在安卓平台上出现了爆发。

再者，当开源、闭源一样收费时，开源将更难进行收费。

苹果税和安卓税长期存在，苹果和谷歌对商城中的开发者开发的应用收取 30% 的佣金，这个佣金抽成体系包括了一次性应用买断费用和应用内付费购买 App 权益。这被称为谷歌税和苹果税。在2020 年之前，苹果税是一定要交的，由于开发者抵制，2020 年苹果将营收在 100 万美元以下的开发者的苹果税下调到 15%，做出了一小步的让步。而安卓虽然有谷歌税，但实际上因为谷歌一直放开分发渠道，开发者可以通过一些手段回避谷歌税，比如通过第三方支付的方式，让用户在 App 使用中内购付费，而不是在谷歌商城中下载 App 时付费，又或者通过网站下载软件包来安装 App。但谷歌也正在试图扭转局面，2020 年 9 月，谷歌要求所有谷歌应用商城的App 都需要在 2020 年 11 月以后使用谷歌支付。

谷歌在 2020 年宣布，从 2021 年 10 月开始，谷歌商城也将对安卓开发者 App 内购部分收入收取 30% 的安卓税，包括 App 内购。

而在 2021 年 3 月，谷歌与苹果同步推出了一个优惠政策，对100 万营收以内的开发者收取 15% 的安卓税，从 2021 年 7 月开始实行。

最终两大手机系统不管开源和闭源都出现了"雁过拔毛"，而且双方政策基本一致，营收 100 万以内抽成 15%，100 万以上抽成30%，包括 App 内购和 App 商城下载时付费。

但是值得注意的是，安卓税的收取依然面临一个问题，那就是如果开源安卓系统，那么用户就不必通过谷歌商城下载 APP，这样用户就可以绕开安卓税，尤其是当下国内的品牌手机实际上已经都有各自的应用商城，包括华为、小米等，三星目前也有了自己的应用商城。而实际上，若安卓税趋严，反而有可能强化竞争对手的市场地位，一些手机品牌可能会谋求全新的应用来替代 GMS 谷歌"全家桶"。所以开源模式更难收费,从开源重新回到闭源,很难获得成功。

不过，有一点值得注意，那就是国内的手机品牌商其实也抽取了佣金，只是佣金是针对 App 中的游戏抽成，其抽成甚至比国外品牌商所收取的还要高，部分品牌手机对手机游戏抽成的佣金超过50%。这在一定程度上打击了游戏开发者的积极性。

最后，先来者闭源，后来者开源。

我们来探讨一下，安卓如果不开源，它能不能获得当前的地位？iOS 系统发布于 2007 年 1 月，安卓的第一个版本是 2008 年 10 月发布的，当时市场上还有塞班系统、Windows 系统和黑莓的 OS 系统。这些对手中的一些后来逐渐退到安卓身后，安卓的成长也受益于其开源，正是因为开源，安卓体系在广阔市场和大量开发者支撑下获得了庞大的生态体系。而即使在 PC 端，至今 Windows 应用商城的软件还是很少，很多软件依然要通过页面进行下载。所以，在这方面，国产的鸿蒙未来最好的方式，可能依然是开源，借着当前安卓税开始收取的东风，通过低佣金方式，通过 HMS 和鸿蒙开源打造简单易用的第三个手机系统版本。

# 参考文献

1 杰里米·里夫金.零边际成本社会：一个物联网、合作共赢的新经济时代(第3版)[M].赛迪研究院专家组,译.北京:中信出版社,2017.

2 布莱恩·阿瑟.技术的本质[M].曹东溟，王健，译.杭州：浙江人民出版社，2018.

3 杰奥夫雷G.帕克，马歇尔W.范·埃尔斯泰恩，桑基特·保罗·邱达利.平台革命：改变世界的商业模式[M].志鹏，译.北京：机械工业出版社，2017.

4 尤瓦尔·赫拉利.人类简史：从动物到上帝[M].林俊宏，译.北京：中信出版社，2017.

5 戴维·萨尔斯伯格.女士品茶：统计学如何变革了科学和生活[M].刘清山，译.南昌：江西人民出版社，2016.

6 维克托·迈尔－舍恩伯格，肯尼思·库克耶.大数据时代：生活、工作与思维的大变革[M].盛杨燕,周涛,译.杭州:浙江人民出版社,2012.

7 艾瑞咨询.中国AI基础数据服务行业发展报告(2020年)[R].2020.

8　吴军.智能时代：大数据与智能革命重新定义未来 [M].北京：中信出版社，2016.

9　Aurélien Géron. 机器学习实战：基于 Scikit-Learn 和 TensorFlow[M].王静源，贾玮，边蕤，邱俊涛，译.北京：机械工业出版社，2018.

10　史蒂芬·卢奇，丹尼·科佩克.人工智能（第 2 版）[M].林赐，译.北京：人民邮电出版社，2018.

11　伊恩·古德费洛，约书亚·本吉奥，亚伦·库维尔.深度学习 [M]，赵申剑，黎彧君，符天凡，李凯，译.北京：人民邮电出版社，2017.

12　弗朗索瓦·肖莱.Python 深度学习 [M].张亮，译.北京：人民邮电出版社，2018.

13　清华 – 中国工程院知识智能联合研究中心，清华大学人工智能研究院知识智能研究中心，中国人工智能学会.人工智能发展报告（2011—2020）[R].2021.

14　认知智能国家重点实验室，艾瑞咨询.面向人工智能新基建的知识图谱行业白皮书（2020）[R].2020.

15　小火车，好多鱼.大话 5G[M].北京：电子工业出版社，2016.

16　郎为民，马卫国，张寅，王连峰，闪德胜.大话物联网（第 2 版）[M].北京：人民邮电出版社，2020.

17　涂鸦智能，Gartner，《全球智能化商业》，AIoT Business Vantage（ABV）.2021 全球 AIoT 开发者生态白皮书 [R].2021.

18 GB/T 33745–2017. 物联网术语 [S].

19 艾瑞咨询 . 中国智能物联网（AIoT）白皮书（2020 年）[R].2020.

20 艾瑞咨询 . 中国个人物联网行业研究白皮书（2021 年）[R].2021.

21 艾瑞咨询 . 中国商业物联网行业研究报告（2021 年）[R].2021.

22 艾瑞咨询 . 中国人工智能 + 物流发展研究报告（2020 年）[R].2020.

23 艾瑞咨询 . 曙光　中国金融科技行业发展研究报告（2020）[R].2020.

24 艾瑞咨询 . 中国 AI+ 安防行业研究报告（2019）[R].2019.

25 艾瑞咨询 . 中国家用物联网行业研究报告（2020 年）[R].2020.

26 艾瑞咨询 . 中国人工智能 API 经济白皮书（2020 年）[R].2020.

27 赛迪智库 .2020 年工业物联网平台魔力象限报告 [R].2020.

28 伊本贵士，末石吾朗，江崎宽康，森崇人，中山祐辉，林宪明 .5G 时代物联网技术应用解密 : 人工智能（AI）的基石 [M]. 杨错 , 译 . 北京 : 中国青年出版社，2020.

29 前瞻产业研究院，农世界 . 中国现代农业创投研究报告（2019）[R].2019.

30 IFR. 世界机器人报告（2020）[R].2020.

31 甘志祥 . 物联网的起源和发展背景的研究 [J]. 现代经济信息，2010（1）.

32 刘陈，景兴红，董钢 . 浅谈物联网的技术特点及其广泛应用 [J]. 科学咨询（科技·管理），2011（09）.

33 郎为民，朱元诚，张昆 . 物联网的前世今生 [J]. 电信快报，2011（03）.

34 王莎，赵兰亭 . 数据肖像："大数据"对高校学生思想的精准描绘

[J]. 大学教育科学，2017（05）.

35 孟未来，杨大全，周建英 . zigbee 网络在我国精准农业上的应用展望 [J]. 辽宁农业科学，2007（3）.

36 王雄 . 云计算的历史和优势 [J]. 计算机与网络，2019，45（2）.

37 沙晓晨 . 应用程序接口版权保护及限制研究 [D]. 南京师范大学，2017.

38 雷蕾，吴昊 . 轨道交通宽带移动通信网络 [M]. 北京：北京交通大学出版社，2018.

39 智能门锁研究 Pro. 联网智能锁的 "高光时刻"：WiFi 直连，优化的不只是体验 . https：//www.sohu.com/a/383221447_100194060.

40 许辉 . 二维条码 QR 码的分析和编解码设计 [M]. 北京：北京：北京邮电大学，2007.

41 顾硕 . 智能网联汽车引领汽车产业变革 [J]. 自动化博览，2018（06）.

42 李莎莎 . 基于文献计量学的无人驾驶汽车技术研究 [J]. 山东工业技术，2017（01）.

43 张保国 . 关于 "互联网 +" 供应链金融发展 [J]. 商情，2019（27）.

44 操群，张卓，丁永强，等 . 基于区块链的社会化企业的供应链协同与融资 [J]. 产业经济评论，2020（003）.

45 张开生，田开元，吕明，等 . 基于物联网技术的农业大棚环境监控系统设计 [J]. 西安科技大学学报，2015，35（06）.